Rodney Huddleston
Geoffrey K. Pullum

「英文法大事典」シリーズ

【編集委員長】畠山雄二
【監訳】藤田耕司・長谷川信子・竹沢幸一

8

The Cambridge Grammar of the English Language

接続詞と句読法

岸本秀樹
有働眞理子
眞野美穂
木戸康人
前田晃寿
［訳］

開拓社

The Cambridge Grammar of the English Language

by Rodney Huddleston and Geoffrey K. Pullum

Copyright © Cambridge University Press, 2002
Japanese edition © Yuji Hatakeyama et al., 2019

Japanese translation rights arranged with
the Syndicate of the Press of the University of Cambridge, England
through Tuttle-Mori Agency, Inc., Tokyo.

『英文法大事典』の刊行にあたって

　英語をネタにして生計を立てている人の間で'CGEL'といったら2つのものが思い浮かべられるであろう．*A Comprehensive Grammar of the English Language* (Quirk et al. (1985)) と *The Cambridge Grammar of the English Language* (Rodney Huddleston and Geoffrey K. Pullum (2002)) である．'CGEL'と聞いてこの2つが思い浮かべられないような人はモグリの英語ケンキュウシャといってもいいであろう．それぐらい，この2つの CGEL は英語をネタにして生計を立てている人（すなわち英語の教育者ならびに研究者）の間ではバイブル的な存在になっている．ちょうど，ちゃんと受験英語をやった人にとって『英文法解説』（江川泰一郎）が受験英語のバイブル的参考書であるように．

　さて，この2つの CGEL であるが，*The Cambridge Grammar of the English Language* は，*A Comprehensive Grammar of the English Language* を踏み台にしてつくられている．踏み台とされた *A Comprehensive Grammar of the English Language* であるが，これはすでに一定の，そして非常に高い評価を受けており，英文法の「標準テキスト」となっている．しかし，*The Cambridge Grammar of the English Language* の編者の1人である Huddleston が，*Language*, Vol. 64, Num. 2, pp. 345-354 で同書を評論しているように，*A Comprehensive Grammar of the English Language* (Quirk et al. (1985)) には少なくない，しかも深刻な問題がある．

　Huddleston のいうことをそのまま紹介すれば，*A Comprehensive Grammar of the English Language* (Quirk et al. (1985)) は 'It will be an indispensable sourcebook for research in most areas of English grammar. Nevertheless, there are some respects in which it is seriously flawed and disappointing. A number of quite basic categories and concepts do not seem to have been thought through with sufficient care; this results in a remarkable amount of unclarity and inconsistency in the analysis, and in the organization of the grammar. (CGEL (Quirk et al. (1985)) は英文法を学ぶにあたり，ほとんどの分野において，今後なくてはならない，そして何か調べたい

ときはまず手にしないといけないものとなるでしょう．でも，CGEL (Quirk et al. (1985) には看過できないミスや読んでいてガッカリするところがあります．かなり多くの基本的な文法範疇や概念が精査された上で使われているとは思えないところがあるのです．そして，その結果，分析にかなり多くの不明瞭さや不統一が見られ，英文法全体の枠組みもほんやりして一貫性のないものになってしまっているのです）' なのである（同評論 p. 346 参照）．

　A Comprehensive Grammar of the English Language (Quirk et al. (1985)) を批判した Rodney Huddleston が Geoffrey K. Pullum といっしょにつくった本，それが The Cambridge Grammar of the English Language (Rodney Huddleston and Geoffrey K. Pullum (2002)) である．このような経緯からもわかるように，The Cambridge Grammar of the English Language は A Comprehensive Grammar of the English Language を凌駕したものとなっている．The Cambridge Grammar of the English Language がまだ刊行されていない段階で A Comprehensive Grammar of the English Language が世界最高峰の英文法書であったように，The Cambridge Grammar of the English Language が刊行され，それを凌駕する英文法書がいまだ出ていない今日，The Cambridge Grammar of the English Language が今ある世界最高峰の英文法書であるといっても過言ではない．

　さて，そのような世界最高峰の英文法書 The Cambridge Grammar of the English Language (Rodney Huddleston and Geoffrey K. Pullum (2002)) であるが，編者の Rodney Huddleston と Geoffrey K. Pullum は，ともに，広い意味での生成文法学派の研究者である．ただ，Huddleston はもともと Halliday 派の機能文法の研究者であったし，Pullum は一般化句構造文法 (GPSG) の創始者の１人でもある．このことからわかるように，The Cambridge Grammar of the English Language は生成文法系の編者によってつくられてはいるものの，言語をさまざまな観点から眺められる，そういったバランスのとれた編者によってつくられている．誰が読んでも，そしてどんな立場の人が読んでも，さらに素人ばかりでなくプロが読んでもいろいろ学べる世界最高峰の英文法書，それが The Cambridge Grammar of the English Language なのである．

　上で触れたように，The Cambridge Grammar of the English Language は生成文法的なバックボーンとツールを用いて書かれている．しかし，あくまで

英語という言語の記述がメインでテクニカルな説明はなされていない．生成文法や機能文法，そして認知言語学や一般化句構造文法などすべての現代言語学の文法理論を通してどれだけ英語を記述できるか，そしていかにして英語の真の姿に向き合えるか，そのような目的をもって書かれたものが *The Cambridge Grammar of the English Language* だともいえる．

The Cambridge Grammar of the English Language では，これまで生成文法などで等閑視されてきた言語事実がたくさん紹介されている．たとえば，いわゆる破格文がいろいろ紹介されているが，文法から逸脱したこのような文をいかに分析したらいいか，生成文法をはじめ認知言語学や機能文法，そして一般化句構造文法（GPSG）の後継者である主辞駆動句構造文法（HPSG）にとって大きな課題となるであろう．このように，*The Cambridge Grammar of the English Language* では破格文をはじめ，いわゆる規範文法を否定する例がたくさん紹介されているが，その意味でも，*The Cambridge Grammar of the English Language* は規範文法だけでなく理論言語学にも非常にチャレンジングなものとなっている．

本気で英語を勉強したり，真摯に英語に向き合ったり，さらには英語学を極めようと思っている人にとって避けては通れない本，それが *The Cambridge Grammar of the English Language* であるが，原著を読んだことがある人ならわかるように，かなり骨の折れる本である．骨が折れる理由は2つある．1つは分量である．1860ページあり，しかも重量が3.1kgもある．これだけの分量を読むのは文字通り骨が折れる．

残るもう1つの骨が折れること，それは，*The Cambridge Grammar of the English Language* の英文と内容のレベルの高さである．*The Cambridge Grammar of the English Language* が英語ネイティブを読者として想定していることもあり，英語非ネイティブのためにやさしい英語を使って書かれてはいない．さらに内容もいっさい妥協せずクオリティの高いものになっている．ことばをことばで説明するというメタ言語的な内容も多いだけに，高度な英文読解力と論理的思考力が読み手に要求される．

骨を2つ折らないと *The Cambridge Grammar of the English Language* は読むことができない．暇人ならともかく，そしてかなり高い英語力がある人ならともかく，英語にあまり自信のない人が膨大な時間をかけて骨を2本も折るのはかなり酷なことである．そもそも，骨を2本折ったところで正しく読め

ていないのであればそれこそ骨折り損というものである．

　そこで，皆さんの代わりに骨を折ってやろう！ということで刊行されたのが本シリーズ『英文法大事典』全11巻である．本シリーズを刊行するにあたり，合計104本の骨が折られることになった．つまり，本シリーズ『英文法大事典』全11巻を刊行するにあたり，総勢52名の方に参戦していただくことになった．

　The Cambridge Grammar of the English Language を完訳するという無謀とも思えるプロジェクトに参加して下さった52名の方々には心から感謝する次第である．まず，監訳者の藤田耕司氏と長谷川信子氏，そして竹沢幸一氏の3氏に心から感謝申し上げる．各氏の厳しい原稿チェックがなければこれほどハイクオリティのものを世に出すことはできなかった．ちなみに，本シリーズはどの巻も10回以上のチェックを経た後に刊行されている．

　各巻の責任訳者にも感謝申し上げたい．各巻のタイトルならびに責任訳者は次のとおりであるが，各巻の共訳者をうまくとりまとめていただいた．

第0巻『英文法と統語論の概観』（本田謙介）原著1章と2章の翻訳
第1巻『動詞と非定形節，そして動詞を欠いた節』（谷口一美）原著3章と14章の翻訳
第2巻『補部となる節，付加部となる節』（木口寛久）原著4章と8章の翻訳
第3巻『名詞と名詞句』（寺田寛）原著5章の翻訳
第4巻『形容詞と副詞』（田中江扶）原著6章の翻訳
第5巻『前置詞と前置詞句，そして否定』（縄田裕幸）原著7章と9章の翻訳
第6巻『節のタイプと発話力，そして発話の内容』（松本マスミ）原著10章と11章の翻訳
第7巻『関係詞と比較構文』（岩田彩志）原著12章と13章の翻訳
第8巻『接続詞と句読法』（岸本秀樹）原著15章と20章の翻訳
第9巻『情報構造と照応表現』（保坂道雄）原著16章と17章の翻訳
第10巻『形態論と語形成』（今仁生美）原著18章と19章の翻訳

　いうまでもなく，各巻の訳者の方たちにも心から感謝申し上げる．根気と集中力と体力と知力のいる翻訳作業，本当にご苦労さまでした．そして，この巨大

プロジェクトに参加してくださり，ありがとうございました．

　最後になるが，開拓社の川田賢氏に心から感謝申し上げる次第である．訳者の人選など，そして本つくりのプロセスなど，すべて私のやりたいようにやらせてもらった．気持よく仕事をやらせてくれた川田氏の懐の深さに感謝する次第である．

　なお，本シリーズ『英文法大事典』は *The Cambridge Grammar of the English Language* の完訳ということもあり，読者の利便性を考えて意訳しながらも，原著を忠実に訳している．原著の例文には，ところによって，タブー語やののしり語などの表現が含まれている場合もあるが，これも英語という言語の特徴的な部分でもあり，それらも忠実に訳している．読者諸氏にはこの点どうかご理解いただければと思う．

　読者諸氏には，ぜひ，本シリーズ『英文法大事典』全11巻を通読していただき，世界最高峰の英文法書 *The Cambridge Grammar of the English Language* (Rodney Huddleston and Geoffrey K. Pullum (2002)) を堪能していただきたい．そして，英語の教育と研究に大いに役立てていただきたい．

編集委員長　畠山　雄二

第 8 巻　接続詞と句読法

まえがき

本巻『接続詞と句読法』は，*The Cambridge Grammar of the English Language* (CGEL) の第 15 章および第 20 章を翻訳したものである（第 15 章と第 20 章は，それぞれ本巻の第 I 部と第 II 部に当たる）．本巻のタイトルは「接続詞と句読法」となっているが，実際には，大きく 3 つの部分に分かれる．まず，第 I 部（原著の第 15 章）の多くの部分が等位接続（coordination）の用法の説明に割かれているが，等位接続とは別のトピックとして補足（supplementation）が扱われている（原題は，Coordination and Supplementation）．次に，第 II 部（原著の第 20 章）では句読法（punctuation）が扱われている．他の巻と同様に，本巻でも，英文法の体系的な記述がなされていて，これまで研究されてきたトピックに関するデータがかなり包括的に提示されている．また，詳細な文法記述にもとづく，独自の分析も随所に展開されている．

　本巻で大きな比重を占める「等位接続」の代表例は，Kim and Pat are students.（キムとパットは学生である．）のような文であるが，このような単純な例でさえ，通常の構文とは異なるさまざまな特性が観察される．理論言語学では，等位接続構造については，いまだに一致した見解がないというのが実情であるが，経験的にはかなり確立した事実の記述があることも事実である．本巻の等位接続のセクションの文法記述でかなりの比重を占めているのは解釈の問題である．たとえば, Kim and Pat are in love.（キムとパットは恋に落ちている．）という等位形式においては，「キムとパットがそれぞれだれか別の人物と恋に落ちている」という分配的解釈や「キムとパットがお互い恋愛関係にある」という結合的解釈の 2 つが可能であることをはじめ，and と or の等位接続の真偽値がどのように決まるか，さらには，and や or 要素が否定とともに現れるとどのような解釈を得られるのかという事柄にまで及ぶ．

　具体的な例をあげると，either A or B という表現は，通常「A あるいは B」と訳されるであろう．そのため，He isn't either treasurer or secretary.（彼は会計係でも秘書官でもどちらでもない．）のような例は「彼は会計係か秘書官でない」という日本語に訳したくなるが，その日本語訳が正しい解釈を反映してい

ないことは，本巻の詳細な文法記述を読めばおのずと明らかとなる．文法的な提案にも興味深いものがある．たとえば，等位構造は通常同じ範疇のものが等位接続され，全体の範疇は等位接続された範疇を引き継ぐと分析されることが多い．しかし，He left <u>this morning</u> or <u>just after lunch</u>.（彼は今朝か昼食直後に出ていった．）のような例があるため，常に同じ範疇の要素が等位接続されるわけではなく，機能が類似するものに対しても等位接続が可能であるということが提案されている．

　第Ⅰ部で扱われている「補足」は，あまり文法書で紹介されることはないが，頻繁に起こる現象でもあり，かなり詳細な記述がなされている．記述的には補足要素とそれが付加される係留先との関係が問題となるが，関係節のような構文に組み込まれたものではなく，付加される構文と一体とならないものであるということが検証されている．

　第Ⅱ部の句読法も文法書ではあまり触れられない事項の1つであるが，原著ではあえて独立の章が当てられている．通常は，文法の領域で扱われるものというよりは，むしろ，文書作成マニュアルで記述されるようなものである．しかし，第Ⅱ部では，ある種の境界を指定する句読点が文法的に見て重要な切れ目を指定する役割を果たすということ，にもかかわらず，かなり多くの場合においてその使い方にはかなりの変異が見られることを示している．ダッシュやハイフンなど，英文で日頃使用される記号にどのような意味があり，どのように使用されるのかが例をもとに詳細に解説されている．単なる文書作成のマニュアルではわからないような句読点の用法についての解説もある．このことにより，英語の文法という観点からどのようなときにどのような符号を使うことができるのか，あるいは，使うことができないかということに関して，かなり体系立った理解が得られるようになっている．

　本巻の文法記述は特定の理論に偏らないものであり，かつ，明確なデータが数多く提示されている．それゆえ，当該のテーマについて英語の文法がどのようになっているかについて興味をもつ読者だけでなく，英文法を専門的に研究する研究者にも十分すぎるほどの情報や示唆を長きにわたって提供できるものとなっている．最後に，翻訳の過程で見つかった原著の間違いについては，原著の編者と連絡をとり，確認をした上で翻訳版において訂正されていることを付け加えておきたい．

第8巻責任訳者　岸本　秀樹

第 8 巻　接続詞と句読法

目　次

『英文法大事典』刊行にあたって　　iii
まえがき　　viii
例の提示に関する但し書き　　xiv

第 I 部　等位接続と補足
Rodney Huddleston, John Payne, and Peter Peterson

第 1 章　等位接続構文の構造 ･････････････････････････････････････ 3
　1.1　等位接続と等位要素と等位接続詞 ･････････････････････････ 3
　1.2　階層化等位接続 (Kim and either Pat or Alex) ････････････････ 9
　1.3　統語的構成性と意味的な作用域 ･･･････････････････････････ 12
　　1.3.1　節の等位接続と節より小さな単位の等位接続 ･･････････ 12
　　1.3.2　結合的等位接続 (Kim and Pat are a happy couple) ･･････ 15
　　1.3.3　個別集合の解釈をもつ名詞句 (new and second-hand books) ･･････ 21
　　1.3.4　構成素構造と作用域の曖昧性 (long poems and essays) ････････ 24
　1.4　等位要素の順序 ･･･ 28

第 2 章　等位接続詞と関連する連結要素 ･････････････････････････ 35
　2.1　典型的な等位接続詞の特徴 ･･･････････････････････････････ 35
　2.2　and と or ･･･ 43
　　2.2.1　論理的連言と選言 ････････････････････････････････････ 43
　　2.2.2　否定と組み合わされる and と or ･･･････････････････････ 53
　　2.2.3　非対称構造 I : and (He got up and had breakfast, etc.) ･････ 56
　　2.2.4　非対称構造 II : or (Hurry up or we'll be late, etc.) ････････ 65
　　2.2.5　等位接続詞で標示された繰り返し (louder and louder, dozens and dozens) ･････････････････････････････････････ 67

2.3　both と either ··· 68
  2.4　neither と nor ··· 75
  2.5　but ··· 80
  2.6　not ··· 85
  2.7　not only ··· 87
  2.8　比較に基づいた表現 (as well as, rather than, etc.) ························· 92
  2.9　付加や包含などの表現 (including, instead of, plus, etc.) ················ 97
  2.10　連結副詞 (so, yet, however, etc.) ··· 100
  2.11　for, only と結果の so+that ·· 104

第3章　等位接続の範囲：何が何と等位接続できるのか ············· 108
  3.1　等位接続の分布と形式に関する条件 ······································· 108
  3.2　異なる範疇の等位接続 ··· 116
  3.3　文法化した語の等位接続 ·· 122
  3.4　等位接続と属格 ··· 125
  3.5　節タイプの等位接続 ·· 129
  3.6　等位接続のレベル ·· 132

第4章　基本的でない等位接続 ································· 137
  4.1　修飾語による等位要素の拡張 (the guests and indeed his family too) ··· 138
  4.2　空所を含む等位接続 (Kim is an engineer and Pat a barrister) ············ 140
  4.3　右側臨時構成素等位接続 (I gave $10 to Kim and $5 to Pat) ············· 148
  4.4　遅延右側構成素等位接続 (knew of but never mentioned my work) ····· 153
  4.5　末尾付加の等位接続 (They had found Kim guilty, but not Pat) ········· 158
  4.6　構成素構造に対する証拠としての等位接続 ····························· 164

第5章　補　足 ··· 168
  5.1　補足の一般的な特性 ·· 168
  5.2　補足部の形式 ·· 181

第 II 部　句読法
Geoffrey Nunberg, Ted Briscoe, and Rodney Huddleston

第 1 章　序　論 …………………………………………………… 196
   1.1　句読法の範囲 ……………………………………………… 196
   1.2　標識と文字 ………………………………………………… 198
   1.3　句読法の規則の特徴 ……………………………………… 201
   1.4　統語の単位と書き言葉の単位 …………………………… 203
   1.5　句読標識の機能と分類 …………………………………… 205

第 2 章　一次終点 ………………………………………………… 210

第 3 章　二次境界符号：コンマ，セミコロン，コロン ………… 219
   3.1　形式についての概観 ……………………………………… 220
   3.2　二次境界符号の用法 ……………………………………… 226
      3.2.1　標識を用いる等位接続，もしくは節より小さい単位の等位接続 …… 226
      3.2.2　標識つきの補足要素と，節より小さい補足要素 ……… 230
      3.2.3　標識を用いない主節の組み合わせ ……………………… 233
      3.2.4　節より小さいレベルの単独境界標識のその他の例 …… 237
      3.2.5　境界設定のコンマ ………………………………………… 240

第 4 章　丸括弧 …………………………………………………… 249

第 5 章　ダッシュ ………………………………………………… 255

第 6 章　引用符と関連標識 ……………………………………… 262

第 7 章　大文字 …………………………………………………… 273

第 8 章　語レベルの句読法 ……………………………………… 277

8.1	語の境界 …………………………………………… 277
8.2	ハイフン …………………………………………… 278
8.2.1	最初の区別 ……………………………………… 278
8.2.2	ハードハイフンとロングハイフン …………… 279
8.3	アポストロフィ …………………………………… 285
8.4	短縮のピリオドとその他の縮約標識 …………… 286
8.5	スラッシュ ………………………………………… 288

文献情報：もっと知りたい人のために ……………………… 291

参考文献 ……………………………………………………… 301

索　　引 ……………………………………………………… 311

原著者・編集委員長・監訳者・訳者紹介 …………………… 323

例の提示に関する但し書き

太字イタリック体：屈折形態素を取り除いた語彙素を表している．
 例）動詞 ***go***

二重引用符：意味や命題を表している．

一重下線・二重下線と角括弧：例文の一部を強調している．

スモールキャピタル：焦点ストレスを表している．
 例）I DID tell you.

矢印：↗は上昇ピッチのイントネーションを示し，↘は下降ピッチのイントネーションを表している．
 例）Is it a boy ↗ or a girl ↘ ?

___：文中の空所を表している．
 例）Kim bought ___ .

・：語中の形態論的な区切りないし構成素を表している．
 例）work・er・s, 接尾辞・s

下付き文字：照応語とその先行詞の関係を表している．
 例）Jill$_i$ said she$_i$ would help. では，she は Jill を指していることを表している．

例文を解釈するにあたっての文法性を以下の記号で表している．

*	非文法的	例)	*This books is mine.
#	意味的ないし語用論的に変則的	例)	#We frightened the cheese.
%	ある方言でのみ文法的	例)	%He hadn't many friends.
?	文法性が疑わしい	例)	?Sue he gave the key.
!	非標準的	例)	!I can't hardly hear.

スラッシュ記号：選択肢の区切りを表している．
　例) The picture seemed excellent / distorted. は The picture seemed excellent. と The picture seemed distorted. の 2 例をまとめた書き方となっており，I asked you not to leave / *to don't leave until tomorrow. は I asked you not to leave until tomorrow. と *I asked you to don't leave until tomorrow. をまとめた書き方になっている．選択肢が 1 語である場合を除き，スラッシュの前後にはスペースを置いている．

丸括弧：随意的な要素を表している．
　例) The error was overlooked (by Pat). は The error was overlooked by Pat. と The error was overlooked. の 2 例をまとめた書き方になっている．

会話中の A や B：異なる話者を示している．
　例) A: Where's the key?　B: It's in the top drawer.

専門家向けの解説：
　研究者向けの解説はフォントをゴシック体にした上で網かけにしている．この部分は本文の分析を支持する言語学的な議論となっている．読み飛ばしても本文の流れを理解する上で支障はない．

第 I 部

等位接続と補足

本シリーズの『英文法大事典』のこれまでの巻では，単独もしくは複数の依存部 (dependent) をともなう主要部 (head) を含む構文を扱ってきた．本巻の第Ⅰ部では，**等位接続 (coordination)** と**補足 (supplementation)** という2つのタイプの**主要部をもたない構文 (non-headed construction)** に着目する．[1] (1)が主要部のない構文の代表例である．

(1) i.　I left the room and Pat followed me.　　　　　　［等位接続］
　　　　（私が部屋を出ると，パットは私のあとについてきた．）
　　ii.　The tourists – most of them exhausted – got into the bus.　［補足］
　　　　（観光客は－ほとんどの人が疲れ果てて－バスに乗り込んだ．）

(1i) の構文には主要部要素がないのは明らかである．なぜなら，2つの下線の引かれた表現は統語的に対等なステータスをもち，一方を主要部，他方を依存部とすることができないからである．これに対して，(1ii) の構文は，主要部をもつ構文とそれほど明確に区別できるわけではない．しかし，下線の引かれた表現が厳密には文の統語構造の中に組み込まれていない点が異なる．そのため，(1ii) の文における下線の引かれた要素は，(The exhausted tourists got into the bus. (疲れ果てた観光客がバスに乗り込んだ．) のような) 依存部ではなく，補足部 (supplement) として扱う．第1章～第4章では等位接続について詳細に検討し，第5章では補足について簡潔に考察する．

---

[1] 訳者注：「補足」は「挿入」と密接な関係がある．「補足」の例は「挿入」に相当することが多いが，これは，典型的には「補足」が意味的な側面からみた用語で「挿入」が統語的な側面からみた用語となるからである．本章では原著の用語に従い「補足」という用語を用いる．

第 1 章　等位接続構文の構造

1.1　等位接続と等位要素と等位接続詞

等位接続とは，統語的に等価な性質をもつ 2 つあるいはそれ以上の要素，すなわち**等位要素**（**coordinate**）の間の関係を指す．等位要素は，通常 and や or のような**等位接続詞**（**coordinator**）でつながれる．

(2) 　i.　[Kim and Pat] speak excellent French.　　［名詞句（NP）−等位接続］
　　　　（キムとパットはすばらしいフランス語を話す．）
　　ii.　He can see you [this afternoon or on Tuesday].
　　　　　　　　　　　　　　　　［名詞句（NP）／前置詞句（PP）−等位接続］
　　　　（彼は今日の午後か火曜日にあなたに会える．）

等位要素は統語的に等価であることを示す 1 つの証拠として（必要に応じて，動詞の一致を調整して）等位要素の**どちらか一方**を等位接続表現と置き換えられるということがあげられる．たとえば，(2i) は，Kim speaks excellent French.（キムはすばらしいフランス語を話す．）や Pat speaks excellent French.（パットはすばらしいフランス語を話す．）のような表現に置き換えられる．[1] 等位要素が統語的に等価であることを示すもっとも直接的な 2 つ目の証拠は，構

---

[1] Kim and Pat [are a happy couple].（キムとパットは幸せなカップルである．）のような例においては，これと同様の置き換えはできない．しかし，等位接続全体を等位要素のどちらか一方で置き換えられないという点から，2 つの等位要素は統語的に等価であるとすることができる（1.3.2 節を参照）．

造や意味をほとんど変えることなく等位要素の順序を入れ替えることができるということである．実際に，たとえば，(2) の2例は，Pat and Kim speak excellent French.（パットとキムはすばらしいフランス語を話す．）や He can see you on Tuesday or this afternoon.（彼は火曜日か今日の午後にあなたに会える．）に置き換えても基本的な意味は変わらない．

■ 主要部要素がない構文としての等位接続

等位接続は，従属接続（subordination）と対照をなす．接続される要素が統語的に対等なステータスをもたない従属接続では，一方の要素が主要部となり，他方が依存部になる．しかし，等位接続では，まさに等位要素が統語的に対等なステータスをもつために，主要部と依存部の区別が当てはまらない．Kim and Pat（キムとパット）のような例は，全体を「名詞句（NP）」としてではなく，「名詞句-等位接続（NP-coordination）」として扱う．Kim and Pat は，機能的には1つの名詞句のようにふるまうが，名詞句の構造をもっていないからである．さらに，(2ii) で等位接続されているものは，名詞句の this afternoon と前置詞句の on Tuesday である．このことは，等位接続される要素が必ずしも同じ統語範疇のものである必要がないことを示している．(2ii) では，名詞句と前置詞句が等位接続されているので，等位接続全体の範疇は名詞句と前置詞句のいずれでもありえない．そのため，名詞句と前置詞句が組み合わせられた「名詞句／前置詞句-等位接続（NP/PP-coordination）」として分析するのである．

■ 構造の対立

つぎにあげる (3i) と (3ii) は，2つの等位要素と1つの等位接続詞を含んでいるが，それ以外の可能性もある．以下では，等位接続で観察される3種類の構造的な対立について述べる．

(a) 二項等位接続 vs 多項等位接続

等位接続には，2つ以上の等位要素を含むものがある．2つの等位要素を含む等位接続を**二項等位接続**（**binary coordination**）とよび，それより多くの等位要素を含む等位接続を**多項等位接続**（**multiple coordination**）とよぶ．

第1章　等位接続構文の構造

(3) i. Kim wrote a letter and Ed watched TV.　　　［二項等位接続］
　　　（キムは手紙を書いて，エドはテレビをみた．）
　　ii. She wants to live [in Sydney, in London, or in Paris].［多項等位接続］
　　　（彼女はシドニーか，ロンドン，あるいはパリに住みたいと思っている．）

(b)　等位接続詞を用いる等位接続 vs 等位接続詞を用いない等位接続
通常，等位接続を示すには等位接続詞が使用される．しかし，等位接続をするのに等位接続詞は必ずしも必要ではない．等位接続には，(4)で示されるように**等位接続詞を用いる**（**syndetic**）場合と**等位接続詞を用いない**（**asyndetic**）場合がある．

(4) i. He invited [all his collegues and all his students].
　　　　　　　　　　　　　　　　　　　　　　　　　　　　［等位接続詞を用いる等位接続］
　　　（彼は自分の同僚全員と自分の生徒全員を招待した．）
　　ii. He invited [all his collegues, all his students].
　　　　　　　　　　　　　　　　　　　　　　　　　　　　［等位接続詞を用いない等位接続］
　　　（彼は自分の同僚全員と，自分の生徒全員を招待した．）

多項等位接続の場合，等位接続詞を用いる等位接続は，以下の例のように，2つに下位分類される．

(5) i. He can see you on [Monday, Tuesday, or Friday].
　　　　　　　　　　　　　　　　　　　　　　　　　　　　　　　　［等位接続詞単独使用］
　　　（彼は月曜日，火曜日，もしくは金曜日にあなたに会える．）
　　ii. He can see you on [Monday or Tuesday or Friday].
　　　（彼は月曜日か火曜日か金曜日にあなたに会える．）　　［等位接続詞複数使用］

(5i)では最後の等位要素だけに or がついている．これに対して，(5ii)では最初の等位要素を除くすべての等位要素に or がついている．3つ以上の等位要素がある場合でも等位接続詞の使用については，このような単独使用（simple-syndetic）か複数使用（polysyndetic）のどちらかの可能性しかない．つまり，（最初と最後の等位要素を除く）すべての**中間**等位要素に接続詞をつけない（on Monday, Tuesday, Thursday, or Friday）か，あるいはすべてに等位接続詞をつける（on Monday or Tuesday or Thursday or Friday）かのどちらか

になるのである．その規則に従わない *on Monday or Tuesday, Thursday or Friday は容認されない．

(c) 相関等位接続 vs 非相関等位接続

接続詞を用いる等位接続はすべて，最後の等位要素に等位接続詞がつく．その中には，最後の等位要素の等位接続詞と**相関 (correlative)** する決定詞 (determinative) が最初の等位要素に対してつけられる場合がある．たとえば，(6ia) においては both は and と相関し，(6iia) においては either は or と相関する，などである (2.3 節を参照)．

(6) i. a. He invited [both his father and his uncle]. 　[相関等位接続]
　　　　　　（彼は父親とおじの両方を招待した．）
　　　　b. He invited [his father and his uncle]. 　[非相関等位接続]
　　　　　　（彼は父親とおじを招待した．）
　　 ii. a. He can see you [either on Monday or on Tuesday].
　　　　　　（彼は月曜日か火曜日のどちらかにあなたに会える．）　[相関等位接続]
　　　　b. He can see you [on Monday or on Tuesday]. 　[非相関等位接続]
　　　　　　（彼は月曜日か火曜日にあなたに会える．）

either は多項等位接続が可能である．そのため，either の相関形式は等位接続詞の単独使用 (either on Monday, on Tuesday, or on Friday) と等位接続詞の複数使用 (either on Monday or on Tuesday or on Friday) で異なる．

　接続詞を用いるもっとも一般的な等位接続の形式は，最後の等位要素の前に等位接続詞を単独で使用するものである．相関等位接続と等位接続詞を複数使用する等位接続では，余分に現れる接続要素が等位接続の関係を強調する（ただし 2.3 節も参照）．これに対して，等位接続詞を用いない等位接続は，音形のある等位接続詞が存在しないため，等位接続でない構文と明確に区別できるとは限らない．

■ 構成素構造の中において等位接続詞が占める位置

意味的には，等位接続詞は等位要素の間の関係を指定する．しかし，統語的には等位接続詞は後続する等位要素に属する（すなわち，構成素を形成する）ので，Kim and Pat (キムとパット) の構造は (7) のようになる．

(7)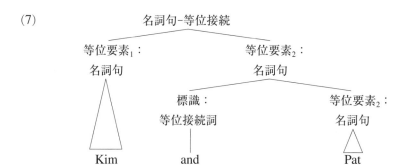

(7)における下付きの数字は，等位要素の線的な順序を表す．先にも述べたように等位要素は統語的に対等なステータスをもつ．つまり，(7)の2つの等位要素は，統語的な機能には違いがなく，線的な順序が異なるだけである．

[専門的解説]
等位接続詞が後続する等位要素と構成素を形成すると考える理由としては，以下の3つがあげられる．

(a) 第2等位要素の位置変化
特定の条件下で二項等位接続における第2等位要素の位置を変えることができる（4.5 節を参照）．(8)に具体例をあげる．

(8) i. a. They allowed the others but not me a second chance.
    b. They allowed the others a second chance but not me.
    （彼らは私ではなくほかの人に2回目のチャンスを与えた．）
 ii. a. Did the boss or her secretary tell you that?
    b. Did the boss tell you that or her secretary?
    （上司か彼女の秘書があなたにそう話したのですか？）

(8ia)と(8iia)において，等位接続詞の but と or は but not me と or her secretary のように2つ目の等位要素の直前に現れている．そして，(8ib)と(8iib)で示されているように but not me と or her secretary の位置を変えることができる．このことは，but not me と or her secretary がそれぞれ統語的なまとまりを形成していることを示している．

(b) 文頭の and, or, but
and, or, but のような等位接続詞は文頭の位置に置くことができる．たとえば，話者 A が She thoroughly enjoyed it.（彼女は存分にそれを楽しんだ．）と発話したあと，それを受けて別の話者 B が And so did her mother.（そして，彼女の母親もそうした．）と続けることができる．このことから，and が so did her mother と統語的なまとまりを形成していることがわかる．

(c) 韻律と句読法
自然なイントネーションの切れ目（intonation break）は，等位接続詞の後ではなく，その前に置かれる．このことは，接続詞を複数使用する等位接続と相関等位接続においてとくに明確になる．たとえば，He invited his brother and his sister and his mother.（彼は，弟と妹と母親を招待した．）の自然な読み方は，He invited his brother | and his sister | and his mother. であり，それぞれの and の前で韻律（prosody）の切れ目が入る．書き方についても同様で，等位接続でコンマが用いられる場合，それぞれの and の前にコンマが入る．

■ **基幹等位要素と拡張等位要素**
(7) においては，「等位要素」という機能を表す用語を Pat だけでなく，and Pat のような Pat よりも大きな要素に対しても使用している．どちらの意味で使っているのかをはっきりさせる必要がある際には，Pat という要素に対しては**基幹等位要素（bare coordinate）**，より大きな要素である and Pat に対しては**拡張等位要素（expanded coordinate）**という用語を用いる．拡張等位要素には，等位接続詞に加えて（あるいは等位接続詞の代わりに）too, as well, else のようなさまざまな修飾語が入っていてもよい．そのため，He offended the guests and indeed his family too.（彼は客の感情，実際には，自分の家族の感情も害した．）の等位接続構造は (9) のようになる．

(9)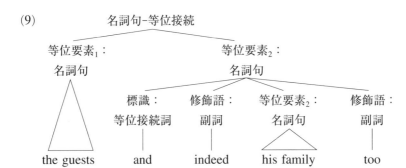

(9) の the guests と his family は基幹等位要素である（これは He invited the guests and his family.（彼は客と自分の家族を招待した．）の the guests と his family が基幹等位要素であるのと同じことである）．しかし，his family は，等位接続詞 and とともに indeed と too のような修飾語がついて構造が拡張されている（この種の構造の拡張に関する詳細な考察については 4.1 節を参照）．[2]

1.2 階層化等位接続 (Kim and either Pat or Alex)

等位接続では，等位要素がより大きな等位要素の一部となることがある．ここではそのような等位接続を**階層化等位接続** (layered coordination) とよぶ．

(10) i. We should invite [Kim and either Pat or Alex].
 （私たちはキムと，パットかアレックスのどちらかを招待すべきだ．）
 ii. I tried to persuade him and so did Kim, but he was quite inflexible.

---

[2] 形式文法では，「等位接続 (coordination)」の代わりに「等置 (conjunction)」という用語が用いられる．しかし，「従属接続 (subordination)」と対比的に用いられる「等位接続」を「等置」に置き換える理由はない．いずれにせよ，「等置 (conjunction)」は首尾一貫しない用語の選択となってしまう．なぜなら，この用語は論理学で（「連言」とよばれる）and によって結ばれる等位接続のみを指すのに用いられるからである（これと対立する or の等位接続は，論理学で「選言 (disjunction)」とよばれる）(2.2.1 節を参照)．さらに，伝統文法においては，「接続詞 (conjunction)」という用語が等位接続と従属接続の両方の構文で用いられる一連の語を指すのに使用される．伝統文法では「等位要素 (coordinate)」という用語は広く用いられず，この概念を表すのに形式文法ではほぼ常に「等置要素 (conjunct)」という用語が用いられる．

(私は彼を説得しようとしたし，キムもそうしたが，彼はかなり頑固だった．)

(10) の下線部は下位の等位接続を示している．(10i) では等位接続された名詞句 either Pat or Alex がさらに and で Kim と等位接続され，全体が角括弧で囲まれているより大きな名詞句-等位接続を形成している．その構造は以下のようになる．

(11)
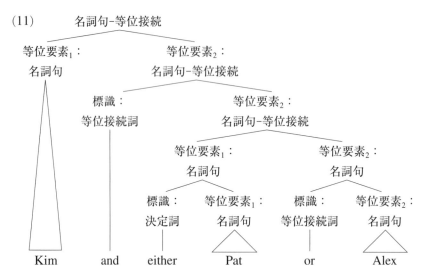

同様に，(10ii) においても下線部は等位接続節を表すが，文を形成する等位接続節の最初の等位要素にもなっている．but は上位の階層の等位接続詞で，and は下位の階層の等位接続詞である．

　3つの基幹等位要素をともなう等位接続では，階層化が可能であれば，原理的には (12) に簡略表示されている3つの異なる構造が得られる．

(12)
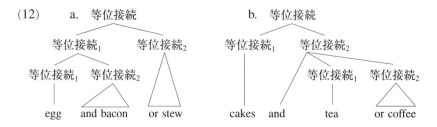

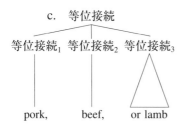

(12a) の egg and bacon or stew (卵とベーコンかシチュー) と (12b) cakes and tea or coffee (ケーキとお茶かコーヒー) にはいくつかの解釈が可能であるが，自然な解釈は，(12a) と (12b) の樹形図で表される解釈である．(12a) において，or は egg and bacon あるいは stew から選ぶことを表すが，(12b) では，or は tea あるいは coffee から選ぶことを表す．等位接続の第 2 階層は (12a) においては左側に位置し，(12b) においては右側に位置している．(12c) では，階層は 1 つしかない．

(10) と (12a, b) においては，and 対 but もしくは and 対 or のような等位接続詞の対立があることから複数の階層が存在することは明らかである．単一の等位接続においては接続詞が合致しなければならないからである．先頭に現れない等位接続詞は同一でなければならず，先頭に等位接続の標識があれば，後に来る標識と相関しなければならない（たとえば，both は and と either は or と相関する）．さらに，既に等位接続詞を複数使用する等位接続を導入する際に述べたことではあるが，**中間**等位要素（**medial** coordinate）に接続詞がつく場合には，すべての等位要素に接続詞がつかなければならない．したがって，(13i) は単一の階層からなる等位接続の可能性があるが，(13ii) ではその可能性はない．

(13) i. He invited [Kim and Tom and Pat and your parents].
 (彼はキムとトムとパットとあなたの両親を招待した．)
 ii. He invited [Kim, Tom and Pat, and your parents].
 (彼はキム，トムとパット，そして，あなたの両親を招待した．)

(13ii) では，4 つの基幹等位要素があるが，等位接続詞は 2 つしかないので，階層的になっていなければならない．(13ii) に可能な構造は 2 つある．第 1 階層に ([Kim, Tom and Pat] + [your parents] という) 2 つの等位要素がある

か，もしくは，([Kim] + [Tom and Pat] + [your parents] という) 3 つの等位要素があるかのどちらかである．また，(13i) では，階層を示す文法的な標識が存在しないが，階層的な解釈が排除されるというわけではなく，([Kim and Tom] + [Pat] + [your parents] や [Kim] + [Tom and Pat] + [your parents] などの) 数多くの解釈を許す．この場合，階層関係は，韻律や句読法によって示されなければならない．

■作用域
(12a) の egg and bacon or stew において，and は or でつながれている等位要素の一方のみに関わるため，「and は or の作用域 (scope) に入っている」という表現を用いる．作用域は意味的な概念であるが，(12a) のような単純な例においては，統語構造に作用域の関係が直接的に反映される．具体的には，or は上位階層における等位接続の標識で，and は下位階層における等位接続の標識である．また，上とは別に「or は and よりも**広い作用域 (wide scope)** をもつ」もしくは「and は or よりも**狭い作用域 (narrow scope)** をもつ」という表現も可能である．もちろん，(12b) の cakes and tea or coffee においては，(12a) とは作用域の関係が逆転し，or が and の作用域に入っている．

1.3 統語的構成性と意味的な作用域

1.3.1 節の等位接続と節より小さな単位の等位接続

節の等位接続 (clausal coordination) では，基幹等位要素は完全な独立節となる．それ以外のものは，**節よりも小さな単位の等位接続 (subclausal coordination)** とよぶ．

■意味的等価性
特別な要因がない限り，節よりも小さな単位の等位接続では，それに対応する節の等位接続と同じ意味を表す．

(14) i. a. There is a copy [on the desk and in the top drawer].
　　　　　（机の上と 1 番上の引き出しの中に本が 1 冊ある．）
　　 b. They arrived on [Tuesday or Wednesday].
　　　　　（彼らは火曜日か水曜日に到着した．）
　　 c. He told me [who she was but not what she wanted].
　　　　　（彼は私に彼女が誰であるかは話したが，彼女が何をほしがっているのかは話さなかった．）

　　[節より小さな単位]

　 ii. a. There is a copy on the desk and there is a copy in the top drawer.
　　　　　（机の上に本が 1 冊あるし，1 番上の引き出しの中にも本が 1 冊ある．）
　　 b. They arrived on Tuesday or they arrived on Wednesday.
　　　　　（彼らは火曜日に到着したか，もしくは水曜日に到着したかだ．）
　　 c. He told me who she was but he didn't tell me what she wanted.
　　　　　（彼は私に彼女が誰だったのかを話したが，彼は私に彼女が何をほしがっているのかは話さなかった．）

　　[節]

　(14ia) は (14iia) と同じ意味を表すが，これは，他の例のペアの (14ib, 14iib) と (14ic, 14iic) も同様である．ここで注意すべき点は，(14ic) の従属節の等位接続は，節よりも小さな単位の等位接続の部類に入ることである．(14ic) の場合，等位要素は節であるが，(14ia-b) の等位要素と同じように主節の一部をなしており，その意味で節よりも小さな単位の等位接続となる．

　(14i) と (14ii) は同じ意味を表していることから，(14i) と (14ii) のどちらの場合も等位接続詞の作用域は同じであるとすることができるであろう．(14i) の等位接続は，節よりも小さな単位の等位接続であるが，等位接続詞の作用域は (14ii) と同じで節全体に及ぶ．そのため，便宜的に (14i) を (14ii) の**縮小 (reduction)**，もしくは (14ii) を (14i) の**拡張 (expansion)** とみることができる．ただし，ここで使用するこれらの用語には，(14i) が (14ii) から省略 (ellipsis) によって統語的に派生されたという意味合いはない．

■ **非等価性**
節よりも小さな単位の等位接続とそれに対応する節の等位接続が同じ意味にな

らない場合も数多くある．その典型例として，つぎのような例があげられる．

(15) i. One candidate was [very young and very energetic].
　　　（候補者の1人はとても若く，とても元気があった．）　［節より小さな単位］
　　ii. One candidate was very young and one candidate was very energetic.　　　　　　　　　　　　　　　　　　　　　　　　　　　　　［節］
　　　（1人の候補者はとても若かったし，もう1人の候補者はとても元気があった．）

(15i)は，「とても若い」および「とても元気がある」という2つの特性をもつ1人の候補者がいることを意味するが，(15ii)は，「とても若い人」と「とても元気のある人」が別々の候補者であったという語用論的な含意がある．再び作用域の話をすると，(15ii)の and は，決定詞 one よりも広い作用域をもつため，one candidate（1人の候補者）は，とても若い人ととても元気がある人という別々の特徴をもつ2人の人物を指す．しかし，(15i)の one は and よりも広い作用域をもつため，「とても若い」と「とても元気がある」という2つの属性はともに同じ1人の候補者についての記述になる．等位接続の作用域が節全体に及ばない場合，**狭い作用域**をもつと表現する．節よりも小さな単位の等位接続が節の等位接続と同じ意味にならないのは，まさに節よりも小さな単位の等位接続が狭い作用域をもつときである．

狭い作用域をもつ等位接続の他の例をつぎにあげる．

(16) i. No one [treats me like that and gets away with it].
　　　（誰も私をそんなふうに扱ってただではすまない．）
　　ii. Nothing is wrong with [the amplifier or the tuner].
　　　（アンプやチューナーには何の問題もない．）
　　iii. Who [lives in college and has a car]?
　　　（誰が学生寮に住み，車をもっていますか？）
　　iv. Did she [go to the meeting and make her report]?
　　　（彼女は会議に行き，報告書を作成しましたか？）
　　v. The [first and most impressive] speaker was from Wales.
　　　（最初であり，もっとも印象的な話し手はウェールズ出身だった．）
　　vi. She'd like [a cricket bat or a tennis racquet] for her birthday.
　　　（彼女は誕生日にクリケットのバットかテニスラケットをほしがっている．）

(16i) は「誰も私をそんなふうに扱わない」ではなく，「もしそんなことをしたら誰もただではすまない」という意味を表す．また，(16ii) は「アンプも故障しておらず，かつチューナーも故障していない」という意味を表し，Nothing is wrong with the amplifier or nothing is wrong with the tuner.（アンプに問題がないか，もしくはチューナーに問題がないかだ．）とは意味がまったく異なる．これらの2つの例は，作用域の要因により，つまりこの場合（2.2.2 節で考察するように）等位接続詞が否定の作用域の中にあることで拡張が妨げられるといった，もっとも頻繁に起こるケースである．同様に，(16iii) では，疑問詞の who が and よりも広い作用域をもつ．(16iii) は，「寮に住む」と「車をもっている」という2つの属性をあわせもつ人の集合について尋ねる1つの質問である．これに対して，節を等位接続した Who lives in college and who has a car?（誰が学生寮に住んでおり，また，誰が車をもっていますか？）は，2つの人々の集合について尋ねる2つの質問である．(16iv) の例も同様に，彼女が会議に行って報告を行ったかどうかについて尋ねる1つの質問である．一方，Did she go to the meeting and did she make her report?（彼女は会議に行きましたか，そして，彼女は報告書を作成しましたか？）は，2つの独立した出来事について尋ねる2つの質問である．(16v) の and は，定冠詞 the の作用域に含まれるため，「最初である」と「もっとも印象的である」という2つの属性を合わせもつ1人の話し手がいることになる．最後に，(16vi) のもっとも顕著な解釈は，or が would like（望む）の作用域の中に入る解釈である．この場合，クリケットのバットかテニスラケットかという選択肢は，いわば，彼女が誕生日祝いとして望むものの候補としてあげられており，彼女はそのどちらかを与えられれば満足することになる．[3]

1.3.2　結合的等位接続 (Kim and Pat are a happy couple)

狭い作用域をもつ等位接続の特殊なケースとして**結合的等位接続** (**joint coor-**

---

[3] 可能性は低いものの，(16vi) では，or が would like よりも広い作用域をもつ解釈も可能である．この場合，(16vi) は，節の等位接続である She'd like a cricket bat for her birthday or she'd like a tennis racquet for her birthday.（彼女は彼女の誕生日にクリケットのバットをほしがっているか，もしくは，彼女は彼女の誕生日にテニスラケットをほしがっている．）と同じ意味を表す（つまり，彼女がどちらを望んでいるかについては言及されておらず，そのことについて私は知らないという語用論的な含意があるのである）．

dination) があり，より一般的にみられる**分配的等位接続 (distributive coordination)** とは対照をなす．

(17) i. Kim and Pat know Greek. ［分配的］
　　　　（キムとパットはギリシャ語がわかる．）
　　ii. Kim and Pat are a happy couple. ［結合的］
　　　　（キムとパットは幸せなカップルである．）

(17i) は Kim knows Greek and Pat knows Greek.（キムはギリシャ語がわかるし，パットもギリシャ語がわかる．）と同じ意味になる．もし (17ii) を同じように拡張しようとしても，意味的に逸脱した非文 *Kim is a happy couple and Pat is a happy couple. ができあがってしまう．ギリシャ語の知識をもっていることはキムとパットに対して**分配的に (distributively)**（つまり，「個々に」あるいは「別々に」）当てはまるのに対して，幸せなカップルであることは分配的になりえないという違いがあるからである．つまり，幸せなカップルであることは，キムとパットが2人そろってはじめて成り立つのである（第3巻『名詞と名詞句』を参照）．

(18) において，(17ii) のような結合的等位接続の例をさらにあげる．

(18) i. Kim and Pat are two of his best friends.
　　　　（キムとパットは，彼の親友のうちの2人である．）
　　ii. Kim and Pat disliked each other.
　　　　（キムとパットはお互いに嫌っていた．）
　　iii. Kim and Pat went to Bonn and Paris respectively.
　　　　（キムとパットは，それぞれボンとパリに行った．）

(18i) は，等位要素が叙述要素の作用域内にある点で (17ii) と似ており，「幸せなカップル」という特性や「彼の親友のうちの2人」という特性を割り当てることができるキムとパットが構成員となる集合が存在していなければならない．(18ii) では，等位要素が each other（お互いに）の作用域内にある（dislike each other（お互いに嫌っている）は，複数の人数からなる集合にしか当てはまらない）．(18iii) では，両方の等位要素が respectively の作用域内にある（したがって，*Kim and Pat went to Bonn respectively. と *Kim went to Bonn and Paris respectively. はともに非文である）．

第 1 章　等位接続構文の構造

■ **分配的等位接続と結合的等位接続の曖昧性**
つぎのような例は，分配的解釈と結合的解釈の 2 種類の解釈を許す．

(19) 　i.　Kim and Pat are in love.
　　　　　（キムとパットは恋に落ちている．）
　　ii.　Kim and Pat are studying law and economics.
　　　　　（キムとパットは，法律と経済学を勉強している．）
　　iii.　Kim and Pat told me they were going to New York.
　　　　　（キムとパットは，ニューヨークに行く予定であると私に話してくれた．）

(19i) の分配的解釈は，節が等位接続された Kim is in love and Pat is in love.（キムが恋に落ちており，そしてパットも恋に落ちている．）の解釈と同じである．これに対して，結合的解釈は Kim and Pat are in love with each other.（キムとパットがお互いに恋に落ちている．）の解釈と同じである．相互的な関係は (19i) のように潜在的（implicit）で表面上現れないこともある．同じことは，「respectively（それぞれ）」の関係についても当てはまる．したがって，(19ii) は，「キムも法律と経済学を勉強し，パットも法律と経済学を勉強している」という分配的解釈だけでなく，「キムとパットはそれぞれ経済学と法律を勉強している」（つまり，キムが経済学を勉強しており，パットが法律を勉強している）という結合的解釈も可能である．(19iii) は，分配的解釈では，予定を伝える別々の行為が 2 つ存在することになる．1 つはキムによる行為であり，もう 1 つはパットによる行為である．一方，結合的解釈では，伝える行為は 1 つだけである．これは，2 人からの手紙という形であったかもしれないし，実際に彼らのうちの 1 人がこのことを私に話したということもありうる．2 人ともが会話に参加していた場合には，2 人がともにその情報源となっていれば，結合的解釈は十分に理屈に合うであろう．

■ **結合的等位接続に弁別的な文法的特徴**
結合的等位接続は，他の種類の等位接続とつぎの点で異なる．

(a) and に対する制約

結合的等位接続は，ほとんどの場合，等位接続詞の and を必要とする．[4]

(20) i. Kim <u>or</u> Pat will be going to Bonn. ［分配的］
  （キムもしくはパットはボンに行くだろう．）
 ii. *Kim <u>or</u> Pat will be going to Bonn and Paris respectively. ［結合的］

(b) 相関的な both の排除

少なくとも結合的等位接続においては，ほとんどの話者が both を許容しない．

(21) i. <u>Both</u> Kim and Pat are friends of his. ［分配的］
  （キムとパットはともに彼の友達である．）
 ii. *<u>Both</u> Kim and Pat are two of his best friends. ［結合的］

(c) 修飾語による拡張の排除

結合的等位接続においては，and は too（も），as well（また），especially（とくに），probably（たぶん）などの修飾語をともなうことができない．

(22) i. Kim and <u>probably</u> Pat <u>too</u> resented your intervention. ［分配的］
  （キムとおそらくパットもあなたの干渉を不快に思っている．）
 ii. *Kim and <u>probably</u> Pat <u>too</u> disliked each other. ［結合的］

上にあげた (a) から (c) のいずれかの変更を (19i, ii) に対して適用して，Kim <u>or</u> Pat had been in love.（キムかパットが恋に落ちていた．）や <u>Both</u> Kim and Pat had been in love.（キムとパットの両者が恋に落ちていた．）あるいは Kim and <u>probably</u> Pat <u>too</u> had been in love.（キムとおそらくパットも恋に落ちていた．）のようにすると，分配的解釈のみが可能になり曖昧性がなくなる．しかし，この制限は，1.3.1 節で引用した狭い作用域をもつ等位接続には当てはまらない．たとえば，(15i) は（結合的解釈を維持したままで）One of the candidates

---

[4] ここでは「ほとんどの場合」という修飾語が必要である．述語が choice のような語を含むごく少数の例において or が容認されるからである．たとえば，Hamburgers or sausages is a miserable choice to have to make.（ハンバーガーかソーセージを選ばなければならないというのは惨めな選択である．）のような例がある．

was very young and probably very energetic too.(候補者の 1 人はとても若く，そしておそらくとても元気でもあった．)や One of the candidates was both very young and very energetic.(候補者の 1 人はとても若くかつとても元気であった．)あるいは One of the candidates was very young but very energetic.(候補者の 1 人はとても若かったがとても元気だった．)のようにすることができるからである．なお，相関的な both に関しては，再帰代名詞と相互代名詞の対比についても留意する必要がある．

(23) i. Both Kim and Pat had hurt themselves. [再帰：分配的]
(キムとパットの両者ともそれぞれ自分自身を傷つけた．)
ii. *Both Kim and Pat had hurt each other. [相互：結合的]

(23i) は，厳密には拡張できない（もっとも，Kim had hurt herself and Pat had hurt himself.（キムが彼女自身を傷つけ，そしてパットが彼自身を傷つけた．）のようにはできるが，この場合，再帰代名詞の形を変えたり，(23i) にはない性別についての情報を再帰代名詞に入れたりする必要がある）．「結合的（joint）」という用語を「分離可能（separable）」ではなく「分配的（distributive）」という用語と対比させるほうが好ましいと考えるのは，このような事情があるからである．ちなみに，(23i) は結合的な構文のクラスには入らない．広い作用域をもつ等位接続になるという意味では分配的になるが，分離可能にはならないからである．

■動詞の一致

上であげた 3 つの特性に加えて，4 番目の文法的特性として，結合的等位接続の特殊な例にのみ当てはまる単数一致の現象をあげることができる．

(24) i. Two ham rolls and a glass of milk were hidden behind the lamp.
(2 個のハムロールと 1 杯のミルクがランプの後ろに隠されていた．)［分配的］
ii. Two ham rolls and a glass of milk was more than she wanted.
［結合的］
(2 個のハムロールと 1 杯のミルクは，彼女が望んだ以上のものだった．)

(24ii) の動詞が三人称単数形の was になるのは，主語が集合的に量を表す（たとえば，昼食で消費される食べ物と飲み物の量を表す）と解釈されることから

である．

■ 結合的等位接続のその他の例

これまで考察してきた結合的等位接続は，主語位置での名詞句の等位接続の例であったが，結合的等位接続はこれよりも広範に観察される．

まず，結合的な名詞句の等位接続は，主語以外の文法関係をもつ要素に対しても起こる．

(25) i. I introduced Kim and Pat to each other. ［目的語］
    （私はキムとパットをお互いに紹介した．）
   ii. I sat between Kim and Pat. ［前置詞の補部］
    （私はキムとパットの間に座った．）

つぎに，等位要素は名詞以外の範疇が関与してもよい．

(26) i. He was eating and reading at the same time. ［動詞］
    （彼は同時に食べたり読んだりしていた．）
   ii. The latter two were French and German respectively.
    （後の 2 人はそれぞれフランス人とドイツ人だった．）
   iii. He was wearing a black and white silk tie. ［形容詞］
    （彼は黒と白の配色のシルクのネクタイを着用していた．）
   iv. Telling him you were busy and then going out dancing was a mistake. ［動詞句］
    （彼に忙しいと伝え，それからダンスに行ったのは間違いだった．）

(26i) は，食べることと読むことが，食べながら読む，読みながら食べるといった形で同時に起こっていることを示しているので，潜在的に相互的 (reciprocal) な関係を表している（これがもっとも顕著な解釈であるが，出来事が同時に進行しているという先行文脈があれば，(26i) を分配的に解釈することも可能である）．(26ii) の等位接続の結合的解釈は，respectively（それぞれ）があることにより得られる．(26iii) の等位接続の結合的解釈は，「部分-部分 (partly-partly)」という意味を反映している．(26iii) は，ネクタイが部分的に黒，部分的に白の柄物であると解釈されるのである．したがって，(26iii) の表す意味は，語用論的にはまず起こりえない，2 つのネクタイを彼が着用して

いることを表す He was wearing a black tie and a white tie.（彼は黒のネクタイと白のネクタイを重ねて着用している．）から得られる解釈とはかなり異なる．また，(26iv) においては，間違いだったのは 2 つの行動の組み合わせであり，それぞれの行動が間違いであったことを意味するのではない．節の等位接続が関わる Telling me you were busy was a mistake and then going out dancing was a mistake.（私にあなたが忙しかったと伝えることも間違っていたし，それからダンスに行くことも間違っていた．）は，2 つの行動が別々に間違いであったという意味になるので，この文と (26iv) は同じ意味を表さない．

1.3.3 個別集合の解釈をもつ名詞句 (new and second-hand books)

内部に等位接続された依存部がある名詞句は，それぞれの等位要素に対応する複数の個別集合（discrete set）があると解釈されることがある．以下に具体例をあげる．

(27) i. They sell [new and second-hand books]. ［個別的である］
  （彼らは新刊本と古本を売っている．）
  ii. They offer [new and highly sophisticated programs]. ［個別的でない］
  （彼らは新しく，非常に洗練されたプログラムを提供している．）

(27i) では，新刊本の集合と古本の集合という，2 種類の本が属する個別の集合がある．対照的に，(27ii) では，すべてが新しくかつ非常に洗練されているという，1 種類のプログラムの集合しかない．この解釈の違いは，新しいことと中古であることは相互に相容れない特徴であるが，新しいことと非常に洗練されていることは相互に排除される特徴ではないという事実を反映している．

 (27) は，複数形の可算名詞句を含んでいるが，個別性に関する区別は不可算名詞句でも得られる．たとえば，They sell new and second-hand furniture.（彼らは新しい家具と中古の家具を売っている．）の furniture（家具）は，異なる家具の集合を指すのに対して，They offer new and highly sophisticated software.（彼らは新しく非常に洗練されたソフトウェアを提供している．）の software（ソフトウェア）は個別的ではない（ソフトウェアは同時に新しくかつ非常に洗練されているのである）．等位接続に複数の決定詞が含まれる時には，複数を表す可算名詞句の主要部が単数形になることはあるが，個別的な解釈は，単数形可算名詞句が 1 つだけの場合には意味的に整合しないために得られない（4.4 節を参

照).ちなみに,a new and a second-hand copy（新しい本1冊と中古の本1冊）の copy は個別的である,つまり,2冊の本があり,そのうちの1冊は新しく,もう1冊は中古である.これに対して,a new and highly sophisticated program（新しく非常に洗練されたプログラム）の program は個別的ではない単数形名詞句である.つまり,1つのプログラムがあり,それが同時に新しくかつ非常に洗練されているのである.

個別集合の解釈は,依存部自体が等位接続されなくても,依存部の内部に等位接続を含んでいれば得られる.

(28) i. It will be opposed by [the premiers of Queensland and Tasmania].
(クイーンズランド州とタスマニア州の知事に反対されるでしょう.)

ii. I need the names of [the hotels he stayed at in Rome and Paris].
(私には彼がローマとパリで滞在したホテル名が必要です.)

[個別的]

(28)の2例には,(27i)のような個別的解釈がある.(28i)の等位要素は of の補部の中にある.(28ii)は,等位要素が hotels を修飾している関係節の内部にある.ここでの個別解釈は,Queensland と Tasmania が別々の州で,それぞれに知事がいるという知識や,Rome と Paris が異なる都市であり,滞在したホテルが異なるという知識に由来するものである（ただし,the books he read in Rome and Paris（彼がローマとパリで読んだ本）のような表現では個別的解釈が強制されない）.

[専門的解説]
■「個別的である」vs「個別的でない」という区別は,「分配的である」vs「結合的である」という区別と同じではない
(27)で例示した等位接続の「個別的である (discrete)」と「個別的でない (not discrete)」という区別は,分配的等位接続と結合的等位接続の区別と似ている.しかし,以下のような理由から,個別的であるか個別的でないかという区別と,分配的であるか結合的であるかという区別は同一であるとみなすことができない.

(a) 文法化の欠如

(27)の「個別的である」と「個別的でない」という区別は，分配的等位接続と結合的等位接続の違いと同じようには文法に反映されない．実際，この区別は文法化されていると断定することはできないであろう．たとえば，They sell new <u>but</u> also second-hand books.（彼らは新しい本だけでなく中古本も売っている．）や They offer new <u>but</u> nevertheless thoroughly tested programs.（彼らは新しいがそれでも徹底的に検証されたプログラムを提供している．）のように，(27)の両方の例に修飾語や and 以外の等位接続詞を入れることができるからである．また，相関的な both が現れる例では個別的な解釈が強く好まれる（both は (27i) において new の前に容易に挿入することができるが，(27ii) では入れることが難しい）．一方，(29ii)のように both を含む等位要素が後ろから名詞を修飾する場合には，個別的な解釈が要求されないこともある．

(29) i. Comments both favourable and critical had poured in.
(賛同と批判の意見の両方が殺到した．) ［個別的である］
 ii. Comments both brief and to the point will be very welcome.
(簡潔で的を射た意見がとても歓迎されるだろう．) ［個別的でない］

(b) 節の等位接続との関係

第 2 に，節の等位接続と比べる際には，「個別的な」等位接続と「個別的でない」等位接続には，分配的等位接続と結合的等位接続ほどのはっきりした違いがみられない．

(30) i. They sell new books and they sell second-hand books.
(彼らは新しい本を売っているし，中古本も売っている．)
 ii. They offer new programs and they offer highly sophisticated programs.
(彼らは新しいプログラムを提供し，しかも非常に洗練されたプログラムを提供する．)

(30i) は (27i) と同じ意味を表す．一方，(30ii) と (27ii) では，Kim is in love and Pat is in love.（キムが恋に落ちている，そしてパットも恋に落ちている．）と結合的（相互的）解釈の Kim and Pat are in love.（キムとパットは恋に落ちている．）ほどの対比は観察されない．これは，(30ii) で記述されてい

る2つの特徴が1つのプログラムの集合に割り振られる解釈をかなり容易に許すからである．

(c) 不確定性
(31) が使用される文脈の不確定さもまた別の根拠を提供する．

(31)　I have seen the films showing on Saturday and Sunday.
　　　（私は土曜日と日曜日に上映している映画を鑑賞した．）

もし土曜日の夜と日曜日の夜に映画が1本ずつ上映されるのであれば，(31)では2本の別々の映画があるという個別的な解釈が得られる（そうでなければ，単数形の film が使われる）．しかし，それぞれの夜に2本以上の映画が上映されるのであれば，土曜日と日曜日に上映される映画はまったく異なるものかもしれないし（日曜日にプログラム変更がある場合は個別的解釈になる），あるいはまったく同じかもしれない（たとえば，木曜日にプログラムの変更がある場合）．しかし，いくつかの映画だけが変更され，その他の映画は変わらないこともある．その場合には，映画のプログラムは部分的にではあるが重複する．また，プログラムの変更の有無にかかわらず，1本の映画のみが土曜日に上映され，日曜日には複数の映画が上映される場合もあるし，その逆もありうる．これらの多くの異なる可能性が名詞句に異なる意味を生み出していると考える根拠はない．(31) は2日間の上映作品の配分については何も言及していないからである（同じことは，等位接続の起こっていない the films showing at the week-end（週末に上映している映画）にも当てはまる）．(27ii) に「非個別的 (non-discrete)」ではなく「個別的でない (not discrete)」解釈があるとしているのは，まさにこの理由による．つまり，この文では，映画の集合が個別的である (discrete) と主張しているのではないが，その集合が非個別的 (non-discrete) であると主張しているわけでもないのである．

1.3.4　構成素構造と作用域の曖昧性 (long poems and essays)

「依存部—X_1—C—X_2」または「X_1—C—X_2—依存部」の連鎖において，Cを等位接続詞，X_1 と X_2 を依存部に対して主要部として機能しうる同じ種類の要素であるとする．この連鎖では，依存部が隣接する X のみを修飾するのか，それとも「X_1—C—X_2」の等位接続構造全体を修飾するのかという構造上の曖昧性が生じる可能性がある．

たとえば，名詞句 long poems and essays（長い詩とエッセー）は，つぎの（単純化された）構造のうちのどちらかをとる．

(32)

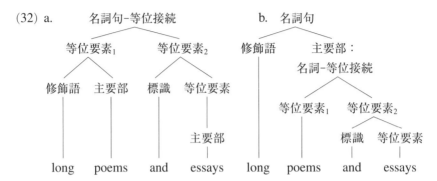

(32a) の構造において，依存部 long は第1等位要素の内部に位置しており，poems だけを修飾する．そのため，この構造をもつ場合，詩は長いが，エッセーの長さは特定されないという解釈が得られる．一方，(32b) では，long が等位接続構造をもつ poems and essays（詩とエッセー）を修飾しているため，詩とエッセーのどちらもが長いという解釈になる．この場合，(32b) は名詞句が等位接続された long poems and long essays（長い詩と長いエッセー）と同じ意味を表す．

上記の例では，名詞主要部（nominal head）を修飾する形容詞が関わっていた．しかし，(32) で示されている構造の対比は，本節の最初に行った定式化（formulation）が示唆しているように，さまざまな「依存部-主要部」構造において観察されるものである．どの範囲でその現象が観察されるかについては，以下で例証するが，(33) において (a) にあげた例はすべて依存部が隣接する要素のみを修飾する解釈が優位であり，(b) では依存部が等位接続された表現全体を修飾する解釈が優位である．(33) の (a) と (b) の構造はそれぞれ (32a) と (32b) に相当する（依存部が主要部に後続する場合にはその順序が鏡像関係になる）．(33) の下線は依存部を，二重下線は依存部と関連づけられる主要部を表す．たとえば，(33i) で extremely（きわめて）は，(a) においては形容詞 rare（珍しい）を修飾し，(b) においては形容詞が等位接続された tired and irritable（疲労してイライラしている）を修飾する．

(33) i. a. It was [extremely rare or unique].
　　　　　（それはきわめて珍しいか，あるいは唯一無二であった．）
　　　ｂ. He was [extremely tired and irritable].
　　　　　（彼は極度に疲労しイライラしていた．）　　　　　　　　　［修飾語形容詞］

　　ii. a. He did it [very hurriedly but satisfactorily].
　　　　　（彼は大急ぎでしかし十分にやった．）
　　　ｂ. She spoke [very quickly and fluently].
　　　　　（彼女は非常に敏速かつ流暢に話した．）　　　　　　　　　［修飾語副詞］

　 iii. a. He [often goes to bed before nine and likes plenty of exercise].
　　　　　（彼はしばしば9時前に就寝するし，しっかり運動することも好きである．）
　　　ｂ. He [often gets up at six and has a swim before breakfast].
　　　　　（彼はしばしば6時に起き，朝食前にひと泳ぎする．）　　［修飾語動詞句］

　 iv. a. Yesterday Ed was taken ill and the lecture's been cancelled.
　　　　　（昨日エドが病気になり，講義はキャンセルされている．）
　　　ｂ. Yesterday Ed was taken ill and the lecture was cancelled.
　　　　　（昨日エドが病気になり，講義もキャンセルされた．）　　［修飾語節］

　　v. a. women and children under sixteen
　　　　　（女性と16歳未満の子どもたち）
　　　ｂ. men and women over fifty
　　　　　（50歳を超える男女）　　　　　　　　　　　　　　　　　　［名詞修飾語］

　 vi. a. He [left and phoned his wife].
　　　　　（彼はその場を去り，妻に電話した．）
　　　ｂ. He [hugged and kissed his wife].
　　　　　（彼は，妻を抱き寄せキスをした．）　　　　　　　　　　　［動詞目的語］

第 1 章　等位接続構文の構造

vii. a. I [went to bed and read the paper for a while].
（私はベッドに行って，少しの間新聞を読んだ．）
b. I [called the police and complained as soon as the party began].
（私はパーティーが始まるやいなや警察に電話し苦情を申し立てた．）

［動詞句修飾語］

　他の条件が同じなら，依存部が等位接続構造を修飾する（b）タイプの解釈がより一般的である．「他の条件が同じ」であるためには，依存部が等位接続句内のどちらの要素 X も等しく修飾できることが必要になる．[5] この条件は，つぎの 4 つの例において満たされていない．まず，(33ia) の形容詞 unique はこの文脈において段階的（gradable）な意味を表すことはまずない．選択肢はextremely rare（きわめて珍しい）であるか，あるいは実際には unique（唯一無二）であるかのいずれか一方なのである．(33iiia) の going to bed before nine（9 時前の就寝）は，繰り返し起こる状況（習慣）を指すが，liking plenty of exercise（しっかり運動するのが好きなこと）は繰り返される状況を指さないため，often（しばしば）の修飾を受けない（第 3 巻『名詞と名詞句』を参照）．(33iva) においては，最初の節は過去形（was）となっているが，2 番目の節では現在完了形（has been）となっており，yesterday（昨日）の修飾を受けない（第 3 巻『名詞と名詞句』を参照）．そして (33va) においては，すべての女性（women）は大人であり，そのため，16 歳未満ではないのである．

　(33iia) においては，hurriedly（急いで）と satisfactorily（十分に）が等位接続詞の but でつながれている．しかし，それは予想に反するような組み合わせであるため，(b) タイプの解釈が排除される．(33via) も，原理的には (b) タイプの構造が可能ではあるが，それが通常起こることはない．妻のもとを去ることが重要で劇的な出来事であるのに対し，妻に電話で連絡をすることは日常的な出来事だからである．最後に，(33viia) においても，(b) タイプの解釈は

---

[5]「他の条件が同じ」には，特別な韻律をもたないことも含まれる．第 1 等位要素の後に際立った韻律の切れ目がある場合，韻律の切れ目が (a) タイプの解釈を示す．また，多くの場合，(a) タイプの解釈は，語順を入れ替えると曖昧性なしに得られるようになる．たとえば，He was irritable and extremely tired.（彼はいらいらしていたし，きわめて疲れていた．）では，従属部の extremely（きわめて）は明らかに tired（疲れた）だけを修飾している．

可能であるものの，その解釈が得られる可能性は低い．なぜなら，ベッドに行ってしばらく新聞を読んでそれから起床するよりも，ベッドに行きしばらく新聞を読んでそのまま寝るほうがはるかに一般的であるからである．

1.4 等位要素の順序

■ 入れ替え可能な等位接続と入れ替え不可能な等位接続
単純な例では，基幹等位要素の順序は自由であり，解釈や容認性への目立った影響もほとんどなしに入れ替えることができる．

(34) i. She [was very bright and had a warm personality].
（彼女は非常に賢く，優しい性格だった．）
ii. She [had a warm personality and was very bright].
（彼女は優しい性格で，非常に賢かった．）

［入れ替え可能：i＝ii］

(34)の等位要素は**入れ替え可能（reversible）**である．しかし，等位接続が**入れ替え不可能（irreversible）**であることも多い．(35)のように基幹等位要素の順序を入れ替えると，異なる解釈になったり，容認されなくなることがある．

(35) i. a. She [fell ill and went back to her mother's].
（彼女は病気になり，実家に戻った．）
b. She [went back to her mother's and fell ill].
（彼女は実家に戻って，病気になった．）

［入れ替え不可能：ia≠ib］

ii. a. She had [far and away] the best outline.
（彼女の概説が掛値なしにベストだった．）
b. *She had [away and far] the best outline.

［入れ替え不可能：iia のみ容認可］

(35ia)は，病気になった後に実家に戻るという解釈になるが，(35ib)では出来事の順序が逆となり，実家に戻ってから病気になったと解釈される．(35ii)では，far and away（掛値なしに）が固定した表現であるため，(a)のみが容認される．

本節では，等位要素の順序を完全な形で入れ替えることを阻害する一般的な要因について考察する．((35i)に関わるような）より特定的な要因について

は，第 2 章の個別の等位要素の考察でとりあげる．

■ 照応
順序の入れ替えが阻まれる単純な要因として，明示的あるいは潜在的に第 1 等位要素あるいはその内部要素と照応する要素が第 2 等位要素に含まれる（もしくは補足的な要素として現れる）ことがあげられる．

(36) i. Her father had once lied to her and because of this she never really trusted him.
（父親は彼女にかつて嘘をついたことがあるが，そのせいで彼女が父親を心から信用することは二度となかった．）
ii. Jill was rich and Pat, moreover, was even richer.
（ジルは金持ちだったが，パットはさらに金持ちだった．）

(36i) では，第 1 等位要素が this の先行詞であり，him の先行詞は her father となる．前方照応をする要素とその先行詞は，等位接続においてこの順序で起こらないと考えられるので，(36i) の語順のみが許される．潜在的に前方照応をする要素が含まれる (36ii) についても同じことが当てはまる．補足表現の moreover はおおよそ「besides this（これに加えて）」といった意味を表し，richer はここでは「richer than her（彼女よりも金持ち）」という意味に理解されるため，この順序に固定されるのである．I'll tell the truth and nothing but the truth.（私は真実を，そして真実のみを語る．）や You and you alone will be held responsible.（あなたが，そしてあなたのみが責任を負う．）のような例も，似てはいるが，ここでは前方照応ではなく繰り返しが起こっている．I'll tell nothing but the truth.（私は真実しか語らない．）が I'll tell the truth.（私は真実を語る．）を前提とするように，第 2 等位要素は第 1 等位要素を前提としているので，必然的に第 1 等位要素の後に置かれることになるのである．

■ 語彙化された等位接続
等位接続表現は，主に and や or によってつながれた語のペアの形で，部分的あるいは完全に語彙化されることも多い．**完全に語彙化された (fully lexicalized)** 等位接続表現は，語順が固定された合成語彙項目 (composite lexical item) であり，その意味は等位要素と等位接続詞のそれぞれの意味からは完全

には予測できない．

(37) aid and abet　　　　betwixt and between　by and large
　　　（幇助する）　　　　（どっちつかずで）　　（全般的に）
　　　common or garden　first and foremost　　hem and haw
　　　（ありふれた）　　　（何よりも）　　　　　（言い逃れをする）
　　　high and dry　　　　hither and yon　　　　let or hindrance
　　　（取り残されて）　　（あちこちに）　　　　（支障）
　　　part and parcel　　 rhyme or reason　　　 rough and ready
　　　（本質部分）　　　　（道理）　　　　　　　（間に合わせの）
　　　rough and tumble　　spick and span　　　　to and fro
　　　（無秩序な）　　　　（真新しい）　　　　　（あちこち）
　　　well and truly
　　　（完全に正しく）

(37) の表現には，fro, hem, spick などのように，現代の英語では等位接続表現の中以外ではもはや起こることがない語を含むものもある．

　部分的に語彙化された (partially lexicalised) 等位接続表現は，語が規則的にある特定の順序で並ぶ結合体である．語順を入れ替えることも不可能ではないが，通常予測される順序からはかなり異なったものになる．[6]

(38) buy and sell　　　　come and go　　　　　cup and saucer
　　　（売買する）　　　　（行ったり来たりする）（受け皿付きのカップ）
　　　cuts and bruises　　fish and chips　　　　for and against
　　　（切り傷と打ち身）　（フィッシュ・アンド・チップス）（賛成と反対）
　　　friend and foe　　　head and shoulders[7]　hope and pray
　　　（敵と味方）　　　　（頭部と両肩）　　　　（心から望む）

---

　[6] 訳者注：部分的に語彙化された表現の好まれる順序は，come and go（行ったり来たり）や friend and foe（敵と味方）のように，日本語と英語で異なることもある．

　[7] この表現は，比喩的な意味で使われる際には完全に語彙化されている．This model is head and shoulders above the rest.（このモデルは他のものよりもずば抜けて優れている．）のような例がそれに当たる．

husband and wife	life and death	loud and clear
（夫婦）	（生死）	（非常に明瞭に）
meek and mild	tried and tested	
（従順な）	（十分に確立された）	

(37) と (38) のいずれにおいても，多くの場合，等位要素には類義語に近いもの (tried（試された）/ tested（テストされた），meek（従順な）/ mild（温和な），first（最初）/ foremost（一番先））か，反意語の類い (come（来る）/ go（行く），husband（夫）/ wife（妻），buy（買う）/ sell（売る））のどちらかが現れる．[8]

■ 順序に関しての傾向
完全にであるにせよ部分的にであるにせよ語彙化された等位接続において観察される固定した語順や好まれる語順には，多くの場合，語彙化されていない普通の等位接続において好まれる語順が反映される．[9]

(a) 時間的な順序
期間や特定の時間を表す等位要素は，past, present, and future（過去，現在，そして未来），yesterday, today, and tomorrow（昨日，今日，そして明日），the morning, afternoon, and evening（朝昼晩），sooner or later（遅かれ早かれ），on Tuesday, Wednesday, and Friday（火曜日，水曜日と，金曜日に）のように，時間

---

[8] 語彙化 (lexicalisation) と類似したものとして，書名や居酒屋名や組織名などの固有名詞に対して起こる慣例化 (institutionalization) がある．Pride and Prejudice（高慢と偏見），the Hare and Hounds（兎と猟犬），the Department of Employment, Education and Training（職業・教育・訓練省）のように多くの固有名詞が等位接続で成り立っていたり，内部に等位接続を含んでいたりする．当然のことながら，等位要素の語順は名前の一部となるため固定されている．

[9] 語彙化は，音韻的に好まれるパターンに従う表現において起こりやすかったのかもしれない．(stuff and nonsense（意味のない話）や out and about（回復して出歩けるようになる）のように音節数に関してあるいは stress and strain（ストレスと重圧）や brush and comb（ブラシと櫛）のように母音の長さに関して）短いものが長いものの前に置かれたり，(dribs and drabs（少し）や fits and starts（時々思い出したように）のように）単音節語であれば高母音が低母音の前に置かれたり，あるいは (high and dry（取り残されて）や hope and pray（心から望む）のように）聞こえ度 (sonority) がより高い頭子音が低い頭子音よりも前に置かれたりするからである．

の順序に合わせて並べられる傾向がある．この傾向は，life and death（生と死）のような時系列で順序づけられる事態や，beginning and end（始まりと終わり）のように全体の中で順序づけられる部分の順序に関しても同様である．

(b) 空間的な階層

上下方向に配列される表現については，低いものよりも高いものを前に置く傾向がある．たとえば，up and down（上がり下がり），upstairs and downstairs（階上と階下），upper and lower（高低），above and below（上方と下方），head and shoulders（頭部と両肩），top and bottom（上下，天地）などである．この傾向は，たとえば，above and below ground（地上と地下），above and below the horizon（地平線の上と下）のように，より高いものが低いものより優位であることを反映しているのかもしれない．また，水平方面においても front and back（前後），fore and aft（船首から船尾まで）の順序から，同じような階層の優位性が反映されているのはおそらく間違いないであろう．

(c) 直示

here and there（あちこち），hither and thither（あちらこちら），now and then（ときどき），this and that（あれやこれや）では，語順が直示（deixis）の階層を反映している．第1等位要素は，発話行為が行なわれる直示の中心（deictic center）により近い場所や地点を指すからである．しかし，人称のカテゴリーが関わると，直示の階層はポライトネスの慣習が優先されたものに変わり，一人称を最後尾に位置づけることになる．二人称が三人称の前に置かれる直示の階層に合致する語順の例としては you and your sister（あなたとあなたの妹）があり，二人称が一人称の前に来る直示の階層が逆転した例としては my sister and I（私の妹と私）がある．[10]

---

[10] 標準的ではないが，'Me and my sister were alone.（私と私の妹だけだった．）は直示の階層に従っている表現である．時間や空間を表す yesterday, today, and tomorrow（昨日，今日，そして明日）や up there and down here（あちらとこちら）の例が示すように，(a) の時間の階層と (b) の空間の階層は，(c) の直示の階層よりも重視される．

(d) 極性と評価

肯定的な語は否定的な語に先行する傾向がある．yes and no（イエスとノー），admit or deny（認めるか否認する），accept or refuse（容認するか拒絶する），with or without（あってもなくても）などがその例である．肯定と否定という概念は多くの評価尺度に拡張されるが，ここでもやはり肯定的な（より価値が高いとされる）評価を表す語が先に来る傾向がある．これには good and bad（善悪），for [better or worse]（良かれ悪しかれ），friend or foe（味方であれ敵であれ），right or wrong（是非はさておき）などの例がある．肯定・否定の概念は，その対比がその場にいるか否かの問題である場合には，come and go（行ったり来たりする）と arrive and depart（到着し出発する）のペアも関係することになる．

(e) 社会的階層

もう1つの傾向は，語順が社会的な地位を反映するものである．たとえば，employers and employees（雇用者と被雇用者），officers and men（将校と部下），peers and commoners（貴族と平民）などがその例である．この社会的階層の特殊なケースとしては，子どもよりも大人を上位に位置づける場合と，女性よりも男性を上位に位置づける場合の2つがある．father and son（父と息子），Mr and Mrs（ご夫妻），the Duke and Duchess of Penzance（ペンザンス公爵・公爵夫人），husband and wife（夫と妻），brothers and sisters（兄弟と姉妹），he or she（彼あるいは彼女），men, women, and children（男性と女性と子ども）などの例である．しかし，Ladies and Gentlemen（淑女および紳士），bride and groom（花嫁と花婿），mums and dads（お母さんとお父さん）では男性−女性の順序が逆になる．[11] 通常の男性−女性の語順が社会的階層を反映するとみられ，まさにそれが言語における「性差別（sexism）」の反映であるとみなされるこ

---

[11] Ladies and Gentlemen の語順は，慣習化されたポライトネスの問題であると広く信じられている．しかしながら，歴史的には，lady（領主の女性家族：貴婦人）の起源は lord（領主）の女性形であり，gentleman（紳士）よりも lady の社会的階層が高い可能性がある．また，bride and groom についても歴史的な説明がある．2つ目の語 groom は bride's groom（花婿）から派生されており，bride との関係で定義されるために bride の後に来ているのである．人名に関しては，もっとも関心をもたれている語用論的な順序関係が優先され，男性−女性の階層が2番目になる可能性が高い．たとえば，Kim と Pat が結婚している状況では，Kim の両親は2人のことを Kim and Pat と表現し，Pat の両親は Pat and Kim と表現する可能性が高いのである．

とがある．そして，そのことが理由で意識的に順序を逆にすることもある．しかし，女性を含むのに he のような男性表現を用いるといった明らかに性差別主義的な言葉づかいの状況に比べると，この男性-女性の階層に対する関心ははるかに低く批判もはるかに少ない（第 3 巻『名詞と名詞句』を参照）．

第 2 章　等位接続詞と関連する連結要素

これまで述べてきたように，等位接続は統語的に対等なステータスにある要素間の関係であり，依存部と主要部という対等でないステータスの要素間の関係を表す従属接続と対照をなす．しかし，等位接続と従属接続の中心的・典型的な例は明確に区別できるが，周辺的な構文は境界が明確ではないため，等位接続詞の範疇にどのようなものが入るかについては，ある種の不確実さが生じることが多い．本章では，まず典型的な等位接続とその標識の弁別的な文法特性について概説する．つぎに，明らかに等位接続詞の範疇に入る連結要素，周辺的な位置づけになる連結要素，そして等位接続詞の範疇内に含まれるとするには類似点が十分でないいくつかの連結要素について検討する．

2.1 典型的な等位接続詞の特徴

(a) 数に制限のない等位要素

おそらく等位接続のもっとも重要な特性は，単一のレベルで等位接続される等位要素の数に文法的な制限がないことである．

(1) i. He invited Kim and Ed and Max and Pat and Tom and Bob and Sue and Di.
      (彼はキムとエドとマックスとパットとトムとボブとスーとダイを招待した．)
   ii. He invited Kim, Ed, Max, Pat, Tom, Bob, Sue, and Di.
      (彼はキム，エド，マックス，パット，トム，ボブ，スー，そしてダイを招

待した.)

(1)の2つの文は8個の等位要素が連なっている.もちろん,等位要素の数は増やしたいだけ増やすことができる.スタイルやわかりやすさなどの制約を受けるが,文法の制約は受けない.

等位接続詞は,この点で前置詞や従属接続詞とは明確に区別される.前置詞や従属接続詞が繰り返されると,必ず従属接続の階層化が起こる.たとえば,等位接続詞 and と前置詞 of を比較してみると,「X and Y and Z」という語の連鎖には3つの可能な構造があり,そのうちの2つの構造には階層化がともなうが,残りの1つには階層化がともなわない (1.2節を参照).しかし,「X of Y of Z」の場合,階層化をともなう2つの構造のみが可能である.

(2) a. 左方階層化　　b. 右方階層化　　c. 無階層化

(2a)では,fish and chips(フィッシュ・アンド・チップス)と works of art(美術品)が左側でまとまりを形成している.(2b)では,fish and chips と loss of face(面子を失うこと)が右側でまとまりを形成している.しかし,(最初の and が省略可能な)(2c)ではそのような中間的なまとまりはない.これに対して,of が使用される場合には必ず中間的なまとまりが形成される.if+節の場合も同様で,Stay indoors if it's wet, if you want.(雨が降っているなら部屋の中にいなさい,もしあなたがそうしたいならばだが.)は,左側が階層化された (2a) に相当する構造をもつ.また,Don't appoint him if he'd panic if there was a crisis.(もし危機があると彼がパニックになるのなら,彼を指名してはならない.)は (2b) に相当する右側が階層化された構造をもつ.しかし,階層化されていない連鎖の「X (if) Y if Z」を形成することはない.従属接続詞 that も,Kim said that Pat thought that you had recommended that we accept the offer.(私たちが申し出を受け入れることをあなたが勧めていたとパットが思ったとキムは話した.)のように,自由に従属接続を繰り返すことを許す.しかし,これには必然的に(右側の)階層化をともなうので,(2c) の多項等位接続に対応する階層のない従

属接続の形式は存在しない．

(b)　等位要素は統語的に同等でなくてはならない
等位接続は，対等なステータスをもつ要素を結びつけるものであるため，等位要素は統語的に同等なものでなければならない．これが厳密に何を意味するかについては3.1節で取り上げるが，当面は，等位接続される要素は通常同じ統語範疇に属するものであるとしておけばよいであろう．この点において，等位接続詞は，従属要素を統語的に異なる上位要素に結びつける従属接続詞や前置詞とは明確に区別される．

(3) i. a. The [fact that he's a politician] makes it worse.
(彼が政治家であるという事実が状況をさらに悪くしている．)
  b. He was [unsure whether to accept her offer].
(彼は彼女の申し出を受け入れるかどうか決めていなかった．)　　　　　　　　　　　　　［節の従属接続詞］
 ii. a. His anger contrasted with his [mood before he'd seen them].
(彼の怒りは，彼らに会う前の機嫌とは対照的だった．)
  b. He [collapsed on hearing the news].
(彼はそのニュースを聞くやいなや崩れ落ちた．)　　　　　　　　　　　　　　　　　　　［前置詞］

(3ia) では，従属接続詞 that が，定形節 he's a politician (彼は政治家である) を名詞 fact に結びつけているのに対して，(3ib) の whether は，不定形節 to accept her offer (彼女の申し出を受け入れること) を形容詞 unsure (決めていない) に結びつけている．同様に，(3iia) の前置詞 before は定形節 he'd seen them (彼が彼らに会った) を名詞 mood (機嫌) に結びつけているのに対して，(3iib) の前置詞 on は不定形の hearing the news (ニュースを聞くこと) を定形の collapsed (崩れ落ちた) に結びつけている．これらのすべての例において，従属接続詞や前置詞を等位接続詞 and に置き換えると容認されなくなる．これは，She's a doctor and he's a politician. (彼女は医者であり，彼は政治家である．)，I plan [to resign and to accept her offer]. (私は辞任し，彼女の申し出を受け入れる計画である．) のような例が示すように，and は同等の要素を等位接続しなけれ

ばならないからである．

(c) 等位接続される広範囲の範疇

ほとんどどのような統語範疇の要素も等位接続をすることができるため，等位接続詞によって結びつけられる範疇は，前置詞によって結びつけられる範疇に比べ，はるかに数が多く多様である．

定形動詞句の等位接続

前置詞によって結びつけられることはないが，等位接続詞であれば自由に結びつけることができる範疇に，定形動詞句がある．

(4) i. She finished the report and went home. ［等位接続］
（彼女は報告を終え，家に帰った．）
 ii. She finished the report before going home. ［従属接続］
（彼女は家に帰る前に報告を終えた．）

(4ii) において，before の後ろを定形の went home（家に帰った）にすることはできない．[1] また，(4i) において動名詞-分詞形（gerund-participial）の going home（家に帰ること）を等位接続することもできない．[2] これは，等位接続される要素が統語的に同等のものでなければならないという要件があるからである（したがって，これらの要素を等位接続するには両方が定形動詞句であるか動名詞-分詞形でなければならない）．

名詞部の等位接続

一般的に前置詞では不可能でも等位接続詞とであれば容易に結びつけることができる範疇がもう1つある．それは名詞部（nominal）である．名詞部は，完全な名詞句（full NP）よりも小さい単位である．

(5) i. They found [her son and younger daughter]. ［等位接続］

---

[1] She finished the report before she went home.（彼女は家に帰る前に報告を終えた．）は容認されるが，前置詞 before の補部は（主語を含む）節であって，定形動詞句ではない．

[2] 訳者注：ここでの動名詞-分詞形という用語は，文法的な機能よりも V-ing という形式に着目した分類である（第1巻『動詞と非定形節，そして動詞を欠いた節』を参照）．

　　　　　（彼らは彼女の息子と下の娘をみつけた．）
　　ii. *They found [her son with younger daughter]．　　　［従属接続］

(5i) では，決定詞 her が等位接続の外にあるため，等位接続された son（息子）と younger daughter（下の娘）は名詞句（NP）ではなく名詞部（nominal）であることがわかる．前置詞 with は，(5ii) が非文法的であることからわかるように，名詞部と結びつくことができず，They found her son with her younger daughter.（彼らは彼女の下の娘と一緒にいた彼女の息子をみつけた．）のように，完全な名詞句（full NP）と結びつく必要がある．

(d)　拡張等位要素の前置不可
等位接続詞を含む等位要素は前置できない．ここでは，等位接続詞 but と前置詞 although との文法性の対比に注目する．

(6) i. a.　He joined the club but he had little spare time.
　　　　　（彼はクラブに入ったが，ほとんど空き時間がなかった．）　　　　　　［等位接続］
　　　 b. *But he had little spare time he joined the club.
　　ii. a.　He joined the club although he had little spare time.
　　　　　（ほとんど空き時間がなかったが，彼はクラブに入った．）　　　　　　［従属接続］
　　　 b.　Although he had little spare time he joined the club.
　　　　　（ほとんど空き時間がなかったが，彼はクラブに入った．）

(6i) で観察される制約は，等位要素が同等のステータスをもつという事実を反映している．二項等位接続に割り当てられる構造は「等位要素$_1$＋等位要素$_2$」である．なお，この構造においては，下付き文字の数字は機能的な違いではなく，線的な位置関係を示している．「等位要素$_1$＋等位要素$_2$」を「等位要素$_2$＋等位要素$_1$」に入れ替えることができないのは，下付き文字（の数字）の順序が実際の順序と整合しなくなるからである．[3]

---

[3] もちろん，He had little spare time but he joined the club.（彼はほとんど空き時間がなかったがクラブに加入した．）は可能であるが，正確には，これは (6i) と同じ構造「等位要素$_1$＋等位要素$_2$」をもつ．(d) の特性は拡張等位要素に関するものであって，基幹等位要素に関するものではない．

(e) 統語処理の全面的適用

等位要素が統語的に対等なものでなければならないという要件から，統語的操作は**全域一律に (across the board)**（すなわち，それぞれの等位要素1つ1つに）適用しなければならないという帰結がもたらされる．この観点から等位接続と従属接続の構文を比較してみる．

(7) i. They attended the dinner <u>but</u> they are not members. ［等位接続詞］
  （彼らは夕食に出席したが，メンバーではない．）
 ii. They attended the dinner <u>although</u> they are not members. ［前置詞］
  （彼らはメンバーではないものの，夕食に出席した．）

(7) を関係節化し名詞句の修飾要素として埋め込む場合，(7i) の等位構造では全域一律の操作を適用し (8i) のように両方の節が関係節化されなくてはならないが，(7ii) では (8ii) のように上位節のみが関係節化される．

(8) i. Those [<u>who</u> attended the dinner but <u>who</u> are not members] owe $20.
  （夕食に出席したがメンバーではない人は 20 ドルを支払う義務がある．）
 ii. Those [<u>who</u> attended the dinner although they are not members] owe $20.
  （メンバーではないものの，夕食に出席した人は 20 ドルを支払う義務がある．）

この対立はきわめて明確である．等位要素は両方が同時に同じ操作を受けなければならないが，従属節には上位の節に適用される操作がかからないからである．

さらに，(9) を比較してみる．

(9) i. a. You recommended the book and she enjoyed it so much. ［等位接続］
   （あなたがその本を勧めて，彼女はそれをとても楽しんだ．）
  b. It was a cold, wet evening and she enjoyed the book so much.
   （寒い雨の夕方であったが，彼女はその本をとても楽しんだ．）
  c. He said that she enjoyed the book so much. ［従属接続］
   （彼は彼女がその本をとても楽しんだと話した．）
 ii. a. the book [<u>which</u> you recommended and she enjoyed so much]

　　　　（あなたが勧めて彼女がとても楽しんだ本）
　　b. *the book [which it was a cold, wet evening and she enjoyed so much]
　　c. the book [which he said that she enjoyed so much]
　　　　（彼女がとても楽しんだと彼が話した本）

　(9iia) では，(8i) のような関係節の等位接続ではなく，単一の関係節内での等位接続がある．しかし，全域一律規則適用の要件はそれでも保持される．関係代名詞 which は等位要素の両方に関係づけられなくてはならない．(9iia) では，関係代名詞 which は，recommended（勧めた）と enjoyed（楽しんだ）の双方の目的語であると解釈される．そして，これがまさに (9iib) が非文法的となる理由である．(9iib) の最初の等位要素は，完全な節 it was a cold, wet evening（冷たい雨の降る夕方であった）であり，which（すなわち，「その本」）に結びつけられる空所がないのである．(9iic) の関係節もまた 2 つの節をともなっているが，節が従属接続で結びつけられているため，which はそれぞれの節において役割をもつ必要がない．この場合，which は単に enjoyed の目的語と解釈されるのである．

　同じ理由で，関係代名詞は関係節ではない名詞句との等位接続ができないことは Kim and Pat invited them.（キムとパットは彼らを招待した．）と *I blame Kim, who and Pat invited them. の対比から明らかである．同様の現象は，*Who and Pat invited them? のように，長距離依存（unbounded dependency）を許す WH 疑問文などにおいても観察される．[4]

(f)　等位接続詞は等位要素 1 つにつき 1 つのみ

　等位接続詞は，互いに相容れない要素で，単一の等位要素では 1 個しか現れることができない．この特性は，等位接続詞と前置詞を区別するものではなく，等位接続詞と yet（でも）や moreover（その上）などの連結副詞を区別する

---

　[4] この制約に対する興味深い例外が Even Barbara, [between whom and Juliet there should by rights have existed a great awkwardness,] was in some ways easier to grasp than Frances.（本来ならジュリエットとの間にものすごい気まずさがあったはずのバーバラでさえ，フランシスよりも理解しやすいところがあった．）という実例にみられる．このような例外は，between に対する補部として機能する等位接続を含む関係節に限られるようである．

ものである．

(10) i. *She was extremely bright and but very humble.
　　　　　　　　　　　　　　　　　　　　　　［等位接続詞＋等位接続詞］
　　 ii. She was extremely bright and yet very humble. ［等位接続詞＋副詞］
　　　　（彼女はかなり利口だが，それでもとても謙虚であった．）

and と組み合わせることができる（拡張された等位要素内で修飾語として機能する）副詞 yet と（and と組み合わせられない）but には明らかな違いがある．but の場合には，(10i) から and をとり，She was extremely bright but very humble. (彼女はかなり利口だがとても謙虚であった．) のようにする必要がある．

(g) 等位接続詞が最初の位置を占めていなくてはならない場合

拡張等位要素の中では，等位接続詞が常に最初の位置に現れる．(11) に具体例を示す．

(11) i. It had rained all week and we were short of food. 　［等位接続詞］
　　　　（1週間ずっと雨が降り，私たちは食料不足だった．）
　　 ii. It had rained all week; moreover, we were short of food.
　　　　（1週間ずっと雨が降った：さらに，私たちは食料不足だった．）
　　 iii. It had rained all week; we were, moreover, short of food.　　［副詞］
　　　　（1週間ずっと雨が降った：私たちは，さらに，食料不足だった．）

等位接続詞は，この特徴においても連結副詞と区別される．2番目の節で and が現れうる唯一の位置は，(11i) のように節の最初になるが，副詞 moreover は，(11ii, iii) で示されるように，さまざまな位置に現れることができる (moreover は we の後や節の最後にも現れることができる)．

and と or は，もっとも中心的な等位接続詞である．and と or は上にあげた特徴をすべてもちあわせている．つぎに重要な等位接続詞は but であるが，but は (a) の特徴を欠いており，結びつけられる等位要素の数も無制限ではない．nor もまた等位接続詞の範疇に入る．それに加えて，いくつかの用法において再分析によって周辺的な等位接続詞に変化したとされる as well as (同様に) や plus (加えて) などのような表現も少数ながら存在する．

2.2 and と or

and と or の関係は，all と some の関係，つまり普遍量化 (universal quantification) と存在量化 (existential quantification) の関係に相当する（第3巻『名詞と名詞句』を参照）．(12) に具体例をあげる．

(12) a. We'll invite [Kim, Pat, and Alex].
　　　　（私たちはキム，パット，そしてアレックスを招待するだろう．）
　　b. We'll invite [Kim, Pat, or Alex].
　　　　（私たちはキム，パット，あるいはアレックスを招待するだろう．）

(12a) では，等位接続によって表される集合の**すべて (all)** の構成員を招待するという意味を表すが，(12b) は集合の**何人か (some)** の構成員を招待するという意味を表す．(12a) の and の場合，集合の構成員全体が関与するのに対して，(12b) の or の場合，集合の構成員は選択肢とみなされる．

2.2.1 論理的連言と選言

ここでは，最初に，平叙 (declarative) 節の等位接続と，それに対応する節よりも小さな単位の等位接続に焦点を当てることにする．

(13) i. a. He came to work by bus today and he has gone home early.
　　　　　（彼は今日バスで仕事に来て，そして早く家に帰った．）
　　　b. He came to work by bus today or he has gone home early.
　　　　　（彼は今日バスで仕事に来たか，早く家に帰ったかだ．）　［節の等位接続］
　　ii. a. There is a copy [on the desk and in the top drawer].
　　　　　（机の上と1番上の引き出しの中に本が1冊ある．）
　　　b. There is a copy [on the desk or in the top drawer].　［節より小さな単位の等位接続］
　　　　　（机の上か1番上の引き出しの中に本が1冊ある．）

(13i) において，基幹等位要素は「彼は今日バスで仕事に来た」と「彼は早く

家に帰った」という単純命題を表すが，等位節全体は，この2つの命題からなる合成命題（composite proposition）となる．等位要素 and により結ばれている（13ia）では，2つの等位要素が表す命題が**両方とも真**である場合でかつその場合にのみ合成命題が真になる．等位要素が or で結ばれている（13ib）では2つの等位要素が表す命題の**いずれか一方**が真である場合でかつその場合にのみ合成命題が真になる．(13ii) の節より小さな単位の等位接続は (13i) の節の等位接続と論理的に等価なので，これらの例も同じように扱える．したがって，(13iia) は，（「机の上に本が1冊ある」と「1番上の引き出しの中に本が1冊ある」という）2つの命題が両方とも真である場合でかつその場合にのみ真になる．他方，(13iib) は，2つの単純命題のどちらか一方が真である場合でかつその場合にのみ真になる．[5]

　or は，とくに複数の構成命題（component propositions）のうちの1つのみが真であると話者が信じている際に使用される．たとえば，(13ib) のもっとも自然な状況は，彼が車で仕事に来てまだ帰宅していないなら彼の車があるはずなのに車がないという状況である．つまり，(13ib) は，両方の命題（「バスで仕事に来る」ことと「早く帰宅する」こと）が同時に成り立つことは想定せずに，車がないことに対する説明を二者択一の形で提示しているのである．そして，(13iib) では，本がどこかに1冊だけあることをおそらく想定しているのであろう．この場合，Kim is in the study or in the rumpus-room. (キムは勉強部屋か遊戯室にいる.) と同じように，そこに含まれる構成命題はお互いに両立し得ない．

　しかし，or は，常に選択肢の1つだけが真であるということを**意味する**わけではない．(13ib) では，2つの命題の両方が真になる可能性をまったく排除しているわけではない．2冊以上の本があるという状況があれば，(13iib) では，両方の場所に1冊ずつ本が存在する可能性が生じる．たとえば，There's a copy in the office or in the library. (研究室か図書館に本が1冊ある.) では，2つの構成命題の両方が真であっても問題ない．命題の両方が真である（つまり，研究室と図書館のそれぞれに1冊ずつある）とわかっていて，どちらの本をみるのかという選択肢を考えるならば，and ではなく or を用いるこ

---

[5] 節または節の等位接続が真であるというのは，ある状況でその節を用いて主張される命題が真であるということを簡略化した表現である．

とになる．

　この点は以下でも取り上げるが，通常，or が想起する「1 つだけ」という意味は語用論的な含意に位置づけられる．一般に，2 つの命題のどちらか一方だけが真であるという語用論的含意があると，話し手にはどちらの命題が真であるかがわかっていないという語用論的含意がさらに加わる．たとえば，1 冊だけ本があるという状況において (13iib) を発話した場合，聞き手は本のある場所が机の上なのか 1 番上の引き出しの中なのかがわかっていないと考える．なぜなら，もし本の所在がわかっていたら，どちらにあるかを話者ははっきり述べるはずだからである．しかし，これは or の論理的な意味の一部ではなく語用論の問題である．たとえば，The question in Part 2 is on Molière or Racine, but I'm not telling you any more than that.（第 2 部の設問はモリエールかラシーヌに関するものだが，私はそれ以上は話せない．）と表現しても，意味的には何の問題もないからである．2 番目の節には，モリエールかラシーヌという設問の選択肢のうち，どちらが真であるかわかっているという意味合いがある．にもかかわらず，最初の節に or が現れていても意味的な矛盾は起こらない．通常，or は「どちらの選択肢が正しいのかわかってない」という語用論的な含意をともなうが，この例においてはそのような or にともなう語用論的な含意を but 節がキャンセルあるいはブロックしているのである．

　(13) において and と or が表す累加と選択の関係は，論理学の**連言 (conjunction)** と**選言 (disjunction)** の関係に相当する．連言と選言は命題に対して行う操作で，真理値にどのような影響を与えるかによって定義される．つまり，これらの操作でつくられる合成命題の真理値は，部分をなす命題の真理値により決定されるのである．

[専門的解説]
■連言
P と Q を 2 つの命題であると仮定する．P と Q の連言は，しばしば P & Q と表記される．連言は，P と Q の両方が真である場合でかつその場合にのみ P & Q は真になると定義される．その他の状況においては，P & Q は偽になる．これは and をともなう等位接続について上で述べたこととまったく同じである．(13ia) では，P＝「彼は今日バスで仕事に来た」，Q＝「彼は早く家

に帰った」であり，PとQの命題の両方が真である場合でかつその場合にのみ等位節全体の命題が真になる．(13iia) も同様であるが，この場合は，P＝「机の上に本がある」，Q＝「一番上の引き出しの中に本がある」となる．

■ 包含的選言と排他的選言
論理学では選言を**包含的**選言（**inclusive** disjunction）と**排他的**選言（**exclusive** disjunction）の2種類に分ける．通常，PとQの包含的選言はP∨Qのように表記される．P∨Qは，少なくともPとQのどちらか一方の命題が真である場合でかつその場合にのみ真になる．これに対して，PとQの排他的選言はP∨Qと表記することにする．P∨Qは，PとQの一方の命題のみが真である場合でかつその場合にのみ真になる．

■ 連言と選言の真理値表
連言と選言は，どの命題が真であるかという条件だけで定義できるため，真理値表で表すことができる．ここではPとQがお互いに独立して真か偽になることができると仮定する．(14) の真理値表では，PとQの可能な真理値の組み合わせを表の左側に示し，P&Q，P∨Q，P∨Qがこれらの4つの組み合わせのそれぞれにおいてとる真理値をその横に示している．

(14)	真理値		連言	包含的選言	排他的選言
	P	Q	P&Q	P∨Q	P∨Q
i.	真	真	真	真	偽
ii.	真	偽	偽	真	真
iii.	偽	真	偽	真	真
iv.	偽	偽	偽	偽	偽

(14i) の列はPとQが両方とも真である．この場合，P&Qは「連言」欄で示されているように真になる．さらに，P∨Qも同じく「包含的選言」の欄で示されているように真になる．しかし，最後の「排他的選言」欄のP∨Qは偽になる．(14ii) の列は，Pが真でQが偽である場合で，(14iii) 以下も同様である．

これまで述べてきたように，(13ia) と (13iia) の and は連言を表す．等位節全体は (14i) の状況において真になり，(14ii-iv) の状況において偽になる．(13ib) と (13iib) の or は包含的選言を表す．この等位接続は (14i-iii) の状

況において真になり，(14iv) の状況においてのみ偽になる．すなわち，(13ib) は，彼は今日バスで仕事に来ておらず，加えて彼が家に早く帰らなかった状況で偽になり，(13iib) は，机の上にも本がなく1番上の引き出しの中にも本がない状況で偽になるのである．

■ or の含意としての排他性 (exclusiveness)

or を用いた等位接続が真になる3つの場合のうち，(13ib) と (13iib) を発話する際にもっとも典型的に意図されるのは，選択肢のどちらか一方だけが真となる (14ii) と (14iii) である．実際，or でつなげられる選択肢は，たいていの場合，お互いに両立しないものか，お互いに両立しないと話者にみなされているものかのいずれかになる．

(15) i. He was born on Christmas Day 1950 or 1951.
(彼は1950年か1951年のクリスマスの日に生まれた．)
ii. I shall walk or catch the bus.
(私は歩くかバスに乗ります．)
iii. You can have a pork chop or an omelette.
(あなたはポークチョップかオムレツを食べることができる．)

(15i) では，「彼」が異なる年のクリスマスの日に生まれるはずがないことがわかっている．(15ii) では，通常，目的地までの全行程を徒歩で行くかバスに乗るかが問題となる．そして，(15iii) は，2つの料理のうちどちらを注文するかを提案したり伝えたりする表現である．しかし，これらの例でも，or が排他的選言を表していることにはならない．むしろ，or は包含的選言を表しているが，典型的に排他的解釈が得られることになるのである．これは，P or Q の形式をもつ陳述がもっとも典型的に「P と Q の両方ともが真ではない」という語用論的な意味合いをもつからである．

or による等位接続の中には，(14i) が表す状況と整合するものがある．

(16) i. There's a copy in the office or in the library.
(研究室か図書館に本が1冊ある．)
ii. Either the mailman hasn't got here yet or there's no mail for us today.
(郵便配達人がまだ来ていないか，今日私たちへの郵便がないかのどちらかである．)

上ですでに述べたように，(16i) は研究室と図書館の両方に本がある可能性を排除しない．実際，perhaps both（多分両方）をつけ加えて，その可能性を明示することもできる．同様に，(16ii) は，郵便配達人が配達中であり同時に私たち宛の郵便がない可能性を排除しない．[6] (16) における or は包含的 (inclusive) でなければならない．そして，もし (15) において or が排他的選言を表すのであれば，or は包含的選言と排他的選言との間で両義的 (ambiguous) であることを意味することになるであろう．しかし，(15) と (16) の関係を or の2つの意味の違いとして扱ってしまうと，以下のいくつかの点において十分に満足のいく分析とはならない．

(a) 両義性の解消 (disambiguation)
or に2つの意味をもたせることでは，(15) の排他的解釈を説明できない．どのようにして or の両義性が解消されるのかや，どのようにして or が包含的解釈ではなく排他的解釈が選択されるのかについてさらに明らかにしなければならないからである．たとえば，(15i) では，1人の人間がクリスマスの日に2年続きで生まれることはないという知識により包含的解釈が除外される．しかし，現実世界の知識によって or の1つの意味が他の意味に優先して選び出されるのではなく，知識によって等位節全体が表すことができる状況が狭められているとみることもできる．or 自体は (14iv) の状況のみを排除しているが，世界に関して話者が持っている知識（人は2度生まれることができない）によって (14i) の状況が排除されるのである．

(b)「偽 vs 真」の問題ではない
たとえば，(15i) を P $\underline{\vee}$ Q，(16i) を P $\vee$ Q という論理式をもつと分析すると，(14i) の状況において，前者は偽で，後者は真であることになるが，この2つがどのように異なるかは示されていない．実際には，(15i) は (14i) の状況において偽になるのではなく，(14i) の状況が (15i) の現実的な可能性にならないのである．そのために，(14i) の状況で (15i) が真になるかどうかについては，問題とならないかあるいは明確な答えが出せないかのいずれかになる．

---

[6] They had contacted some or all of the witnesses.（彼らは目撃者の何人かあるいは全員と連絡をとった．）の場合には，Q（「彼らは目撃者の全員と連絡をとった」）が真であれば，P（「彼らは目撃者の何人かと連絡をとった」）も真でなければならない（第3巻『名詞と名詞句』を参照）．したがって，この文の命題が真となる状況は (14i) と (14ii) のいずれかしかない．

(c) 否定

3つ目がもっとも重要であるが，(17)のように否定された or の等位接続は (14iv) においてのみ真になるという事実がある．

(17) i. There isn't a copy on the desk or in the top drawer.
（机の上にも1番上の引き出しの中にも本がない．）
ii. I shan't walk or go by bus.
（私は徒歩でもバスでも行かない．）

(17) は，選択肢が2つとも偽であることを意味する．(17) は，「机の上にも本がないし，1番上の引き出しの中にも本がない」，「私は徒歩でも行かないし，バスでも行かない」という意味を表すのである．論理的な否定では真理値が逆転するので，(17) の真理値は包含的選言の真理値とは逆になる．すなわち，(14i–iv) において，真理値はそれぞれ偽，偽，偽，真となるのである．したがって，(17ii) は，「私は徒歩で行く」と「私はバスで行く」の命題が両方とも偽になる時にのみ，つまり (14iv) の場合にのみ，真になる．もし (15ii) の or が排他的選言を表すのであれば，(17ii) は「おそらく私は徒歩とバスの両方で行くか，あるいはおそらくそのどちらも選ばない」という意味になり，(14i) から (14iv) の真偽値がそれぞれ真，偽，偽，真になるはずである．しかし，そのような意味にはならないことは明らかで，(17ii) は，「私は徒歩でもバスでも行かない」という意味になる．この見方の妥当性は，or の多項等位接続について考えるとさらに強固なものになる．

(18) i. They will appoint Kim, Pat, or Alex to oversee the election.
（彼らは，キム，パット，もしくはアレックスに選挙を監督するよう任命するだろう．）
ii. They won't appoint Kim, Pat, or Alex to oversee the election.
（彼らはキムにもパットにもあるいはアレックスにも選挙を監督するよう任命しないだろう．）

(18i) は，通常，キムとパットとアレックスのうち1人だけを任命することを**伝える (convey)** が，そのことを論理的に**意味する**ことにはならない．なぜなら，(18ii) は，キムとパットとアレックスのうち1人だけを任命するという命題の否定ではないからである．もしそうであるとすれば，(18i) は，キムとパットとアレックスの3人全員，または，誰か2人を任命するか，もしくは，誰も任命しないということを意味することになるはずである．もちろん，

実際には (18ii) は，彼らの誰も任命しないことを意味する．

　or が想起する "not and" の語用論的含意は，尺度の含意 (scalar implicature) の部類に属する．その語用論的含意は，たとえば，some のもつ「すべてでない (not all)」という語用論的含意と同じ種類のものである（第3巻『名詞と名詞句』を参照）．語用論的な尺度の含意は，2つの表現の一方が他方よりも強くなるような尺度で並んでいる際に生じ，尺度上のより弱い表現はより強い表現の否定を含意する．and は or よりも強い．というのも，P and Q は P or Q を論理的に含意する（P and Q が真である場合，すなわち (14i) では，P or Q も真になる）が，P or Q は P and Q を論理的には含意しない（P and Q が偽であっても，すなわち (14ii, iii) の状況では，P or Q が真でありうる）からである．一般に，2つの表現のうち，より強い表現が使えるのであれば，より弱い表現は使用しない．したがって，P and Q が真であることがわかっているときに，通常 P or Q とは表現しないのである．もしキムとパットが選挙を監督するように任命されたことがわかっていて，They appointed Kim or Pat to oversee the election. (彼らはキムかパットに選挙を監督するよう任命した.) と表現すると，通常は不適切になる．なぜならこの表現は，キムとパットのうち1人だけが任命されたが，2人のうちのどちらであったかがわからないことを意味する可能性が高いからである．同様に，私がキムとパットをともに夕食に招待するつもりであれば，I'll invite Kim or Pat to dinner. (私はキムかパットを夕食に招待するだろう.) と表現するのは通常は不適切であろう．P and Q が偽である場合には，P and Q ではなく P or Q と表現する可能性がもっとも高く，これにより，"not and" の語用論的な含意が生じる．しかし，これだけが P or Q と表現する唯一の理由ではない．たとえば，(16ii) もそうであったが，PとQのどちらかが真であることはわかっていても，両方が真であるかどうかについてはわからないということも十分ありうるからである．

　これまでと同様，語用論的含意は but 等位接続を用いると明示的になる．たとえば，He'll invite Kim or Pat, but not both. (彼はキムかパットかのどちらかを招待するだろうが，2人ともは招待しない.) とするのである（これは，He'll invite some of them, but not all. (彼は彼らのうち何人かを招待するだろうが，全員ではない.) に相当する表現である.）．[7] さらに，He'll invite Kim,

---

　[7] この事実は or が排他的選言を表すという主張に反論するさらなる根拠を与える．もし P or Q において not both P and Q (PとQの両方ともではない) が論理的な意味の一部をなす

or Pat, perhaps both.（彼はキムかパットあるいは，たぶん，両人とも招待するだろう。）とすれば，語用論的含意を無効にできる（これは，He'll invite some of them, perhaps all.（彼は彼らのうち何人かあるいは，おそらく彼ら全員を招待するだろう。）に相当する表現である）。

■ or が「and」を語用論的に含意する場合
P or Q は，P and Q という逆の語用論的含意をもつ場合がある。

(19) i. Houses are cheaper in Perth than in Sydney or Melbourne.
　　　　（住宅はシドニーやメルボルンよりもパースのほうが安い。）
　　 ii. They are obtainable at Coles or Woolworths.
　　　　（それらはコールズやウールワースで入手できる。）

(19) の文に顕著に現れる解釈は，語用論的には or の代わりに and が用いられる文の解釈と同じになる。[8] (19) の例で特徴的なのは，選択肢があるにもかかわらず，どちらの選択肢が選ばれても問題にならない点である。(19i) では，パースとの比較の対象としてシドニーあるいはメルボルンという選択肢がある（したがって，or が使用される）が，どちらの選択肢が選ばれたとしてもパースのほうが住宅の値段が安い，つまり，(19i) は，パースの住宅がシドニーとメルボルンのどちらよりも安いという場合にのみ理屈が合うのである。同様に，(19ii) においては，コールズで商品を手に入れるかウールワースで商品を手に入れるかで選択の余地があるが，この選択肢は両方の店に商品がある（在庫がある）ことを前提とする。それゆえ，商品は，コールズおよびウールワースのどちらでも手に入るという語用論的含意がある。この現象は any が all と同

のであれば，but には対比的な意味合いが出るため，P or Q but not both（P あるいは Q しかし両方ではない）での but の使用は不適切になるはずである（2.5 節を参照）。また，この語用論的含意は，They didn't appoint Kim OR Pat, they appointed BOTH.（彼らはキムかパットの「どちらか一方」を任命したのではなく，彼らは「両名」を任命した。）のように（論理的否定（logical negation）とは異なる）メタ言語的否定（metalinguistic negation）によってキャンセルすることもできる（第 5 巻『前置詞と前置詞句，そして否定』を参照）。包含的選言のメタ言語的否定は，(14iv) に相当する状況を許容しないという点で排他的選言の論理否定とは異なる。

[8] あまり一般的ではない解釈であるが，無知の意味合い（implication of ignorance）をともなって「両方ともではない（not both）」という語用論的含意が生じることがある。たとえば，(19ii) には，無知の意味合いをともなう「それらはコールズとウールワースのどちらかで手に入るが，私はどちらか分からない（覚えていない）」という解釈もある。

じ意味を表すときと同じような文脈で生じる（第3巻『名詞と名詞句』を参照）．このような文脈では，(19i) のように比較が関わっていたり，(明示性の程度は異なるが) (19ii) のように可能性を表すモダリティが関わっていたりすることがもっとも一般的である (She can speak French, German, or Russian. (彼女はフランス語，ドイツ語か，ロシア語を話せる．) のような例なども参照).

■ 疑問文における or

or を用いた等位接続が排他的に解釈される特殊なケースは，選択疑問文において観察される（第6巻『節のタイプと発話力，そして発話の内容』を参照）．(上昇調イントネーションが最初の等位要素にあり，最後の等位要素が下降調になる）選択疑問文においては or の使用が必須になるが，他のタイプの疑問文では or はあってもなくてもよい．

(20) or なし　　　　　　　　　　　or あり
　　 i. a. ［不可能：or が必要］　　 b. Would you like tea↗or coffee↘?　　［選択疑問文］
　　　　　　　　　　　　　　　　　　　（紅茶かコーヒーはいかがですか？）
　　 ii. a. Would you like a drink↗?　b. Would you like tea or coffee↗?　　［極性疑問文］
　　　　　（飲み物はいかがですか？）　　（紅茶やコーヒーはいかがですか？）
　　 iii. a. Who would like a drink?　 b. Who would like tea or coffee?　　［WH 疑問文］
　　　　　（どなたか飲み物のほしい人いますか？）（どなたか紅茶かコーヒーのほしい人いますか？）

(20ib) の問いの答えには or が現れない．答えは「私は紅茶がほしい」や「私はコーヒーがほしい」のように，2つの選択肢のうち1つだけが真であるかのように提示される．「両方とも」（選択する）というのは，相互的排他性 (mutual exclusiveness) の前提を排除してしまうので，可能な**答え (answer)** とはならないのである．しかし，(20iib) と (20iiib) の問いに対しては，or は答えの一部として保持される．たとえば，(20iib) の問いに対しては，Yes, I would like tea or coffee.（はい，私は紅茶かコーヒーをいただきます．）や No, I would not like tea or coffee.（いいえ，私は紅茶もコーヒーも結構です．）と答えられるのである．[9]

---

[9] しかしながら，情報性を高くするために，**反応 (response)** では or の脱落が起きやすく，Yes, thank you, I'd love some coffee.（はい，ありがとう，コーヒーがいいです．）のような

2.2.2 否定と組み合わされる and と or

or による節より小さな単位の等位接続は，or が否定の作用域内に含まれると，否定節を and で等位接続したときと同じ意味を表す．

(21) i. I didn't like his mother or his father.
　　　　（私は彼の母親も父親も好きではなかった．）
　　ii. I didn't like his mother and I didn't like his father.
　　　　（私は彼の母親を好きではなかったし，また彼の父親も好きではなかった．）

[A か B のいずれでもない＝A でもなく B でもない]

同様に，He can't read or write. は，「彼は字を読むことも書くこともできない（He can't read and he can't write）」という意味になり，No one had seen Kim or Pat. は，「キムをみたものは誰もいなかったし，パットをみたものも誰もいなかった（No one had seen Kim and no one had seen Pat）」という意味になる．

逆に，and による節より小さな単位の等位接続の場合は，and が否定の作用域内に含まれると，否定節を or で等位接続したときと同じ意味を表す．

(22) i. He isn't both treasurer and secretary.
　　　　（彼は会計係と秘書官を兼ねてはいない．）
　　ii. He isn't treasurer or he isn't secretary.
　　　　（彼は会計係でないか秘書官でないかである．）

[A かつ B ということではない＝A でないか B でないかである]

［専門的解説］
ここで注意すべき点は，(22i, ii) のいずれも，彼が会計係か秘書官のどちらかであることを語用論的に含意することである．(22ii) の場合，or は，通常の"not and（両方ともではない）"の語用論的含意を引き出し，「彼は会計係ではない (He isn't treasurer)」と「彼は秘書官ではない (He isn't secretary)」の両方ともが真になるのではない．このことから，「彼は会計係である (He is treasurer)」と「彼は秘書官である (He is secretary)」のいずれもが偽にな

返答をすることがある．答え（answer）と反応（response）の対比に関しては，第 6 巻『節のタイプと発話力，そして発話の内容』を参照．

るのではないことがわかる．言い換えると，彼は会計係であるか秘書官であるかのどちらかなのである．(22i)の場合，彼が会計係か秘書官のどちらかであるという語用論的含意は，よくある尺度的な語用論的含意の類である．(22i)の語用論的含意は，He isn't either treasurer or secretary.（彼は会計係でも秘書官でもどちらでもない．）よりも弱く，He isn't either treasurer or secretary. が真ではないという語用論的含意をもつ．

しかしながら，否定要素に後続する節より小さな単位の等位接続は，常に否定の作用域に含まれるわけではないので，問題は複雑になる．(22i) では and が否定の作用域内に含まれるが，逆に，(23) のように，and が否定をその作用域内に含むという状況のほうがより頻繁に観察されるからである．

(23) i. I didn't like his mother and father.
   （私は彼の母親と父親が好きではなかった．）
　　 ii. I'm not free on Saturday and Sunday.
   （私は土曜日と日曜日空いていない．）

(23i, ii) の自然な解釈は，「私は彼の母親が好きではなかったし，彼の父親も好きではなかった (I didn't like his mother and I didn't like his father)」，「私は土曜日も空いていないし，日曜日も空いていない（すなわち，私は今週末空いていない）(I'm not free on Saturday and I'm not free on Sunday (i.e. I'm not free this week-end))」となる．あまり目立たないが，作用域が逆転する読みもあり，たとえば，(23ii) には，「私は**両日ともは**空いていない (I'm not free on **both** days)」という解釈もある（土曜日と日曜日のどちらか1日しか空いていないという語用論的含意がある）．この種の解釈では，and に強勢が置かれるという特徴が観察される．

or は，一般に，(21i) のように先行する否定の作用域内に含まれるが，あまり自然でない解釈ではあるが，or が広い作用域をもつ読みもしばしば可能になる．

(24) He wasn't at work on Monday or Tuesday.
   （月曜日にせよ火曜日にせよ，彼は勤務していなかった．）

(24) の顕著な解釈は，「彼は月曜日も勤務しなかったし，火曜日も勤務しなかった (He wasn't at work on Monday and he wasn't at work on Tuesday)」であるが，「(どの日だったか正確には覚えていないが) 月曜日もしくは火曜日のいずれかの日に彼は勤務していなかった (On Monday or Tuesday (I can't remember precisely which day it was) he wasn't at work)」とも解釈できる．[10]

not は，完全な節がつながれた等位接続を作用域に入れることはできない．たとえば，He didn't like it or he was in a hurry. (彼はそれが好きではなかったか，もしくは彼は急いでいたかだ．) では，否定は1つ目の節のみに適用される．したがって，or と and の否定を表現するためには，一般に，単一の主節内で (21i) のように2つの句を等位接続するか，あるいは It's not the case that he was being investigated by the fraud squad or that he had offered to resign. (彼は詐欺捜査班に取り調べられていたのでも辞職を申し出ていたのでもない．) のように，2つの従属節を等位接続により結ぶ必要がある (なお，上記の例の下線部は，He wasn't being investigated by the police and he hadn't offered to resign. (彼は警察から捜査も受けていなかったし，辞職も申し出ていなかった．) と同じ意味を表す)．[11] and の場合も同様である．

■条件節における等価性

否定の文脈の (21) で観察された，狭い作用域をもつ or と広い作用域をもつ and が意味的に同じになる現象は，明示的あるいは暗示的な条件節の文脈においても観察される．

(25) i. a. You'll see more if you walk or cycle.

(もし歩くか，または自転車で行くならば，もっと色々と目に入るでしょう．)

---

[10] ここの解説の文のように，等位接続が文頭に移動すると，等位接続は否定の作用域の外に出る．修飾語句によって第2等位要素を拡張させて He wasn't at work on Monday or perhaps Tuesday. (彼は月曜日に，あるいはひょっとすると火曜日に，勤務していなかった．) としても，等位接続が広い作用域をとる．

[11] ここでは「一般に」という表現が必要である．というのも，別の可能性，すなわち Kim hadn't been at home on Monday or Pat on Tuesday. のように，空所化 (gapping) を含む可能性があるためである (4.2節を参照)．ここでは，or が1つ目の節の否定の作用域内に含まれることになり，意味としては「キムは月曜日に家にいなかったし，パットも火曜日に家にいなかった」となる．

b. You'll see more if you walk and if you cycle.
　　　（もし歩くのなら，また，もし自転車で行くならば，もっといろいろと目に入るでしょう．）
　ii. a. Those who are late or (who) are improperly dressed will be punished.
　　　（遅刻したり不適切な服装をしていたりする人は罰を受けるであろう．）
　　b. Those who are late and those who are improperly dressed will be punished.
　　　（遅刻する人や服装が不適切な人は罰を受けるであろう．）

(25ia) では，or が if の作用域内にある．(25iia) では，or が関係節内に存在するが，構文全体が間接的に条件の意味を伝えているため，or が if の作用域内に入る「もし誰かが遅刻するか不適切な服装をしているならば，その人は罰せられるだろう (If anyone is late or improperly dressed they will be punished)」という解釈が得られる．

2.2.3　非対称構造 I：and (He got up and had breakfast, etc.)

(13iia) の There is a copy on the desk and in the top drawer.（机の上と1番上の引き出しの中に本が1冊ある．）は，等位要素が逆の順序で現れる There is a copy in the top drawer and on the desk.（1番上の引き出しの中と机の上に本が1冊ある．）と同じ意味になるという点で**対称的 (symmetric)** である．or の場合も同様で，2.2.1-2 節で考察した例も対称的である．しかしながら，等位要素の順序が常にこのように入れ換え可能であるとは限らない．等位要素が異なる順序で起こると異なる意味が伝わる等位接続は**非対称的 (asymmetric)** である．等位要素の順序が入れ替え可能でないということは，厳密にいえば，結ばれた表現が対等な位置づけにないということで，そのような構文は典型的な等位接続の例にはならない．非対称的な等位接続は，程度が異なるものの従属接続と類似する特徴を示す．とくに，非対称的な等位接続では，対称的な等位接続に適用される「全域一律適用」の要件が必ずしも当てはまるとは限らない (2.1 節で述べた特徴 (e) を参照)．

　本節ではまず and の非対称的な用法について検討し，つぎに 2.2.4 節において or を取り上げる．

第 2 章　等位接続詞と関連する連結要素　　　　　　　　　　　　57

■**時間的順序：X and Y が「X そしてそれから Y」を語用論的に含意する**
等位要素が状態ではなく出来事を表している場合には，線的な順序が一般に出来事の起こる時間的な順序を反映する．（この場合，X and Y には「X and then Y (X そしてそれから Y)」の語用論的含意がある．）

(26) i. He got up and had breakfast.
　　　　（彼は起きて，それから朝食を食べた．）
　　 ii. I went over to Jill's and we checked the proofs.
　　　　（私はジルのところへ行き，それから一緒に校正刷りをチェックした．）

(26i) は「彼は起きてから朝食を食べた」，また，(26ii) は「私がジルのところへ行き，その後私たちは校正刷りをチェックした」と解釈される．等位要素を逆の順序にした場合，出来事の順序も逆になる．たとえば，He had breakfast and got up.（彼は朝食を食べ，起き上がった．）は，「彼はベッドから起き上がる前に朝食を食べた（すなわち，彼はベッドで朝食をとった）」という意味を表す．

［専門的解説］
　and の「then（それから）」という読みについては，and の論理的な意味の一部ではなく，語用論的含意として分析する．このように取り扱うのには以下のような 3 つの理由がある．

(a)　and に依存していない含意
時間の順序に関する含意は，文と文が等位接続でつながれていなくても得られる．たとえば，(26ii) で and のかわりにピリオドを入れて 2 文にしても，同じ語用論的含意が観察される．

(b)　強さの変異
出来事の順序についての語用論的含意は，文脈によって強さに違いが出る．たとえば，（意図された未来の出来事である）In the afternoon I will mow the lawn and have a game of tennis.（午後に私は芝刈りをし，テニスのゲームをするでしょう．）よりも，（過去の出来事を語る）In the afternoon I mowed the lawn and had a game of tennis.（午後に私は芝刈りをして，テニスゲームをした．）のほうが，順序についての語用論的含意が強い．

(c) キャンセルの可能性
第3のもっとも重要な理由として，語用論的含意はキャンセルできるということがあげられる．Before leaving town he handed in his resignation and phoned his wife, though I don't know which he did first. (街を出る前に彼は辞表を提出し，彼の妻に電話した，もっとも彼がどちらを先にしたのかわからないが．) がそれに当たる．

しかしながら，出来事の時間的順序が発話の命題内容の一部として扱われることもある．たとえば，Did he get up and have breakfast, or have breakfast and get up? (彼は起きてから朝食を食べましたか，それとも，朝食を食べてから起きましたか？) のように質問する場合である．さらにいえば，これは，「全域一律適用」の要件が緩められる環境の1つである．とくに，I've mislaid the proofs which I had gone over to Jill's and checked so carefully with her. (ジルのところに行って，彼女と一緒に大変慎重にチェックした校正刷りをどこかに置き忘れた．) のように動詞句が等位接続され，第1等位要素の動詞句が移動を表現する場合がそれに該当する．

■ 因果関係：X and Y が「X，したがって Y」を語用論的に含意する

もう1つの一般的な語用論的含意は，第2等位要素で表されている出来事が，第1等位要素で表されている出来事よりも後に起こるというだけでなく，第1等位要素の表す出来事の結果でもあるというものである．(この場合，X and Y には「X therefore Y (X, したがって Y)」の語用論的含意がある．)

(27) i. The principal came in and everybody immediately stopped talking.
   （校長が入ってくると，皆即座におしゃべりをやめた．）
   ii. I fell off the ladder and broke my leg.
   （私は梯子から落ちて足を折った．）

(27i) では，校長が入ってきたことが会話をやめる原因となったこと，そして，(27ii) では，私が梯子から落ちた結果として足を骨折したことが推論されるであろう．

■条件：X and Y が「もし X ならば Y」を語用論的に含意する

因果関係に近いのが，条件である．（条件の場合，X and Y には「If X then Y（もし X ならば Y）」の語用論的含意がある．）

(28) i. I express the slightest reservation and he accuses me of disloyalty.
   （私がわずかな懸念でも表明する，そうすると彼は私が不誠実であると非難する．）
   ii. Come over here and you'll be able to see better.
   （こっちのほうに来てください，そうすればもう少しよくみえますよ．）
   iii. Do that again and you'll be fired.
   （そんなことをもう1度しようものなら，あなたはクビですよ．）

(28i) は，「もし私がほんのわずかでも懸念を表明すれば，彼は私を不誠実であると責め立てる」と解釈される．この例は，形式ばらないスタイルに属するが，必然の意味を表すモーダル（法性）が最初の等位要素に加えられた，ややスタイルの制約の少ないものもある．たとえば，I only have to express the slightest reservation and he accuses me of disloyalty.（私がほんのわずかな懸念を表明するだけで，彼は私が不誠実であると非難する．）といった表現である．(28ii, iii) は，等位接続全体が行為指示の力 (directive force) をもち，条件の語用論的含意がある特別なケースである（第6巻『節のタイプと発話力，そして発話の内容』を参照）．(28ii) は，「もしこっちに来れば，もう少しよくみえるだろう」という語用論的含意があり，「こちらにいらっしゃい」という指示に従う理由を提供している．同様に，(28iii) は，「もしそれをもう1度やったなら，あなたは解雇されるでしょう」という語用論的な意味合いがある．この場合，相手が解雇は避けたいと思っていると推論した上で，この語用論的な意味合いが，見かけ上の行為指示 (directive) に従ってはならない理由を提供する．その結果，最終的には「もう2度とそれをするな」と述べていることになる．これらの例は，「命令文＋平叙文」の形式になっているが，他にも，命令文が連結されるパターンもある．たとえば，Join the Navy and see the world.（海軍に入ろう，そして世界をみよう．）のような例である（ここでは，海軍への入隊が世界の見聞につながるという事実が入隊の動機になるということを表している）．また，I suggest you come over here and then you'll be able to see better.（私はあなたがこちらに来ることをご提案します，そうすればもっとよくみえるようになるでしょう．）

のように最初の等位要素の行為指示が別の形式で表現される可能性もある．

> [専門的解説]
> 語用論的含意が生じやすくなる接続詞と条件の論理的な関係は，P & Q と if P then Q で，P が真かつ Q が偽になることがない場合である．たとえば，((28i) に関しては) 私がわずかな懸念を表明しても彼は私を不誠実よばわりしない場合に，この関係が生じる．

■ 譲歩：X and Y が「X にもかかわらず Y」を語用論的に含意する

(29i, ii) では，等位接続された 2 番目の動詞句（VP）と 1 番目の動詞句との間に「しかしながら／にもかかわらず（nevertheless/despite）」の関係が認められる．(この場合，X and Y には「despite X, Y (X にもかかわらず Y)」の語用論的含意がある．)

(29) i. You can <u>eat as much of this as you like and not put on weight</u>.
    (これを好きなだけ食べても，太らないでいることができるよ．)
   ii. They expect us to <u>get up at 3 a.m. and look bright and cheerful</u>.
    (彼らは私たちに朝の 3 時に起きても頭が冴えて楽しそうにみえることを期待している．)

譲歩は因果関係とは反対の関係にある．(29i) の太らないですむということは，好きなだけ食べたにもかかわらず成立しているのであり，好きなだけ食べた結果，太らずにすんでいるのではない．ここでも，等位要素の不均衡な位置づけにより，等位接続に適用される「全域一律適用」の要件が緩和される．したがって，How much of this can one eat and not put on weight? (どれだけこれを食べても太らないでいられるってことなの？) のような例は容認される．ちなみに，ここでは，第 2 等位要素ではなく第 1 等位要素から非対称な抜き出しが起こっている．

■ 時間的な包含：X and Y が「Y の間に X」を語用論的に含意する

形式ばらないくだけたスタイルでは，and は「while (〜の間に)」の意味を表すことがある．(この場合，X and Y には「X while Y (Y の間に X)」という語用

第 2 章 等位接続詞と関連する連結要素

論的含意がある.)

(30) i. He came in and I was still asleep.
(彼は入ってきたが, そのとき, 私はまだ眠っていた.)
ii. Did he come in and I was still asleep?
(彼が入ってきたとき, 私はまだ眠っていたのですか?)

(30ii)における等位要素の不均衡な位置づけはきわめて明白である.(30ii)では,最初の節が疑問 (interrogative), つぎの節が平叙 (declarative) であるが,全体としては単一の疑問となっている.(30ii)では,Did he come in while I was still asleep?(私がまだ寝ている間に彼は入ってきたのですか?)と同じように,あたかも従属節であるかのように疑問の作用域が 2 番目の節に及んでいる.

■ 定型表現の類
「X and Y」の形式で,X が固定されている(あるいはほぼ固定されている)が Y は固定されておらず,全体が部分的にイディオム化されている表現が定型表現の類に入る.

(a) **Nice / good and Adj / Adv** (いい具合に / ひどく **Adj/Adv** だ)

(31) i. The coffee is nice and hot.
(コーヒーはほどよい熱さだ.)
ii. He hit it good and hard.
(彼は思い切りそれを叩いた.)

(31i) の解釈は,通常の等位接続である The coffee is sweet and hot.(このコーヒーは,甘くて熱い.)と同じではない.後者の文では,それぞれの等位要素がコーヒーの特徴を記述しているが,(31i) で nice は,「熱いという点がよかった, ほどよく熱い, ちょうどよい熱さだ (It was nice by virtue of being hot, nicely hot, hot to a nice extent)」など,コーヒーの温度について表現していて,(31i) は等位接続構文というよりも従属接続構文として解釈される.(通常の等位接続の解釈をもつ) It was nice and not too expensive.(それはものもよかったし, それに高価すぎることはなかった.)と(nice と and 後の要素が同じ

位置付けの等位要素であることを示すために nice と and を韻律的に際立たせない限り慣用的に解釈される) It was nice and cheap. (それはちょうどいい具合に安かった.) のような表現もある. (31i) において相関的な both が現れることが許されるのは, 慣用的でない場合だけである (It was both nice and not too expensive. (それはものもよかったし, 高価すぎることもなかった.)). (31ii) (あるいは Take it nice and slowly. (ほどよくゆっくり取ってください.)) のように Y の要素が副詞の場合, 2つの要素の位置付けの違いが統語的範疇の違い (形容詞＋副詞) として反映され, 慣用表現の解釈のみが可能となる.[12]

(b) Try/be sure and V (V するよう努める)

(32)　　　　　単純形＋単純形　　　　　　現在形＋単純形
　　　　　　(plain form＋plain form)　 (plain present＋plain form)
　 i. a.　Try and not be so touchy.　b. We always try and do our best. [try]
　　　　(あまり神経質にならないよう　　 (私たちは常に最善を尽くすように努
　　　　に心がけなさい.)　　　　　　　　力している.)
　ii. a.　Be sure and lock up.　　　　b. [不可能]　　　　　　　　　[be sure]
　　　　(必ず施錠を確認しなさい.)

(32) の and の用法は, 意味的にも統語的にも通常の and の用法とはかなり異なる. まず, 注意すべきことは, We always try and we do our best. (私たちは常に努力するし, また最善も尽くす.) のような節の等位接続とは異なり, (32ib) は最善を尽くすことを論理的に含意しない. 第2に, この慣用表現には, and

---

[12]「重言法 (hendiadys)」という用語は, (31) のような等位接続に使われるもので, 第1等位要素が第2等位要素を修飾すると理解される. 限定的用法の位置では, I'd like a nice hot coffee. (ほどよく熱いコーヒーがほしい.) のように慣用表現の and は省略されるが, それでも (よい具合に熱い, 熱いという点がよい (nicely hot, nice by virtue of being hot) という慣用表現としての意味と I'd like a large hot coffee. (私はラージのホットコーヒーがほしい.) (ラージのホットコーヒー, つまり, L サイズのホットコーヒー (a hot coffee that is large, i.e. a large serving of hot coffee)) という通常の意味とは区別できる. good に関しては, 第2等位要素の適用範囲は非常に限定的で, しかも副詞が来る場合は, (31ii) の hard のように形容詞も兼ねることができる語に限定される. nice は, 叙述形容詞が続く場合, It was lovely/beautiful and hot. (それはとてもいい感じで熱かった.) のように lovely や beautiful のような関連する語に置き換えることができる.

が基底形式 (lexical base) の try のすぐ後に続かなければならないという統語的な制約がある．try には屈折接尾辞も付加詞もつけられないのである．したがって，She always tries and does her best. (彼女はいつも努力し，最善を尽くす．) や We try hard and do our best. (私たちは一生懸命に努力し，最善を尽くす．) などでは通常の等位接続の可能性しかない．try の基底形式には (32ia) のような単純形と (32ib) のような現在形の2つの可能性がある．しかし，and に続く動詞は常に単純形であり，そのことは，**be** を用いれば明らかになる．We always try and be/*are helpful. (私たちは常にお役に立つよう努力している．) のようになるからである．したがって，and があるにもかかわらず，try and V の構造は従属接続的であり，等位接続的ではない．つまり，and は try の非定形補部 (non-finite complement) を導入するのである．そのため，and は不定詞標識の to で置き換えることができる．and は to よりも若干堅苦しさが少ない．be sure も try と同様に機能するが，**be** の基底形式は単純形のみで (32ib) に対応するような現在形をとらない．したがって，We are always sure and do our best. (私たちは常に確信し，最善を尽くす．) は，be sure and V 構文の例とすることはできない（また，通常の等位接続でもなさそうである）．try/be sure の表現の構造は従属接続的であるために，全域一律適用の制約は適用されない．そのため，This is something [that you must <u>try</u>/<u>be sure</u> and remedy]. (これはあなたが改善の努力をしなければならないことです．) は文法的な文となる．

(c) Go and V (V してしまう)

(33) i. The TV has gone and broken down.
　　　 (TV が壊れてしまった．)
　　ii. He went and told the teacher.
　　　 (彼は先生に報告してしまった．)

(33) の口語表現においては，動詞 (go) は移動の意味を失い，純粋に情意的な意味しか表さない．(33i) の命題内容は，単に「TV が壊れている」ということであり，go and を添えることにより，非難や苛立ち，驚きなどの感情が加わる．He went and told the teacher. (彼は先生に報告してしまった．) という文も同様に解釈されるが，go が移動の意味を保っている字義通りの解釈もある．

慣用表現的な意味では，go は and の直前の位置に来なくてはならない．したがって，He went to the office and told the teacher. (彼は研究室に行って，それから先生に話した．) は字義通りの移動の解釈しかない．移動の意味を失った go は，どのような活用形も可能であるが，後に続く動詞は go の活用形と一致しなければならない．したがって，(33i) では動詞が両方とも過去分詞で，(33ii) では動詞が両方とも過去形となっている．この点において，go and V は，try and V よりも等位接続に近いといえるが，ここでもやはり，等位接続の全域一律適用の制約は適用されない．そのため，What a mess he's gone and made! (彼はなんてひどい混乱を起こしてしまったんだ！) は文法的な文になる．より口語的な表現として，情意的な慣用表現の意味しかない been and gone and ＋過去分詞（たとえば，He's been and gone and told the teacher. (よくもまあ，彼は先生に話したものだ．)) のような多項等位接続表現もある．

(d)　Sit (etc.) and V（座ったり（など）しながら，V する）

(34)　i.　They sat and talked about the wedding.
　　　　（彼らは座って結婚式のことを話した．）
　　　ii.　Don't just stand there and watch.
　　　　（そこで突っ立ったままみないでよ．）

(34) の最初の動詞は，姿勢／位置を表す動詞で，ほとんどの場合，動詞は sit (座る)，stand (立つ)，lie (横になる) になる．これらの動詞は，They sat talking about the wedding. (彼らは結婚式について座って話した．) のように，動名詞-分詞形 (gerund-participial) の補部をとることもできる．この動名詞-分詞補部をともなう文は，(34i) と同じ意味を表すが，よりくだけたスタイルに属し，おそらく，話す行為に対して焦点がより強く当たる．つまり，この文では座ることが背景化されており，（意味を変えずに）等位要素の順序を逆にすることができないことがそれぞれの等位要素に与えられる際立ちの違いを反映しているのである．

(e)　Be an angel (etc.) and V（お願いだから V してください）

(35)　i.　Be an angel and make me some coffee.

（どうか私にコーヒーをいれてください．）

    ii. Would you be an angel and make me some coffee?

    （コーヒーをいれていただけますでしょうか？）

(35) の and で結ばれる 2 つの節は，かなり異なった語用論的位置づけをもつ．2 番目の節が重要であり，最初の節は，kindly や please のような付加詞に匹敵する役割をはたす．前部表現に関しては選択肢に一定の幅があり，an angel を a dear や a good boy/girl などに置き換えることができる．また，等位節は，(35i) のように命令文でもよいし，(35ii) のように間接的に要求を表す発話力のある節の動詞句でもよい（第 6 巻『節のタイプと発話力，そして発話の内容』を参照）．あるいは She asked me to be an angel and make her some coffee. （彼女は私にコーヒーをいれてくれるように頼んだ．）のように依頼を報告する文にこの表現が現れてもよい．

2.2.4　非対称構造 II：or (Hurry up or we'll be late, etc.)

■条件：X or Y が「もし X でないならば，Y である」を語用論的に含意する

and と同様に or は，条件の解釈が与えられる構文に現れることがある．

(36) i. I'm leaving before the end or I'll miss my train.

     （終わる前に帰ります，さもないと電車に乗り遅れてしまいます．）

  ii. I left early or I would have missed my train.

     （私は早めに失礼しました，そうしなければ電車に乗り遅れるところでした．）

  iii. Hurry up or we'll be late.

     （急ぎなさい，さもなければ遅れてしまう．）

  iv. Don't do that again or you'll be fired.

     （二度とそんなことをしないように，さもなければクビになるでしょう．）

(36) の or の語用論的に含意される条件 (implicated condition) は，If I don't leave before the end, I'll miss my train. （終わる前に帰らなければ，電車に乗り遅れてしまうだろう．）のように，第 1 等位要素を否定することにより得られる．[13] (36ii) で語用論的に含意される条件は，would have により示されてい

---

[13] (36i) の条件文の語用論的含意を導く際に，I'm not leaving. （私は帰ろうとしていない．）

るように，非現実的条件の範疇に入る．If I hadn't left early I would have missed my train.（もし早く帰っていなかったら，電車に乗り遅れてしまっていただろう．）には，「早く帰ったので，電車に乗り遅れなかった」という語用論的な含意が生じる．また，必然の意味を表すモーダル (necessity modal) は，第1等位要素の中に特徴的に現れる．たとえば，I must leave before the end or I'll miss my train.（終わる前に帰らないといけません，さもないと電車に乗り遅れてしまいます．）や I had to leave early or I would have missed my train.（早く帰らなければならなかったのですが，そうしなければ電車に乗り遅れるところでした．）のようにである．(36iii, iv) では，条件の解釈が命令の指示に従う根拠となる．「あなたが急がなければ，私たちは遅れるので，急ぎなさい」と「そんなことを二度としないようにしないと（すなわち，再度それをやることを踏みとどまらないと）解雇されるだろうから，再びそんなことをやってはいけません」のように解釈されるからである．(36iv) では，異なる推論の道筋をたどって，(28iii) と同じ結論に達する．or がある場合，第2等位要素はより好ましくない選択肢として提示される，あるいは，Do as I say, or else!（指示どおりにしなさい，さもないと！）のように表現されなくてもよい．

　語用論的含意によって等位節が同じ位置づけをもたなくなることは，等位節における統語操作の全域一律適用の要件が適用されなくなるという現象に反映される．たとえば，She hadn't spoken to John, [who had had to leave early or he would have missed his train].（彼女はジョンに話しかけなかったのだが，ジョン自身早く帰らなければならなかったし，そうしなければ，電車に乗り遅れていただろう．）において，角括弧内にある最初の節は関係節である．しかし，後に続く節は関係節ではないため，この節内に現れる he を who に置き換えることはできない．

[専門的解説]
等位接続と条件文との論理的な関連は，and よりも or のほうが直接的である．P or Q は命題のどちらか一方が真であるということで，もし P が真でないならば，Q が真でなければならない．そのため，P or Q は，If not P, then

---

を I don't leave.（私は帰らない．）に変えた．このように変えたのは，条件節と主節で未来に言及する方法が異なるからである．

第2章　等位接続詞と関連する連結要素

Q（P が真でないならば，Q が真である）を論理的に含意する．

■ 概数としての **two or three**

two or three（2, 3 の），four or five（4, 5 の）などにおける or の等位接続は，一般的に選択肢の集合を表すのではなく，概数を表すのに用いられる．たとえば，I have three or four letters to write.（書くべき手紙が 3, 4 通ある．）は「（どちらの数かはわからないが）書くべき手紙は 3 通か 4 通のいずれかである」と字義通り解釈することも可能であるが，「書くべき手紙が 3 通ぐらいある」のように概算として解釈されることのほうが多い．

three と four が選択肢として解釈される場合には，語の順序を入れ替えることができるが，概数の解釈では小さい数が最初に来る順序のみが可能である．名詞句の場合，概数の解釈の a glass or two（グラス 1, 2 杯）と選択の解釈の one glass or two（グラス 1 杯または 2 杯）で対立がある．「おおよそ 3」を意味する three or so / thereabouts（3 かそれぐらい）のような表現は，入れ替え不可能な概数の解釈のみをもつ．[14]

2.2.5　等位接続詞で標示された繰り返し（**louder and louder, dozens and dozens**）

and のイディオム的な用法は強調のために繰り返しをする表現に現れる．

(37) i.　The noise grew louder and louder.　She felt more and more confident.
　　　（その音はどんどん大きくなった．）（彼女はますます自信を感じた．）
　　ii.　I laughed and laughed and laughed.　I've told you about it again and again.
　　　（私は笑って笑って笑いまくった．）（私はあなたにそのことを何度も何度も話しています．）
　　iii.　I made dozens and dozens of mistakes.　It rained for days and days.
　　　（私は何十ものミスをした．）（来る日も来る日も雨が降った．）

(37i) において，and は屈折による比較級（louder）や分析的な比較級を示す more を結びつけている．less に関しても同様である（He was showing less

---

[14] 再定義や訂正を提示する or の用法に関しては，5.2 節の補足についての考察を参照．

and less interest in his family. (彼は家族にどんどん興味を示さなくなっていた.)).ここでは less and less が「漸次的にそうでなくなる」という意味を表す. (37ii) では動詞や副詞の繰り返しがあり, かなり長い継続や繰り返しを表す. It went up and up and up. (どんどん上昇していった.) のように前置詞が同じ働きをすることもある. (37iii) は, 名詞の繰り返し, 具体的には計量名詞の繰り返しであり, 数が多いことあるいは多量であることを表す.

本来の等位接続と同じように, この構文においても繰り返される要素の数に制限はないが, 第1等位要素を除いたすべての等位要素に and が付かなければならない (そのため, *I laughed, laughed, and laughed. は非文である). 通常, 繰り返される要素は語である. そのため, *She felt more confident and more confident. や *It rained for many days and many days. などは非文になる. She hit him and hit him and hit him. (彼女は彼を殴りに殴った.) は例外であるが, この文が容認されるのは him がほとんど接語 (clitic) のようになってしまっているからであり, 語彙的な名詞句では, *She hit her attacker and hit her attacker and hit her attacker. のように容認されないであろう.[15]

2.3 both と either

決定詞要素の both と either は, 名詞句や等位接続の中で用いられる.

(38) i. a. both players　　　b. both Kim and Pat
　　　　　（両選手）　　　　　　 （キムとパットの両方）

---

[15] 等位接続詞を用いた繰り返しに対して, 特別な解釈が与えられることがある. 1つのケースは There are musicians and musicians. (いろんな音楽家がいる.) のような存在構文で, この例では, たとえば, 良い音楽家や悪い音楽家のように**異なる種類**の音楽家がいることを語用論的に含意する. もう1つのケースは Is it hot or is it hot? (暑いですか, 暑いですよね？) のように, 等位要素が同一であるために選択肢がみせかけになっている場合である. この疑問文は修辞的であり, 暑いということを強調して伝えている. 同様に, You can have pork or pork or pork. (豚肉か豚肉か豚肉を選べます.) は, ユーモアを意図しつつ, 豚肉以外に選択肢がないことに注意を向かせる表現である. The three most important things in real estate are location, location, and location. (不動産でもっとも重要な3つのことは, 場所, 場所, そして場所である.) のように and を用いても同様の効果を得ることができる. これらの例は, and や or の意味から導かれる語用論的含意が関わり, ことば遊びとなっている点で (37) のような強調するための語の繰り返しとは異なる.

ii. a. either player　　　b. either Kim or Pat
　　　（いずれかの選手）　　　（キムとパットのどちらか）

第 3 巻『名詞と名詞句』で述べているように，(38ia) と (38iia) の名詞句の both と either は決定詞 (determiner) として機能している．(38ib) と (38iib) の等位接続の both と either は相関等位接続の第 1 等位要素の標識として機能している．both は and とペアをなし，either は or とペアをなす．[16]

■ 二項等位接続と多項等位接続
名詞句においては，both/either of her parents（彼女の両親のどちらも／どちらか）と *both/*either of her three children の文法性の対比で示されるように，both と either の使用は等位接続の構成員が 2 つしかない場合に限定される．等位接続でも both は，同様の制限を受け，等位要素が 2 つある場合にのみ使用できる．either は二項等位接続だけではなく多項等位接続でも用いることができる．以下に例をあげる．

(39) i. a. The allegation was [both untrue and offensive].
　　　　　（その主張は不誠実でかつ不愉快だった．）
　　　b. Everything he suggested was [either unobtainable or too dear].
　　　　　（彼が提案したすべてが，入手できないか高すぎるかのどちらかだった．）　　　［二項等位接続］

　　ii. a. *I [both locked the doors and set the alarm and informed the police.
　　　b. I'll either call out or bang on the door or blow my whistle.
　　　　　（大声で叫ぶか，ドアを叩くか，笛を吹くかするつもりだ．）　　　［多項等位接続］

---

[16] たまに，both は as well as（同様に）(2.8 節参照)，along with（ともに）(2.9 節参照)，yet（それでも）(2.10 節参照)のような and 以外の連結要素と共起することがある．either は，副詞の範疇にも属するため，Kim didn't go and Pat didn't, either.（キムは行かなかったし，パットも行かなかった．）のように，連結副詞 (connective adverb) としても機能する．

等位構造において both は二項制約 (duality restriction) を維持するが, either では維持されないということは, おそらく, 名詞句において either よりも both で二項性の特徴がより明らかであるという事実と関係している. そのため, both players (両選手) は 2 人の選手の集合を指すが, either player (選手のどちらか) は 2 人の選手の集合を指すわけではない. either player は単数であり, 2 人の選手の集合から 1 人を**選び出す** (selection) のである.

■ 相関等位接続の分布に関する制限

相関等位接続は, 通常の非相関等位接続よりもかなり制限された分布を示す.

(a) 主要部の前方に現れる依存要素に後続すると, ほとんどの場合, 非文法的になる

(40) i. *It had been approved by [the both federal and state governments].
     ii. *Your speech must be [very either witty or brief].

(40) の (下線の引かれた) 容認されない相関等位接続は, 名詞句の依存要素 the と形容詞句の依存要素 very の後に位置している. (40i) から the または both, (40ii) から very または either を取り去ると, (40) は文法的に適格な文になる.[17]

(b) both は (either とは違い) 主節の等位接続において第 1 等位要素の前では使用できない

以下に具体例をあげる.

(41) i. *Both he overslept and his bus was late.
     ii. Either he overslept or his bus was late.

---

[17] 特定の条件下では, 相関等位接続をこの位置で用いることができる. たとえば, A similar [both very negative and very positive] appraisal of the theoretical importance of such research may be found in Jones (1982); It was clearly an [either misinformed or else simply malicious] suggestion. (そういった研究の理論的重要性について, 非常に否定的な評価と非常に肯定的な評価の両方が Jones (1982) で述べられているようである; それは明らかに誤った情報によるものか, 悪意があるとしか表現しようがない示唆のどちらかであった.) のような例がある.

（彼は寝過ごしたかバスが遅れていたかのどちらかだ．）

(c)　both は結合的等位接続では使用できない

(42)　i.　Both Kim and Pat are happy.　　　　　　　　　　［分配的等位接続］
　　　　　（キムとパットは両方とも幸せである．）
　　　ii.　*Both Kim and Pat are a happy couple.　　　　　［結合的等位接続］

(42) 以外に，I want to see Kim and no-one else / Kim and only Kim. (私は，ほかの誰でもなくキムに／キムだけに会いたかった．) のような例でも both が使用できない．これは，第 2 等位要素がキム以外の全員を除外するという意味を表しているためである．

(d)　either は選択疑問では使用できない

(43)　i.　Are they coming on either Monday or Tuesday?
　　　　　（彼らは月曜日か火曜日のどちらかに来ますか？）
　　　ii.　*Are you either coming or not?

(43i) は，Yes や No の答えを要求する極性疑問文（polar question）としてのみ使用できる．一方で，(43ii) は容認されない．

(e)　非対称性を表す and と or をともなう等位接続で使用できないことが多い
both と either は，等位要素の等価性を強調する傾向があるので，2.2.3-4 節で述べたような非対称的な用法での and や or とは一般的に組み合わせられない．The coffee is both nice and hot. (コーヒーはおいしく，かつ熱い．) は，コーヒーの 2 つの別個の特性を結びつける通常の等位接続の解釈しかない．He has both gone and told the teacher. (彼は去った，そして先生に話した．) も同様に字義通りの解釈しかない．He both got up and had breakfast. (彼は起き上がるとともに，朝食を食べた．) と I both fell off the ladder and broke my leg. (私は梯子から落ちて，かつ足を折った．) の both は，通常の予測には反するものであるが，both がないときに生じる時間的順序と結果に関する語用論的含意 (implicature) をなくす効果がある．同様に，either two or three (2 か 3 のどちらか) は，two or three (2, 3 の) のようには概数を表さず，2 つの選択肢を提示する．

しかし，ある特定の状況において either の生起を許す or の非対称的な用法がある．それは，Either you tidy your room or you lose your pocket money. (部屋を整理するか，小遣いを失うかのどちらかになる.) のような例で，条件や行為指示の解釈がある場合にこの用法が可能になる．ここでの either は，第3の選択肢が存在しないことを強調することにより，「部屋を整理しなさい」という語用論的含意を強める働きをしている．

> [専門的解説]
> ■ either と排他性の語用論的含意
> either は，等位要素の1つが選ばれなければならないことを強調しており，等位要素の1つだけが選ばれるという排他的な語用論的含意 (exclusive implicature) を強める傾向がある．I'll be seeing her on either Friday or Saturday. (私は金曜日か土曜日のどちらかの日に彼女に会います.) は，金曜日と土曜日のうち1日だけ彼女に会うという意味を，either がないときよりも強く伝える．しかしながら，それでも排他性の含意は語用論的なものでしかない．They are obtainable at either Coles or Woolworths. (それらはコールズかウールワースのどちらかで入手できる.) は選択を強調する文であるが，either がないときと同様に，どちらの店でも目当ての商品が手に入るという状況においても用いることができる．[18]

■ both と either の位置

上でみた例がすべてそうであったように，both と either は，通常，第1等位要素の先頭に起こる．しかし，(44i) のように基本位置よりも左側に起こることも (44ii) のように右側に起こることも可能である．

(44) i. a. This was made clear <u>both</u> to [the men] [<u>and</u> their employers].
(このことは従業員と雇い主の両方に明らかにされた.)

---

[18] 非文法的ではあるが，and/or をともなう包含的な意味を表す either の実例がある．それは，*The majority of the manufacturing firms were engaged in importing, either of materials and components for use in production and/or final goods to complement their product range. (大多数の製造工場は，生産のために使用する材料や部品の輸入，そして／また，製品構成を補完するため，完成品の輸入を行っていた.) である．

第 2 章 等位接続詞と関連する連結要素

b. He was quite taken by either my [cheek] [or cheerfulness].
（彼は，私の生意気さか陽気さのどちらかにかなり面くらっていた．）

c. They will either have to [reduce expenditure] [or increase their income].
（彼らは支出を減らさなければならないか，収入を増やさなければならないかのどちらかだろう．）

ii. a. [He both overslept] [and his bus was late].
（彼は寝過ごし，かつバスが遅れた．）

b. Usually he [is either too busy to come with us] [or else has no money].
（たいてい彼は忙し過ぎて私たちと同行できないか，さもなければお金がないかのどちらかだ．）

c. We must prevent rapid changes [in either the mixed liquor] [or in the effluent].
（私たちは混合アルコールか廃液のどちらかでの急激な変化を防止しなければならない．）

(44) において，等位要素は角括弧内に入れられており，等位接続詞には下線が引かれている．基本位置よりも左側に置かれると，等位接続詞は第 1 等位要素とは切り離される．(both では一般的ではないが) 基本位置よりも右側であれば，第 1 等位要素の内部に現れる．この形式は，(44ia) と (44iic) のような前置詞や (44ib) のような決定詞を含む構文でもっとも頻繁に現れる．

基本的でない位置に both や either を置く用法は，とくに either について，用法辞典では文体的に好ましくないとされる傾向があるが，かなり一般的に観察される．省略 (omission) あるいは再構成 (reformulation) が起こる場合を除き，これが唯一の可能性となることもある．(44iia) がそれに該当し，both が第 1 等位要素の先頭にある (41i) は非文である．同様に，(44ib) において cheek (生意気さ) の前に either がある *my either cheek or cheerfulness は，すでに述べた (a) の制約により非文になる．both や either を基本位置以外へ置くことは，たとえば，either my cheek or my cheerfulness （私の生意気さか陽気さのどちらか）のように決定詞 (my) を繰り返すことにより避けることがで

きる。[19]

　both と either は，等位要素の前以外の位置に生起できるという点で，等位接続詞とは明らかに異なる．(38) で表示されている名詞句構文との関係を考慮すると，both と either は等位接続詞と同じ機能を担う決定詞要素として分析できる．決定詞のある位置が節構造において修飾語のある位置と同じになる場合もある．It will probably solve the present problem. (それはおそらく現在の問題を解決するだろう．) の修飾語 probably (おそらく) と同じように，It [will both solve the present problem] [and may also prevent future conflict]. (それは現在の問題を解決するとともに，これからの問題も防ぐかもしれない．) では助動詞の後に both が起こっている．

[専門的解説]
(44ia) の both to the men and their employers (従業員と雇い主の両方に対して) の構造として (45) を提案する．

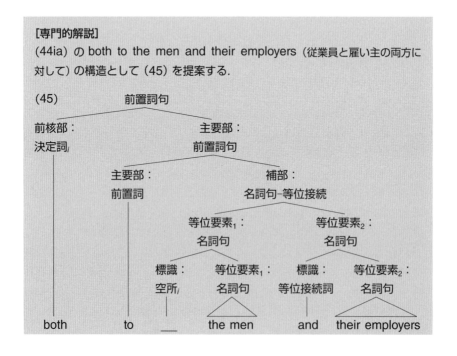

(45)

---

[19] I always find myself next to some oaf [who either overflows onto my seat] [or who talks endlessly about his hideous life]. (座席を圧迫してくるか，おぞましい人生談義をだらだら喋りまくる輩の隣に座ることがよくある．) において，基本的でない位置へ either を配置することは，2つ目の who を省略することによってのみ避けることができる．相関等位接

> (45) で示されているように，(44ia) の第 1 等位要素の標識は，前置詞句の前核部の位置を占める決定詞 both と同一の指標が与えられる空所として現れる（第 7 巻『関係詞と比較構文』の関係節の構造を参照）．(44iia) においては，動詞句 both overslept の前核部の位置を占める both は he の左側に現れる空所の標識と同一の指標が与えられる．[20]

2.4 neither と nor

■決定詞および副詞としての neither

both や either と同様に，neither は，名詞句の中で決定詞もしくは相関等位接続の標識として機能する．

(46) a. neither player　　　　　　b. neither Kim nor Pat
　　　　（どちらの選手でもない）　　　　（キムでもパットでもない）

加えて，neither は either のように節内で連結付加詞として機能する副詞にもなる．

(47) i. She wasn't impressed, (and) I wasn't either.　　［副詞としての
　　 ii. She wasn't impressed, (and) neither was I.　　　　either / neither］
　　　　（彼女は感動しなかったし，私も同じだ．）

(47ii) は，連結副詞に否定要素が編入されていると分析すると，(47i) と関連づけることができる．主語よりも前に生じる他の否定と同様に，neither は主語-助動詞の倒置（subject-auxiliary inversion）を引き起こす．neither は，節の後部ではなく前部で起こるという点で either とは異なるが，それでもこの構文では，neither の前に等位接続詞の and や but が現れることができるため，(46b) とは明確に区別される．この neither が等位接続を示す標識ではないことは，neither が主節を従属節に結びつけることができるという事実からも明らかである．たとえば，If you don't complain, then neither will I. (もしあな

続の最初の標識は関係節に先行することができないという制約がさらに課されるからである．
　[20] 訳者注：名詞句内に現れる範疇とその構造については，第 0 巻『英文法と統語論の概観』を参照．

たが不平をいわないのであれば，私も不平をいわないことにする.）のような例がある.

■等位接続の標識としての neither

neither は通常，nor と相関する等位接続の標識として機能する.[21] neither は，(either と同じように）多項等位接続や，より普通に用いられる二項等位接続でも起こる．そして，neither は，(both と同じように）主節が等位接続されても文頭に現れることができない.

(48) i. She found it [neither surprising nor alarming].　　［二項等位接続］
　　　（彼女はそれが驚くことでも気がかりなことでもないことがわかった.）
　　ii. He was [neither kind, handsome, nor rich].　　［多項等位接続］
　　　（彼は親切でもハンサムでも裕福でもなかった.）
　　iii. *Neither did he oversleep nor was his bus late.　　［主節の等位接続］

■neither の位置

both や either と同様に，neither は（49）の最初の角括弧の直後の基本位置よりも左側または右側に現れることができる.

(49) i. This serves the interests neither of [producers] [nor consumers].
　　　（これは生産者と消費者のどちらの利益にもそぐわない.）
　　ii. [We are neither trying to keep out immigrants,] [nor are we favouring the well-to-do].
　　　（私たちは移民を締め出そうともしていないし，富裕層を特別扱いしようともしていない.）

（49i）は，of neither producers nor consumers（生産者でも消費者でもなく）あるいは neither of producers nor of consumers（生産者のでもなく消費者のでもなく）と比べるとあまり好まれない．しかしながら，*Neither are we trying to keep

---

[21] She was restrained by neither fashion or conformity.（彼女は流行にも協調性にも縛られなかった.）や The Supreme Court's most recent affirmative-action decision is neither startling or new.（最高裁判所の最近の積極的優遇措置の判決はびっくりすることでも目新しいことでもない.）のように，neither が or と対になる例もみられる．用法辞典では通常 nor のほうが推奨されるが，or が確立された交替形であることは疑う余地がない.

out immigrants, nor are we favouring the well-to-do. ((48iii) を参照) が非文であるため，(49ii) の neither の位置は義務的となる．しかし，通常，そのような構造は節より小さな単位の等位接続を使うことで避けることができる（たとえば，We are [neither trying to keep out immigrants] [nor favouring the well-to-do]. (私たちは移民を締め出そうとも富裕層を特別扱いしようともしていない.) のようにすることができる）．

■ 等位接続詞としての nor

nor は，否定の文脈において ((50i) のように) neither と相関する等位接続詞として用いられる．また，相関的ではないが，((50ii) のように) or の変異形 (variant) としても用いられる．

(50) i. a. [Neither Jill nor her husband] could help us.
　　　　　（ジルも彼女の夫も私たちを助けられないだろう．）
　　　b. A good conversationalist talks [neither too much nor too little].
　　　　　（会話のうまい人は，話が長すぎも短すぎもしないものだ．）
　　ii. a. The change won't be [as abrupt as in 1958 nor as severe as in 1959].
　　　　　（変化は，1958 年のように突然でも，1959 年のように激甚でもないだろう．）
　　　b. No state shall have a share [less than 50% nor more than 70%].
　　　　　（どの州も占有率が 50% 未満にも 70% 以上にもならないものとする．）
　　　c. Serious art is not [for the lazy, nor for the untrained].
　　　　　（純粋芸術は，怠け者のためのものでも素人のためのものでもない．）

(50ii) の nor は or に置き換えられる．また，置き換えた形式のほうがはるかに一般的である．おそらく nor を使うと，否定をさらに強調することになる．(50ii) では nor の前に and や but が加えられる可能性はなく，(50i) と同様に (50ii) でも nor を等位接続詞として扱う十分な根拠となる．両者の違いは，(50i) ではすべての等位要素に否定を示す要素があるのに対して，相関的な形式でない (50ii) では第 1 等位要素 (as abrupt as in 1958 (1958 年と同じくらい突然) など) には否定を示す要素が内部にないが，先行して現れる否定の作用域内に入っていることである．

■ 主語–助動詞の倒置をともなう nor

つぎの非相関的な用法では，nor が or に置き換えられないという点で，(50ii) の用法とは異なる．

(51) i. The Germans haven't yet replied; nor have the French.
   （ドイツ人たちはまだ返答していない；フランス人たちもまだだ．）
   ii. He didn't attend the meeting, nor was he informed of its decisions.
   （彼は会議に出席しなかったし，会議の決定も知らされなかった．）
   iii. He was one of those people who can't relax. Nor did he have many friends.
   （彼はリラックスできない人の 1 人だった．友達も多くなかった．）
   iv. The hotel had good views and a private beach; nor were these its only attractions.
   （ホテルは景色が良く，プライベートビーチもあった；しかしこれらがそのホテルの唯一の魅力ではなかった．）

この用法では，nor が節（通常，主節）を導入し，それにともない主語–助動詞の倒置（subject-auxiliary inversion）が起こる．and や but を nor に先行させることを許す話者もいる（%The Germans haven't yet replied and nor have the French.（ドイツ人たちはまだ返答していなかったし，フランス人もまだだった．）を参照）．このタイプの話者にとっては，nor は，置き換え可能な neither（たとえば，... and neither have the French（... そしてフランス人たちもしていない））と同様に連結副詞となる．しかしながら，多くの話者にとって，nor を and や but と組み合わせることは許されない．[22] したがって，nor は，(51iii) のように文頭の位置に現れることがよくあるものの，等位接続詞とみなすのがもっとも妥当である．

この用法は，極性（polarity）に関しても (50ii) の用法とは異なる．(50ii) では，第 1 等位要素が否定の作用域内にある．(51) では，(51i, ii) のように最初の節がたいてい否定になるが，比較的改まった文体では否定である必要はない．(51iii) の最初の節は否定を含んでいるが，従属節の中にある．主節自

---

[22] この一般化は，とくにアメリカ英語に当てはまるが，英語の他の変種（方言）でも等位接続詞＋nor よりも等位接続詞＋neither のほうがより頻繁に観察される．

体には「彼はくつろげなかった」という明白な否定の論理的含意（entailment）があるものの，統語的には肯定である．これに対して，(51iv) の最初の節は完全な肯定である．

> [専門的解説]
> ■ neither と nor の分析
> つぎの3例はすべて論理的な意味が同じである．
>
> (52) i. She found it neither surprising nor alarming. (= (48i))
>   （彼女はそれが驚くことでも気がかりなことでもないとわかった．）
> ii. She didn't find it either surprising or alarming.
>   （彼女はそれが驚くことでも気がかりなことでもないとわかった．）
> iii. She found it both not surprising and not alarming.
>   （彼女はそれが驚くことでもなく気がかりなことでもないとわかった．）
>
> ((52iii) における節より小さな単位の等位接続は，She didn't find it surprising and she didn't find it alarming.（彼女はそれを驚くことではないとわかったし，また気がかりなことでもないことがわかった．）と同じ意味を表す．) neither は n+either，そして nor は n+or というように，目にみえる形態構造を反映させて，either … or に対して否定要素の編入を仮定し，(52i) を (52ii) と関係づける分析は魅力的である．この分析は，(47) における副詞 neither に対して提案された分析と同じである．唯一の違いは，(52ii) では否定が1つしかないのに対して，(52i) では否定が両方の等位要素に現れていることである．しかし，(52i) は否定の一致の一種とみなすこともできる．
> 　にもかかわらず，nor を "not-or" とする意味分析は，(50) の事実とは整合するが，(51) のすべての nor の例を取り扱えるわけではない．(51i, ii) を（「ドイツ人たちが返答している，フランス人たちが返答している，のいずれでもない」というように）選言の否定としてみなすことは可能である．しかし，(51iii, iv) では，先にみたように1番目の節が肯定であるため，このような変換はできない．選言の否定 ~(A ∨ B) と否定の連言 ~A & ~B が論理的には等価であることから，nor はこれまで "and-not" もしくは "also-not" と分析されてきたようである．

2.5 but

but はいくつかの範疇に属する．He tried but failed.（彼は挑戦したが失敗した．）では等位接続詞であり，I couldn't have done it but for your help.（私はあなたの助けがなかったらそれができなかっただろう．）では前置詞，He is but a child.（彼はほんの子どもだ．）では副詞，そして Let's have no more buts.（これ以上異議はなしにしよう．）では名詞である．本節ではもちろん等位接続詞としての but の説明に焦点を置くが，本節の最後で等位接続詞の用法と前置詞の用法の違いに明確な線引きができないことも確認する．

■ 反意的な等位接続

等位接続詞の but は反意的な意味（adversative meaning）を特徴的にもっており，等位要素間の対比を示す．

(53) i. Kim left at six but Pat stayed on till noon.
　　　（キムは6時に出発したが，パットは正午まで留まった．）
　　ii. My parents enjoyed the show but I didn't like it at all.
　　　（両親は演劇を楽しんだが，私は全然気に入らなかった．）
　　iii. He wasn't [at all arrogant but on the contrary quite unassuming].
　　　（彼は少しも傲慢ではなかった，それどころかかなり控え目だった．）
　　iv. He has [many acquaintances but few friends].
　　　（彼は知り合いはたくさんいるが，ほとんど友達がいない．）
　　v. She likes [not only opera but also chamber music].
　　　（彼女はオペラだけでなく室内楽も好きだ．）

(53)では，キムとパットの出発時間，私の両親と私の演劇に対する反応などに直接的な対比がある．注意すべきことは，等位要素に2つの対立点があることである．(53i)では，「キム 対 パット」，「6時 対 正午」，(53ii)では，「私の親 対 私」，「楽しむ 対 気に入らない」，(53iii)では，「傲慢 対 控え目」，「否定 対 肯定」であり，(53iv)では，「たくさんいる 対 ほとんどいない」，「知り合い 対 友達」であり，(53v)では，「オペラ 対 室内楽」，「否定 対 肯定」といった対立がある．

but が叙述要素もしくは修飾要素の中にある場合には，対立点が1つあれば

十分対比が成立するが，それ以外では，対立点が1つだけでは対比はまず成立することはない．

(54) i. She loved her husband but betrayed him. ［述語］
 （彼女は夫を愛していたが，彼を裏切った．）
 ii. He was [rich but very mean]. ［述部補部］
 （彼は金持ちだが，とてもけちだった．）
 iii. He had a [demanding but low-paid] job in the public service.
 （彼は，過酷だが低賃金の公益事業の仕事をしていた．） ［修飾語］
 iv. *She likes opera but (she likes) chamber music. ［目的語］

(54) では，対比がきわめて直接的に等位要素の内容から引き出せる．つまり，「肯定 対 否定」という文法的な対立，あるいは，「rich（金持ち）対 mean（けち）」，「opera（オペラ）対 chamber music（室内楽）」などの語彙的な対立である．より頻度が高いのは，さまざまな仮定や推論を通して対比が間接的に派生される場合である．

(55) i. He called round at Jill's, but she was out.
 （彼はジルの家に立ち寄ったが，彼女は外出していた．）
 ii. She was in considerable pain but insisted on chairing the meeting.
 （彼女はかなり痛みがあったが，会議の議長を務めると主張した．）
 iii. She likes opera but (she likes) chamber music too.
 （彼女はオペラが好きだが，室内楽も（彼女は好き）だ．）

(55i) では，彼が彼女に会うのを目的としてジルの家にちょっと立ち寄ったが，彼女が外出していたので，会うことができなかったことが想定される．そのために，意図と現実との間で対比が生じる．(55ii) は，広義の対比の例で，第1等位要素の内容から通常予測される事態と，それとは異なる第2等位要素の表す事態が対比されている．つまり，もし彼女にかなりの痛みがあるのであれば，おそらく会議の議長を務めないであろうということが予測されるのである．(55iii) では，オペラと室内楽との間に明確な対立があるが，これだけでは十分ではないことに注意する必要がある（この点に関しては，(54iv) を参照）．(55iii) の too は，潜在的にもう1つの対立点を導入している．She likes opera.（彼女はオペラが好きだ．）は，そのままではおそらく語用論的に「それが，

彼女が好きなものすべて（唯一のタイプの音楽）である」と解釈されるであろう．too にはその可能性を否定する働きがあるため，(55iii) は (53v) を論理的に含意するのである．

　一般に，but は，ある種の非命題的な意味，すなわち連結副詞の nevertheless, however, yet にみられる逆接的な意味に加えて，「and」の意味を伝える．したがって，(55ii) は，She was in considerable pain and yet insisted on chairing the meeting.（彼女はかなりの痛みがあったが，それでも会議の議長を務めると主張した．）に置き換えられる．この例では，Although she was in considerable pain she insisted on chairing the meeting.（彼女はかなりの痛みがあったが，彼女は会議の議長を務めると主張した．）のように従属接続の although を用いる置き換えも可能である．(55iii) の場合は，She likes opera and moreover she likes chamber music too.（彼女はオペラが好きだが，そのほかに室内楽も好きだ．）と比較するとわかるように，潜在的に「moreover（その上）」の関係を表す．（等位要素がともに否定となる Kim hadn't read it, but Pat hadn't either.（キムはそれを読んでいなかったが，パットも読んでいなかった．）も同様である）．「nevertheless（にもかかわらず）」や「moreover（その上）」の関係は (53iii) には当てはまらない．(53iii) では，（この例のように否定された場合）第2等位要素が表す命題（彼はかなり控え目だった）が第1等位要素の表す命題（彼は少しも傲慢ではなかった）を論理的に含意しており，目新しい意味の追加はほとんどない．He didn't go to work yesterday but stayed at home all day.（彼は昨日仕事に行かなかったが，一日中家にいた．）と同様に，2つの関係は instead（代わりに）を用いて表現することも可能かもしれない．これらの2つの例のように，対比が非常に明確である場合は，but を and＋連結副詞で置き換えることはほぼ不可能である．

　「and＋連結副詞」による置き換えができない場合として，他につぎのような例がある．

(56)　i.　I would have gone, but I was too busy.
　　　　　（行ってしまっているはずだったのだが，忙しすぎて行けなかった．）
　　　ii.　You may not believe this/it, but I usually keep the house quite tidy.
　　　　　（このこと／それは信じられないかもしれないが，私は通常家の中を結構整

iii. I'm sorry but you'll have to do it again.
(残念ですが，あなたはもう1度やらなければならないでしょう．)
iv. He said it was your fault, but then he would say that, wouldn't he?
(あなたの過失だと彼は話したけれども，彼の立場ならそう発言したとしても仕方ないよね？)

(56i) は but の阻止的用法 (preventative use) の例である．第2等位要素において表された状況が，第1等位要素において仮定された状況の実現を妨げている．つまり，私は忙しすぎて行くことができなかったのである (これは，非現実的条件構文 (remote conditional construction) の I would have gone if I had not been too busy. (もし忙しすぎなかったとしたら，私は行ってしまっていたであろう．) に対応する)．(56ii) では，第1等位要素の代名詞 this / it が第2等位要素を先行詞にとり，代名詞は「私がたいてい家をとても綺麗に整頓していること」を指すと解釈される．これを予期的な照応 (anticipatory anaphora) とよぶ．代名詞が先行詞よりも前に出ているからである．この種の照応は，but では許されるが，and では許されない (第9巻『情報構造と照応表現』を参照)．(56iii) も，照応関係が明示されていないということを除けば同じで，「このように話さなければならないのは申し訳ないが」などと理解される．(56iv) における but then (とはいえ) はイディオムである．but then は，(イディオム的に) 先行するものが驚くほどのことではないことを示すのに使用される．

■ 二項構造への限定
and とは異なり，but は二項等位接続のみが可能である．

(57) i. Kim is Irish but Pat is Welsh.
(キムはアイルランド人だが，パットはウェールズ人だ．)
ii. *Kim is Irish but Pat is Welsh but Jo is Scottish.

(57ii) において1つ目の but を取り去ると，Kim is Irish Pat is Welsh but Jo is Scottish. (キムはアイルランド人でパットはウェールズ人だがジョーはスコットランド人だ．) のように多少容認できるようになるが，その場合には，階層構造があると解釈される．つまり，最初の2つの節が等位接続詞を用いない等位接

続を形成するのである．そのことにより，ジョーがスコットランド人であることが，他の2人がアイルランド人かウェールズ人であることと対比される．

■ **強調的再確認**

but は，語句を繰り返して強調の効果を出すことがある．

(58)　Nothing, but nothing, will make me change my mind.
　　　　（何も，絶対何も，私の心を変えることはないであろう．）

(58) の nothing, but nothing は「絶対に何もない」を意味する．通常，繰り返されるのは否定表現であるが，It was perfect, but perfect.（それは完璧中の完璧だった．）のように，とくに尺度上の極限値を表すのであれば，形容詞が繰り返されることもある．

■ **「除く」の意味を表す but：前置詞 対 等位接続詞**

(59)　i. a.　Everyone but Jill was told.　　b. *But Jill, everyone was told.
　　　　　　（ジルを除いた全員が知らされた．）
　　　ii. a.　Everyone but %I/%me was told.　b. Everyone was told but me.
　　　　　　（私を除いた全員が知らされた．）　　（私以外は全員が知らされた．）

(59) の but は，前置詞 except と同じ意味をもつが，このことは，この but が前置詞であるということを示唆している．but は，(59ib) で示されるように，文頭に置くことができないという点で，except とは異なる．この点においては，but は等位接続詞のようにふるまう (2.1 節の特徴 (d) を参照)．(59iia) では，代名詞の主格形と対格形の両方が可能であるが，このことから，but が等位接続詞または前置詞のいずれにもとれることが示唆される．等位接続詞に続くと，代名詞は（Neither Jill nor I was told.（ジルも私も知らされなかった．）のように）主格になるが，これは主語の一部となるからである．前置詞の後では（Everyone except / with the exception of me was told.（私以外の／私を除いた全員が知らされた．）のように）代名詞は対格になる．They told everyone but me.（彼らは私以外の全員に知らせた．）においては，対格が義務的であるが，(They told neither Jill nor me.（彼らはジルにも私にも知らせなかった．）の例からわかるように）等位要素の中の代名詞も同様に対格をとるため，対格をとるこ

とが but の構造上のステータスを示す証拠にはならない．対格は，(59iia) のような場合において，もっとも普通に使われる格である．主格は非常に改まったスタイルで現れるかなり少数派の形である．ほとんどの話者にとっては，この意味で使う but は前置詞となる．さらに，but＋代名詞が後置される (59iib) においては，(59iia) において主格を許容する話者でさえ，主格が事実上排除されることにも注意する必要がある．この位置での but はほとんどすべての話者にとって前置詞として解釈されるようである．

2.6 not

■ X but not Y と not X but Y

but でつなげられる等位要素は，以下のような「肯定 対 否定」，または「否定 対 肯定」の対比をもつ場合が非常に多い．

(60) i. a. Jill had been invited but her husband hadn't.
　　　　（ジルは招待されていたが，彼女の夫は招待されていなかった．）
　　　b. Jill hadn't been invited but her husband had.
　　　　（ジルは招待されていなかったが，彼女の夫は招待されていた．）　　　［節の等位接続］

　　ii. a. They had invited [Jill but not her husband].
　　　　（彼らはジルを招待していたが，彼女の夫は招待してなかった．）
　　　b. They had not invited [Jill but her husband].
　　　　（彼らはジルは招待していなかったが，彼女の夫は招待していた．）
　　　c. They had invited [not Jill but her husband].
　　　　（彼らはジルではなく，彼女の夫を招待していた．）　　　［節より小さい単位の等位接続］

節の等位接続において，否定は，(60ia) の her husband hadn't（彼女の夫は招待されていなかった）や (60ib) の Jill hadn't been invited（ジルは招待されていなかった）のように基幹等位要素の中で表される．節より小さい単位の等位接続においては，問題はより複雑になる．(60iia) では，her husband（彼女の夫）

が基幹等位要素，but は等位接続詞，not は修飾語である (not her husband は名詞句を構成していないので，*Not her husband accompanied her. は非文である). (60iib) において等位接続しているのは Jill but her husband (ジルではなく彼女の夫) であり，否定は等位接続の内部では表されていない．しかし，否定の作用域は第1等位要素を含むが，第2等位要素を含まないため，意味としては，「彼らはジルを招待していなかったが，彼女の夫は招待していた (They hadn't invited Jill but they had invited her husband)」となる．(60iic) も同じ意味を表すが，(60iic) では not が等位接続の中に入り込んでいる．等位接続でない構造では，この位置に現れることができないため (*They had invited not Jill.), not は等位接続構造の一部になっていると考えられる．そのため，(60iic) において目的語となるのは，not Jill but her husband (ジルではなく，彼女の夫) であり，not は第1等位要素を拡張する修飾語として機能している．以下の (61i–iii) も同様である．

(61) i. This is surely evidence [not of his guilt but of his innocence].
    （これは，彼が有罪ではなく無罪であることの確たる証拠である．）
   ii. He married her [not because he loved her but because he was desperately lonely].
    （彼が彼女と結婚したのは，愛していたからではなく，死ぬほど寂しかったからだ．）
  iii. What she needs may be [not criticism, not advice, but simply encouragement].
    （彼女に必要なのは，批判でも，助言でもなく，単に激励だけかもしれない．）

[専門的解説]
not は，第1等位要素の中に現れるとき，第2等位要素の but とペアになる．この点では，not ... but は，both ... and, either ... or, neither ... nor に相当する．このことから，not は，both, either, neither のように，相関的に等位接続を示す標識として扱われるべきであると考えたくなるかもしれない．しかし，both, either, neither などとの類似性は部分的でしかないため，そのような分析をせずに，むしろ not を修飾語とみなす．このことは，(61iii) のように not が繰り返されている例からわかる．この例の等位接続は階層化

されている．最初の階層では，not criticism, not advice（批判でも，助言でもなく）が第1等位要素であり，but simply encouragement（単に激励だけ）が第2等位要素となる．さらに，つぎの階層では，not criticism（批判でなく）と not advice（助言でなく）が等位要素となり，等位接続詞を用いない等位接続として成立している．not criticism, and not advice（批判でもなく，そして助言でもない）のように，not が第2等位要素に現れ，その前にさらに and を挿入することができるという事実から，both, either, neither とは異なり，この not は相関等位接続における先頭の等位要素の標識としての機能をもつとは考えられないことがわかる．

■ X, not Y

but をともなわない「X, not Y（X で，Y ではない）」も（62）のように可能である．

(62) i. They had invited Jill, not her husband.
        （彼らが招待したのはジルで，彼女の夫ではない．）
    ii. He died in 1984, not 1983.
        （彼が死んだのは1983年で，1984年ではない．）

X, not Y（X で，Y ではない）の意味は，X but not Y（X であるが，Y ではない）とまったく同じというわけではない．(60iia) の They had invited Jill but not her husband.（彼らはジルを招待したが，彼女の夫は招待しなかった．）では，本来ジルとその夫の両方を招待してもよかったかもしれないが，実際にはそうしなかったという意味があると理解される．しかしながら，(62i) においては，ジルと夫のどちらが招待されたのかが問題となる．(62ii) において，but を加えると意味的な逸脱が起こるのは，1983年と1984年の両方において同一人物が死ぬことは原理的にありえないからである．

2.7 not only

■ not only X but Y

but をともなう否定＋肯定の等位接続の特別な例として，not only が関わる not only X but Y（X のみならず Y）がある．ここでの but は（63）のように

also, as well, または too と共起することが多い.

(63) i. Our correspondents cover [not only this country but the whole world].
（我社の特派員は，この国だけでなく世界中にいる.）
ii. He [not only never went to school, but never even learned to read].
（彼は，学校に行かなかっただけでなく，読むことを学びさえしなかった.）
iii. Not only was he incompetent, but he was also corrupt.
（彼は，無能なだけでなく，堕落してもいた.）

■ **not only の位置**

not only は，both, either, neither と同じく，基本的な位置の右側か左側に現れることが多い.

(64) i. a. He not only knew [soldiering] [but history and literature as well].
（彼は軍人の務めだけでなく，歴史と文学も知っていた.）
b. They had given copies not only to [the staff] [but the students too].
（彼らは職員だけでなく，学生たちにも本を渡していた.）
c. It is not only a question [of honour] [but of life and death].
（名誉の問題だけでなく，生と死の問題でもある.）
ii. a. [Complete power not only corrupts] [but it also attracts the mad].
（全権をもつと，腐敗するだけでなく，狂った人を呼び寄せることにもなる.）
b. He [had not only photocopied it] [but had even read it].
（彼はそれを複写しただけでなく読んでさえいた.）
c. Religion offers the best rewards to those [who not only abide by its norms] [but who engage in good works].
（宗教は，規範を遵守する者にだけでなく，いい仕事をする者にも最高の報いを与える.）

第 2 章 等位接続詞と関連する連結要素

[専門的解説]
not が単独で現れる場合と同様に，not only も階層化された等位接続において繰り返されることがある．

(65) Practice among authorities varies [not only on the question of the parental means scale, not only in the way they assess parental incomes, but in the amounts which they give].
（当局間での実務は，親の収入を測る尺度の問題であるだけでなく，また，収入を評価する方法の問題だけでなく，当局が支払う額によっても変わってくる．）

not only は修飾語として機能するのであり，相関等位接続の標識ではない．したがって，not only は，only のような焦点を表す副詞が生起できる位置と同じ位置に生起できる．

■ not only X, Y（X のみならず Y）

not only X but Y（X のみならず Y）の but が主節を導入する場合は，(66) のように but の省略が可能である．

(66) i. Not only was he incompetent, he was also corrupt. ((63iii) を参照)
（彼は無能であるだけでなく，堕落してもいた．）

ii. Complete power not only corrupts, it also attracts the mad.
((64iia) を参照)
（全権をもつと，腐敗するだけでなく，それは狂った人を呼び寄せることにもなる．）

iii. She said that he was not only ill, he was also penniless.
（彼が病気であるだけでなく，無一文でもあると彼女は話した．）

[専門的解説]
この構文が等位接続詞を用いない等位接続であるか，それとも単なる並置 (juxtaposition) の一種であるかについては，疑問が残る．*Since not only was he incompetent, he was also corrupt, they regarded him as a total liability.（彼は無能であるだけでなく，堕落してもいたので，彼らは彼をまっ

たくの厄介者とみなした.) のように従属構造にできないという点で, 明らかに等位接続している場合とは異なる. 2つ目の節は主節でなければならないが, not only を含む節は, (66iii) のように従属節になる場合もある. 統語的な観点からは, he was penniless (彼は無一文だった) が, (not only ... also のペアから示唆されるように) that he was not only ill (彼は病気であるだけではなかった) に組み込まれるのか, もしくは (主節であるという事実から示唆されるように) she said that he was not only ill (彼は病気であるだけではなかったと彼女は話した) に組み込まれるのかは明らかではない.

■ X and Y の3つの強調形

(67) i. He was both incompetent and corrupt.   [both X and Y]
 (彼は無能でかつ堕落していた.)
 ii. He was incompetent but also corrupt.   [X but also Y]
 (彼は無能であったが, 堕落してもいた.)
 iii. He was not only incompetent but also corrupt. [not only X but also Y]
 (彼は無能であっただけでなく, 堕落してもいた.)

(67i-iii) はすべて, 彼が無能で堕落しているという論理的な含意がある. すべての形式において, 等位要素の分離性 (separateness) が強調されており, 1.3.2節で述べた結合的等位接続として用いられることはない (*Both Kim and Pat are a happy couple. や *Kim and also Pat are a happy couple. や *Not only Kim but also Pat is/are a happy couple. はすべて非文である). 加えて, (67i) では等位要素が対等であることが強調されている. また, (67ii) では, 等位要素が対比されており, 第2等位要素について何か予想外のことがあるという含みがあるかもしれない. (67iii) では, 第2等位要素が強調されるために, 第1等位要素が背景化される傾向がある. この3パターンのうち (67iii) が, 彼が無能であるということが旧情報である文脈で用いられる可能性がもっとも高い.

■ 交替形

上のすべての例において, only を simply, solely, merely で置き換えること

ができる．just もまた置き換え可能であるが，not just という形は，節の先頭位置に生じない（*Not just was he incompetent, ...），また，動詞の前にも生じない（*He not just knew soldiering, ...）．

■動詞の否定との交替

not only / simply / solely / merely（だけでない）が，時制をもつ（すなわち助動詞でない）語彙的な動詞に先行する場合，do 支持（*do*-support）をともなう構文と交替することがある．たとえば，(64ia) と (64iia) に対応するものとして，以下のような形式がある．

(68) i. He did not only know soldiering but history and literature as well.
 （彼は軍人の務めを知っていただけでなく，歴史と文学も知っていた．）
 ii. Complete power doesn't only corrupt, but it also attracts the mad.
 （全権をもつと，腐敗するだけでなく，狂った人々を呼び寄せることにもなる．）

> [専門的解説]
> ここでの否定は，統語的には only ではなく do に関係づけられる．それとは対照的に，(63)，(64) の not と only は 1 つのまとまった統語要素を形成している．[23] このことは，not や only が単独で現れることができない (63iii) でとくに明確になる（*Not was he incompetent. および *Only was he incompetent. は容認されない）．

---

[23] not が助動詞の直後に来る (64ic) と (64iib) では，not が only とまとまりをなすのか，それとも（It isn't only a question of honour but of life and death.（それは単に名誉の問題ではなく，生死の問題だ．）や He hadn't only photocopied it but had even read it.（彼はそれを複写だけすることはせず，読みさえした．）の屈折の否定形のように）動詞とまとまりをなすのかについては構造的に確定できない．not と only が 1 つの要素としてまとまらないもう 1 つの環境として，only が等位要素の末尾に生じる場合があげられる．たとえば，Racial discrimination is not about racist discrimination only but also about the oppression of one racial group by another.（人種差別は，差別主義者による差別だけではなく，ある人種に対する別の人種からの抑圧の問題でもある．）のような例がそれに当たる．

2.8　比較に基づいた表現 (as well as, rather than, etc.)

比較構文は，広い範囲の範疇の統語的に類似する表現を関連づけるという意味で等位接続とかなり類似している．

(69)　i.　He was [more sad than angry].　　　　　　　　　　［叙述形容詞］
　　　　（彼は怒っているというよりむしろ悲しんでいた．）
　　ii.　He presented [not so much rational as emotional] arguments.
　　　　（彼は理性的というよりむしろ感情的な議論を提示した．）　［属性形容詞］
　　iii.　His success was due [less to his own efforts than to his father's].
　　　　　　　　　　　　　　　　　　　　　　　　　　　　　　［前置詞句］
　　　　（彼の成功は彼の努力というよりもむしろ父親の努力のおかげだった．）
　　iv.　I'd [rather resign than accept such humiliation].　　　　［不定動詞句］
　　　　（私はそのような屈辱を受け入れるくらいならむしろ辞職を選ぶ．）

(69) においては，明らかに比較の意味があるので，第7巻『関係詞と比較構文』における比較構文の分析に従って，than や as を比較補部の主要部となる前置詞として扱う．ただし，字義通りの比較の意味が薄れた結果，等位接続詞と類似した表現になっている場合がある．[24]

■ as well as

as well as（同様に）の字義通りの用法は，He played as well as he'd ever done.（彼は従来どおり遜色なく競技した．）のような同等比較の例にみられる．この場合の well は，下線部の句の主要部となる副詞であり，様態を表す付加詞

---

[24] 統語的に類似する表現を組み合わせられる（とくに，not と結合する）語として if と though がある．たとえば，He has read most if not all of her novels.（彼は彼女の小説のすべてではないにせよ，大半を読んでいる．）や This would minimise if not eliminate the problem.（これにより問題を取り除くところまでいかなくても，最小限に抑えることはできるだろう．）や Several highly confidential, though not top secret, messages were intercepted.（極秘ではないにせよ，高度に機密性のあるメッセージが傍受された．）といった例である．従属構造的な構造をより明確にする順序の入れ替えが可能で，He has read, if not all then certainly most, of her novels.（彼は彼女の小説のすべてではないが，確かに大半を読んだ．）は容認される文である．

として機能する．as well as にはおおむね「そして，それに加えて」を意味する慣用表現の用法もある．

(70) i. a. She [means what she says] [as well as says what she means].
(彼女は，本心を話しているだけでなく，本気で話している．)
b. [Abstraction] [as well as impressionism] were Russian inventions.
(印象主義と同様に抽象主義はロシア人の発明であった．)
c. [Both increasing ewe liveweight,] [as well as liveweight at mating,] influence ovulation rate and lambing performance.
(交尾時の体重と同様に，雌羊の体重増加がともに排卵および分娩に影響する．)
ii. a. [Beauty] [as well as love] is redemptive.
(愛のみならず美も贖罪である．)
b. He will have, [as well as the TV stations,] [a book publishing empire].
(彼はテレビ局だけでなく，出版業界も手中に収めるであろう．)
c. I met her father, [whom] she had invited along [as well as her college friends].
(私は，彼女の父親に会ったが，その父親を彼女は大学の友人に加えて招待していた．)
d. She [has experience in management], [as well as being an actor of talent].
(彼女は才能ある俳優であるとともに，経営の経験もある．)

(70i) において，as well as は等位接続詞の and と同じようにふるまう．(70ia) では，2.1 節の (c) で記述した特性をもつ等位接続詞のように2つの定形動詞句をつなぐ．(名詞句が対になっている) She plays the piano as well as the violin. (彼女はバイオリンと同様にピアノを弾く．) は，字義通りの意味（「as proficiently (熟達した技量で)」）と慣用表現の意味（「and (ともに)」）で曖昧であるが，(定形動詞句が対になっている) She plays the piano as well as sings lieder. (彼女は歌曲を歌うとともにピアノを弾く．) は，慣用表現の意味しかない．(70ib) では，主語名詞句が，abstraction and impressionism（抽象主義と印象主

義）と同じように，複数になっていることが were という動詞の形式からわかる．(70ic) においては，動詞の複数一致だけでなく，as well as が通常の and の代わりに both と相関するペアとして用いられている．

対照的に，(70ii) において，as well as は等位接続詞とははっきりと異なるふるまいを示す．(70iia) において，三人称単数の動詞形である is は，主語が単数であることを示している．is は beauty（美）と一致しており，as well as love（愛とともに）は，統語的には等位要素としてではなく付加詞として扱われている．(70iib) において，as well as the TV stations（テレビ局と同様に）は，a book publishing empire（出版業界）に先行しているが，明らかに付加詞である．この場合，2.1 節の (d) の特性により，and は as well as の位置では生じない．(70iic) においては，等位接続詞の特性 (e) とは異なり，括弧の中の構成素の1つにしか関係節化が適用されていない．そして，(70iid) においては，1つ目が定形動詞句で，2つ目が動名詞-分詞形をもち，括弧の中の構成素は統語的に類似したものではなく，等位接続詞の特徴 (b) とは異なる性質を示している．ここで留意すべきことは，(70iid) においては，(As well as being an actor of talent, she has experience of management.（才能ある俳優であるだけでなく，彼女は経営の経験もある．）のように）順序を逆転させることができるが，(70ia) においては順序の入れ替えが不可能である（*As well as says what she means, she means what she says. は非文である）という点である．

結論として，慣用表現の as well as は，統語的には2通りの可能性があり，((70i) のように）等位接続する要素を導入するか ((70ii) のように）従属接続する要素を導入するかのいずれかになる．前者の場合，as well as は複合等位接続詞として再分析されたと考えられる．後者の場合，統語的再分析は起こらず，しかも as well as は構成素とならない．このことは，Beauty is redemptive and love is <u>as well</u>.（美は贖罪であり，愛も同様である．）のように as well が単独で生起できるという事実からも明らかである．そうすると，(70iia) において2番目の as は名詞句 love を補部とする前置詞であり，また前置詞句 as love は，副詞句 as well as love の中の間接補部 (indirect complement) であることになる．(70ii) の他の例も同様である．

等位接続詞としては，as well as は節より小さい単位の等位接続に限定される．たとえば，She plays the piano as well as she sings lieder.（彼女は歌曲を歌うのと同じくらい上手にピアノを弾く．）は，字義通りの比較の意味しかない．

等位接続しているとしても，背景を表す X as well as Y（Y と同様に X）が 2 番目の項 Y を背景化するという点で，X and Y（X と Y）とは異なる．すなわち，Y は，先行文脈でわかる談話の旧情報を表すことが多いのである．

■ rather than

rather の主な意味は，(69iv) の I'd rather resign than accept such humiliation.（私はそのような屈辱を受け入れるくらいならむしろ辞職を選ぶ．）にみられるものである．この rather は，概ね「より積極的に，優先的に (more readily, in preference to)」といった比較の意味をもつ副詞である．一方，このような意味が大半あるいは完全に失われている用法もある．基幹形態素 rath-（もとは「素早い」の意味）がもはや接尾辞 -er をともなわずに生起することがないという事実により，この変化が起こりやすくなっている．as well as（同様に）と同じく，rather than（むしろ）も統語的に等位接続する構成素や従属接続する構成素を導入する．以下に具体例をあげる．

(71) i. a. In the end he [survives] [rather than conquers].
（最終的に，彼は征服するというよりも生き残る．）
b. The dilemma has [deepened] [rather than been resolved].
（そのジレンマは，解決するというよりむしろ深くなっている．）
c. Wisdom and folly are [moral] [rather than intellectual] categories.
（賢明さと愚かさは，知性よりもむしろ倫理の範疇に入る．）
ii. [Rather than individual security] it is [the security of an ideological group] that is basic.
（基本的なことは，個人の安全というよりむしろイデオロギー集団の安全である．）

(71i) において，rather than は，定形動詞句・過去分詞・属性形容詞をつないでおり，as well as と同様に rather than が等位接続詞として再分析された可能性が十分にある．X rather than Y の等位接続詞としての意味は，「X, not Y (Y ではなく X)」である．しかし，(71ii) の rather than は，その文頭の位置ゆえに等位接続詞ではありえない．つまり，ここでは再分析を仮定する理由はなく，1 つ目の括弧内の句は，副詞 rather を主要部とする付加詞と解釈される

のである．rather than Y の前置は（71i）においては不可能であることに注意する必要がある．この点においては，They obeyed the order rather than suffer torture or death.（彼らは，拷問や死の苦痛を被るよりもむしろ命令に従った．）のような明らかに等位接続ではない例とは異なる．この例では，下線部の構成素は（1 番目が定形で，2 番目は非定形であることからわかるように）統語的な類似性がなく，Rather than suffer torture or death they obeyed the order.（彼らは，拷問や死の苦痛を被るよりもむしろ命令に従った．）のように前置が許される．また，この例では，(71) とは異なり，rather は比較の「in preference to（優先的に）」という意味を表す．[25]

■ **not so much X but Y**

比較と等位接続の類似性は，比較の not so much X as Y（X というよりはむしろ Y）と等位接続の not X but Y（X でなく Y）が混じり合うことが少なくないという事実に反映される．

(72) Insofar as science generates any fear, it stems [not so much from scientific prowess and gadgets] [but from the fact that new unanswered questions arise].
(科学が恐怖を生み出すかぎり，その恐怖は科学技術や利器によるというよりは，むしろ新しい未解決の問題が生まれるという事実により生じる．)

■ **much less, still less**

much less（ましてや）や still less（なおさら）は，非肯定的な文脈において最後尾の等位要素内に現れる．ときに and と連結することがあるため，(2.1 節の等位接続詞の特性 (f) により) これらの表現自体は等位接続詞ではなく，修飾語として機能していることがわかる．

(73) i. She was prettier than he had any right to [hope for,] [much less expect].

---

[25] X rather than Y よりも使用頻度が少ない変異形として，rather X than Y がある．たとえば，I rather sensed them than saw them.（私は彼らをみたというよりもむしろ感じた．）のような例である．

(彼が望むべくもないほど，ましてや予想だにしていなかったほど，彼女は美しかった．)

ii. The conference decisions did not reflect the opinions of [the majority of party members] [and still less the party's supporters in the country].
(会議の決定は，党の大多数の意見が反映されたものではなかったし，全国の党支持者の意見となると，なおさら反映されていなかった．)

2.9 付加や包含などの表現 (including, instead of, plus, etc.)

■ in addition to, including, instead of, along with

in addition to (加えて)，including (含む)，instead of (代わりに)，along with (ともに) は，かなり広範囲の機能 ((74i)) と統語範疇 ((74ii)) をもつ句をつなぐことができるという点で等位接続詞と類似している．

(74) i. a. [Friends from Limpsfield,] [in addition to the villagers,] came to the party.
(村人に加えて，リムスフィールドからの友達がパーティーに来た．)

b. They got [free milk and free meat] [in addition to their wages].
(彼らは，賃金に加えて，無料の牛乳と無料の肉を手に入れた．)

c. I was subjected to [crippling fines,] [in addition to usurious interest on unpaid debts].
(私は未払いの借金に対する法外な利子に加えて，膨大な罰金を課された．)

ii. a. There is a need to provide [special,] [including institutional,] treatment as well.
(制度的なものを含めて，特別な処置も提供する必要がある．)

b. She might have turned it [full] on [instead of faintly].
(彼女だったら栓をちょっとではなく全開にする可能性があっただろう．)

c. She would make him [stand face-to-wall in a corner] [instead of stay in after school].
(彼女は，彼に放課後に居残りをさせる代わりに教室の隅で顔を壁に向けて立たせることだろう．)

これらの構文の第 1 要素は，(74ia) においては主語，(74ib) においては目的語，(74ic) においては前置詞の補部である．にもかかわらず，これらの構文では，前置詞句を前方の位置に移動したり，接続されている表現の前に移動したりできる (They got, in addition to their wages, free milk and free meat. (彼らは賃金に加えて，無料の牛乳と無料の肉を手に入れた．)) という点から，等位接続ではないことは明らかである．語順を (74i) のようには変えることができない (74ii) においては，等位接続との共通点がより大きくなる．(74ii) は，including と instead of に対して，as well as や rather than と同様に，等位接続詞の範疇の周辺的な構成員として再分析される用法があるという証拠を提供している．[26]

■ plus

前置詞と等位接続詞の境界をまたぐもう 1 つの要素として plus (加えて) がある．

(75) i. Each boy's parents pay [$2,000 a term in fees,] [plus extras].
   (それぞれの少年の両親は，学費 2,000 ドルに，追加の費用を加えて納入する．)
   ii. [The cost-billing system] [plus other control refinements] has reduced the deficit.
   (他の管理改善に加えて，コスト課金システムが赤字額を減らした．)
   iii. [His stamina] [plus his experience] make him unbeatable.
   (スタミナに経験が加わると彼は無敵になる．)
   iv. The committee consists of [two staff] [plus four students] [plus the secretary].
   (委員会は秘書と 4 人の学生に加えて 2 人のスタッフからなる．)
   v. [He spoke with a funny accent] [plus he wore socks with his sandals].
   (彼は変なアクセントで話し，加えてサンダルに靴下履きだった．)

---

[26] along with (ともに) が相関等位接続において both と対になる They emphasise the keeping of both the old covenant with its food laws, cultural traditions, circumcision and sabbath keeping, along with the new covenant. (彼らは新しい誓約とともに，食品法，文化的伝統，割礼，安息日の決まっている古い誓約との両方を保持することを強調している．) のような文が確立した構文とみなされることはほとんどないが，等位接続詞の範疇の構成員が明白なものからどのように拡張していくかを例証している．

第 2 章　等位接続詞と関連する連結要素

plus は名詞句が後に続くことが圧倒的に多いので，等位接続詞というよりも前置詞のようにふるまう。[27] plus が主節を導入する (75v) のような例が起こるのは，非公式なスタイル (informal style)，すなわち，plus が間違いなく等位接続詞の範疇に同化されてしまっているスタイルに限られる。[28] plus は，(*Plus other control refinements the cost-billing system has reduced the deficit. が非文であるように) 前置を許容しない点，また (The electrical charge is plus, of course, the initial pulse of current. (その電荷は，もちろん，初期の電流パルスを加えてである。) のように) 叙述補部 (predicative complement) の主要部として現れることがきわめて稀であるという点で，典型的な前置詞とは異なる。X plus Y は，(75ii) のように動詞との一致では単数扱いとなる傾向があるが，時に，(75iii) のように複数に解釈されることもある。単数一致の場合，plus は前置詞として扱うことができるのに対して，複数一致の場合，等位接続詞として扱うことができる。(75iv) では，plus が二項構造だけでなく多項構造でも現れており，その点でも plus は等位接続詞と同じふるまいをすることがわかる。[29] しかしながら，等位接続詞としての plus の用法は，すべてとまではいかないまでも多くの場合，主節もしくは名詞句を結合する場合に限られる。

■ let alone, not to say

let alone (～はもちろんのこと) や not to say (～とはいわないまでも) は結合させることができる範疇が広いことから，これらのイディオムは周辺的な等位接続詞としてみなしてよいかもしれない。[30]

---

[27] plus は，They were both forty plus. (彼らは両者とも 40 ちょっとだった。) のように，句の最後の位置に現れることもできる。もちろん，この場合，等位接続である可能性はない。

[28] このことは，広告の Save $300.00 plus choose $300.00 worth of free gifts. (300.00 ドルを節約し，加えて 300.00 ドル相当の無料ギフトを選ぼう。) のように，plus が命令文をつなぐ場合に，とくに明らかである。

[29] この使用法は数学における plus (足す) の基本的な用法を反映している。この用法では minus (引く) や times (掛ける) のような他の演算子も同じようにふるまうので，ひょっとすると，これらも等位接続詞の範疇の周辺的な構成員になるのかもしれない。

[30] 意味は似ているが，not to mention (いうまでもなく) は，同等でない要素をつなぐことができる (He is a four-star general, not to mention also being president of the tiny country of Concordia. (彼は陸軍大将であり，いうまでもなく，コンコルディアという小さな国の大統領でもある。) のような例がある)。また，前方に付加詞を導入することもできる (Not to

(76) i. Few people [have seen the document,] [let alone know what's in it].　　　　　　　　　　　　　　　　　　　　　　　[定形動詞句]
(その内容が何なのかを知っている人はもちろんのこと，資料をみた人さえほとんどいない．)

　　ii. His behaviour was in [questionable,] [not to say downright bad] taste.　　　　　　　　　　　　　　　　　　　　　　　　　[形容詞句]
(彼のふるまいはまったくもって悪趣味とはいわないまでも，疑問に思うような態度だった．)

2.10 連結副詞 (so, yet, however, etc.)

「therefore（したがって）」や「as a result（結果として）」の意味を表す so と「nevertheless（にもかかわらず）」の意味を表す yet は，明らかに等位接続詞とは異なる構文に現れるが，等位接続詞の範疇の周辺的な構成員とみなせるような類似点を示す用法もある．

■ 等位接続詞との違い
(a) 等位接続されていない要素の連結

(77) i. The mill could be sold off, so providing much-needed capital.
(工場は売り払われて，切望されている資本を提供することになる可能性があるだろう．)

　　ii. He was gone, leaving her caught up to a pitch of excitement and ecstasy that was yet perilously close to tears.
(彼女をあやうく涙しそうになるほどの興奮と恍惚の極みに至らせたままにして，彼は去ってしまった．)

　　iii. Certain this menace was only imaginary, he yet stared in fascinated horror.
(確かに，この脅迫感は想像上のみであるが，それでも彼は魅入られたかの

---

mention other things, every day I am under the pressure of my concern for all the churches. (ほかのことはいうまでもなく，毎日私はすべての教会に対する心配事でプレッシャーを受けている．) のような例がある．

ような戦慄をもって凝視した.）

(77) の so や yet は，明らかに等位要素でないものをつなぐ副詞として使用されている．(77i, ii) では so や yet が従属節を主節につないでいるのに対して，(77iii) では yet が主節の述部を最初の付加詞節につないでいる．ちなみに，Though he was certain this menace was only imaginary, he yet stared in fascinated horror.（彼はこの脅迫感は想像上のみであると確信していたが，彼はそれでも魅入られたかのような戦慄をもって凝視した.）では yet が though と相関的に使われている．

(b) 等位接続詞との組み合わせ

(78) i. This may make the task seem easier and so increase self-confidence.
（これによりその仕事がより簡単に思え，そのため自信を増幅させるかもしれない.）
ii. You can look as fit as a fiddle and yet feel quite listless.
（あなたは見た目は健康そのものでも，すごく疲れを感じる場合がある.）

(78) で等位接続の関係を示すのは and である．したがって，so と yet は第 2 等位要素の内部にある修飾語である（2.1 節の特徴 (f) を参照）．so は and とだけ結合するのに対して，yet は but もしくは nor とも結合する（たとえば，He was created not exactly immortal, nor yet exactly mortal.（彼は，完全に不死でもなく，だからといって完全に死ぬ運命のもとに創造されたわけでもなかった.）のような例がある）．

■**等位接続詞との類似点**
(a) 文頭の位置
so と yet は（(78) のように等位接続詞となる場合を除いて）通常，文頭に現れる．この点において，so と yet は，文中や文末に現れることが多い therefore（したがって）や consequently（したがって），nevertheless（にもかかわらず），however（しかしながら）などの類似の意味をもつ副詞よりも，等位接続詞に近い．そのため，He therefore/*so had to resign.（したがって彼は辞職しなくては

ならなかった.）や The two speeches were, however / ?yet, very similar in content.（その2つのスピーチは，しかしながら，内容がよく似ていた.）のような対立が観察される.[31]

(b) 等位構造内での単独の連結項目としての出現

so や yet は，(78) のように等位接続詞と組み合わせることもできるが，等位接続詞をともなわないことのほうがはるかに多い.

(79) i. [There was a bus strike on,] [so we had to go by taxi].
（バスのストライキがあったので，タクシーで行かなくてはならなかった.）

ii. [The book was written ten years ago,] [yet conditions are still the same].
（その本は10年前に書かれたが，まだ同じ状態を維持している.）

(79) の so や yet は構文の必須要素となっている．ほとんどの場合，これらの要素を省略すると，結果的に，等位接続ではなくむしろ節の単なる並置 (juxtaposition) となる．したがって，等位接続詞を用いない等位接続としてこの構文を取り扱うのは誤りであろう．so や yet を等位接続詞とする分析のほうが妥当である．

(c) 等位要素の範囲

so と yet はともに定形動詞句をつなぐことができる.

(80) i. He [wanted to avoid the rush-hour] [so took the early train].
（彼は混雑時間を避けたかったので，早い電車に乗った.）

---

[31] yet は，(77ii, iii) のような従属接続構文において中央に現れる．so は中央に現れることはめったにないが，つぎのような例があるにはある．It is found in the works of those who held the first chairs and lectureships when the monopoly on legitimate educational theory shifted to universities about a century ago, and who so set the tone for modern contemporary studies.（それは，約1世紀前に正当な教育理論を大学が独占するようになったときに最初に教授と講師になった人々，またそれにより近・現代の学問のあり方を方向づけた人々の研究においてみられる.）．この so は関係詞 who には先行できない．hence は，(They involve long computations and are not, hence, very useful in practice.（それらは長い計算がかかわり，したがって，実際にはあまり有用ではない.）のように）文の中央に現れることができるが，この位置に現れることは therefore などよりずっと少ない.

ii. He [worked for peace all his life,] [yet sadly died by a gun].
(彼は人生をすべて平和のために働くことに捧げたが,悲しいことに銃によって命を落とした.)

この点では,so と yet は等位接続詞とよく似ている.しかし,so はこの用法ではめったに使われない.主節と主節の間をつなぐ場合は so 単独のほうが and so よりも一般的であるのに対して,[32] 節よりも小さな単位の等位接続の場合はそれが逆になる.so は形容詞をつなぐことはできる(たとえば,It was an untried, so rather risky, undertaking.(それはまだ試されたことがなく,それゆえかなり危険のある企てだった.)のような例がある).しかし,名詞句,従属節,不定動詞句などをつなぐことはできない(たとえば,(78i) では and が省略できない).他方,yet は等位接続詞 but と意味が似ており,同じような等位接続構文で生起する.たとえば,(81)のような例がある.

(81) i. A person [who has a master's degree,] [yet who has not taken education courses,] is not permitted to teach in the public schools.
(修士号をもっていても教育課程をとっていない人は,公立学校で教えることが許可されていない.)
ii. The speech was delivered in [simple] [yet eloquent] words.
(その演説は単純だが雄弁な言葉で行われた.)
iii. It was a proposal which [sickened] [yet fascinated] me.
(それは私の気を滅入らせるが,魅力的な提案だった.)

yet は,(81i) のように関係節,(81ii) のように形容詞,(81iii) のように動詞などをつなぐことができる.したがって,yet は,統語的に so よりもいくぶん等位接続詞に近い.[33]

---

[32] so は,It'll be quite cold, so take plenty of warm clothing.(かなり寒くなるだろうから,温かい服をたくさん持って行きなさい.)のように異なるタイプの主節をつなぐことができることに注意する必要がある.and をここに加えるのはほぼ不可能で,2つの節が語用論的に同等の位置づけをもたないことは明らかである.1つ目の節は2つ目の節において表明される指示を出したり,指示に従ったりする理由を述べている(これに対して,Take plenty of warm clothing because it will be quite cold.(かなり寒くなるだろうから温かい服をたくさん持って行きなさい.)は従属接続構造をもつ).

[33] 意味が yet や but と似ている however には,"Other services have been expanded to

2.11 for, only と結果の so+that

(82) の語法からわかるように，for, only, so that は，等位接続詞と前置詞（補部節をとる前置詞，つまり伝統的な分析における従属接続詞）の境界に位置する．for, only, so that はそれぞれはっきりとした特性が欠けているため，分類には問題が残る．

(82) i. [He went to bed,] [for he was exhausted].
（彼は，疲れ果てていたので，寝た．）
　　 ii. [I would have gone,] [only I was too busy].
（私は行ってしまっていたはずだった，ただ，忙しすぎた．）
　　iii. [The dust clogged their throats,] [so that the women were always making ice water].
（埃が喉を詰まらせることがあったので，女性たちはいつも氷水を作っていた．）

for は，従属接続詞の because と意味がかなり似ているが，統語的には異なるふるまいをする．only は，等位接続詞の but，あるいは (except that I was too busy (私が忙しすぎなければ) のように従属接続詞 that をともなう内容節をとる) 前置詞 except に置き換えることができる．(82ii) では，only が「あまりに忙しすぎて行けない」という阻害の解釈 ((56i) を参照) をもたらすが，He's very like his father, only he has blue eyes. (とても彼の父親に似ている，た

---

meet the need, however the situation is still critical. (他のサービスは必要に応えるために拡大されているが，状況はまだ危機的である．) や Please note that the costs are correct, however are subject to change prior to final payment. (費用の額は正しいが，最終的な支払いをする前に変更になる可能性があることに注意してください．) のような例を容認する話者にとっては，等位接続詞のふるまいを示す用法があることになる．but と似た意味を表すもう 1 つの表現は (al)though である．一般に (al)though は but とは統語的にかなり明確に異なり (2.1 節の特徴 (d) と (e) を参照)，補部に定形節をとる前置詞の範疇に属する．しかしながら，時として，They both remembered Jane, though rarely spoke of her. (彼らは 2 人とも，ジェーンについて話したことはほとんどなかったが，彼女のことを覚えていた．) のように定形動詞句を連結している例がみられる．この例では定形動詞句をともなう though を前置できない (*They both, though rarely spoke of Jane, remembered her. は非文) ため，周辺的な等位接続構文とみなせるかもしれない．

第 2 章　等位接続詞と関連する連結要素

だし目は青いけどね.) のように限定的・除外的な意味を表すこともある．(82iii) には結果の解釈があり，明らかに従属接続である目的用法の He left early [so that he would miss the rush-hour traffic].（混雑時間の交通渋滞をのがれるために彼は早く出た.）とは区別されなければならない．

(a)　等位接続詞との違い
for, only と結果の so + that には，典型的な等位接続詞と補部節をとる前置詞を区別する特性がほとんどない．

統語的類似性の要件の欠如
for, only, so that に続く節は従属接続の標識を内部に含むことができないが，前に現れる節においては可能である．このことは，2つの節が統語的に異なるステータスをもつということを意味する．以下に具体例をあげる．

(83) i. They've postponed the meeting till tomorrow, [which is a great nuisance] [for it means that several members will be unable to attend].
（彼らは明日まで会議を延期したが，これは大迷惑である，というのも，延期により数人のメンバーが出席できなくなることを意味するからである.）
ii. He said [that he would have gone,] [only he had been too busy].
（忙しすぎなければ，行ってしまっていただろうと彼は話した.）

(83i) では，関係節化 (relativisation) が全域一律に適用されない．1つ目の節に which があるが，for に続く節内には it があり，for は統語的に異なる節を結びつけている．(83ii) の only も同様である．前方の節には従属接続を示す that があるが，only の後に that を挿入することはできない．これに対して He said [that he would have gone,] [but that he had been too busy].（彼は，そうでなければ行ってしまっていただろうが，忙しすぎたと話した.）のように等位接続詞 but の後には that が挿入できる．

二項構造に対する制約
for, only, so that は，X (and) Y and Z のような多項等位接続構文には現れることができない．

(84) He went to bed, for he was exhausted, for he had been gardening all day.（彼は，1日中庭造りをして，疲れ果てていたので，寝た.）

この種の例は一般に文体上の理由から避けられるものの，(84) は右側に階層化された構造 (right-layered construction) をもつと解釈される (2節の(2b) を参照).庭造りは，寝る理由についての説明ではなく，極度に疲労した原因の説明となっている．つまり，最初の for の作用域は，he was exhausted, for he had been gardening all day（彼は1日中庭造りをしていたので，彼は疲れ果てた.）に及ぶのである．多項等位接続の等位接続詞とは異なり，(84) の最初の for は省略できない．

定形節に対する限定
等位接続詞は広範囲の範疇をつなぐことができるが，for, only, so that は定形節のみを後続させることができる．たとえば，only は，(56i) では but と置き換えられるが，動詞句があとに続くのを許さないという点で but とは異なる．そのため，I would have gone, but / *only was too busy.（私はそうでなければ行ってしまっていただろうが，しかし，忙しすぎた.）のような文法性の対比が観察されるのである．(82iii) の so that の場合，that は平叙の内容節を導入する従属接続詞である．

(b) 節補部をともなう典型的な前置詞との違い
for, only, so that は，if や because のような前置詞や目的の so (+that) ともかなり異なる．

文頭位置に現れることができない
(82) における角括弧付きの要素の順序は入れ替えることはできない．Because / *For he was exhausted, he went to bed.（彼は疲れ果てていたので，彼は寝た.）では，for と because の違いで文法性の対比が現れる．同様に，結果を表す *So that the women were always making ice water, the dust clogged their throats. と目的を表す So that he would miss the rush-hour traffic he left early.（彼は混雑時間の交通渋滞を避けるために早く出発した.）でも文法性の対比が現れる．

等位接続ができない

for, only, so that およびそれらに後続する節で形成される構成素は，等位要素として機能しない．

(85) i. *He went to bed, [for he was exhausted] [and for he had to get up early next day].
(彼はベッドに行った，というのも疲れ果てていたし，翌日早く起きなければならなかったからである．)

ii. *I would have gone [only I was too busy] [and only I was short of money].
(忙しすぎなくて，お金が不足していなければ，私は行ってしまっていただろう．)

iii. *The dust clogged their throats, [so that they quickly felt parched] [and so that the women were always making ice water].
(埃が彼らの喉を詰まらせ，彼らはすぐに喉がからからに感じ，女性たちは常に氷水をつくっていた．)

繰り返しになるが，この制約は because や目的の so をともなって明らかに従属接続となる構文には適用されない．

(a) の性質に関して，for, only, so that は前置詞のようにふるまうが，(b) の性質に関しては等位接続詞のようにふるまう．これらをすべて考慮すると，結局, for, only, so that は前置詞と同じ扱いにするのが好ましいであろう．これらの語は (83) のように等位接続詞としての明らかな性質を示さないため，等位接続詞として分析することはほぼ不可能である．[34]

---

[34] for, only, so that は明らかに非対称的な関係を表すため，意味的には典型的な等位接続詞とはまったく異なる．それでも，for は伝統的には等位接続詞として分類される．この分析は，ラテン語の翻訳が統語的に等位接続詞の範疇に入るという事実を反映しているのかもしれない．前置詞分析では，so+that を1つの単位として扱う必要はない．that は単に内容節を so の補部に導入する従属接続詞である．しかしながら，that はこの構造において義務的である．that がない場合，so は 2.10 節で議論したような連結副詞となる．

第 3 章　等位接続の範囲：何が何と等位接続できるのか

3.1　等位接続の分布と形式に関する条件

等位接続は，文の構造の中のほとんどのような位置にでも現れることができる．おおよそではあるが，等位接続は以下のように定式化できる．

(1) ある統語構造において，構成素 X を構成素 Y と機能的な変化なしに置き換えることができる場合，（そしてその場合においてのみ），X は X と Y の等位接続形とも置き換えることができる．

(1) が何を意味するかを (2) を用いて説明する．

(2) 　Kim wanted to take them.
　　　（キムはそれらをもらいたかった．）

(2) の to は，不定詞を示す唯一の標識である．つまり，to は，それ以外の単語で置き換えることはできないので，等位接続形による置き換えもできない．しかし，(2) における他のすべての構成素は，単純な置き換えと等位接続形の置き換えの両方を許す．to 以外の 4 つの語に対する置き換えの可能性を (3) で示す．

(3) 　　　A　　　B　　　C
　i.　　Kim　　Pat　　Kim and Pat wanted to take them.
　　　　　　　　　　　（キムとパットはそれらをもらいたかった．）
　ii.　　wanted　intended　Kim wanted and intended to take them.

			(キムはそれらをもらいたかったし，もらおうとした．)
iii.	take	keep	Kim wanted to take and keep them.
			(キムはそれらをもらって，もち続けたかった．)
iv.	them	the others	Kim wanted to take them and the others.
			(キムはそれらも他の物ももらいたかった．)

A 列は元の語，B 列は置き換える語，C 列にあるのは，(2) の元の語を A 列と B 列の語の等位接続形で置き換えることによりできた節である．最小の構成素でない要素に関しても同様で，take them は give them to Pat で置き換えられるので，take them と元の give them to Pat を等位接続したもので置き換えて，Kim wanted to take them and give them to Pat. (キムはそれらをもらって，パットにあげたかった．) とすることも可能である．

そうすると，階層化された等位接続の可能性 (1.2 節) は，(1) から直接的に導かれることがわかる．(3i) の C 列の等位接続形 Kim and Pat に (1) の規則を当てはめてみる．Kim and Pat は Jill and Max に置き換え可能で，さらにこの 2 つの等位要素からなる等位接続表現で置き換えることも可能なので，Both Kim and Pat and Jill and Max wanted to take them. (キムとパット，そしてジルとマックスの両方が，それらをもらいたかった．) にみられるような階層化された等位接続構造を作り出すことができる．

規則 (1) では，置き換え時に機能の変化が起きてはいけないことが述べられている．(4) はこの条件により排除される．

(4) i. *He left this morning and the room.
 ii. *She became and admired the best teacher in the university.

(4i) が許容されないのは，He left this morning. (彼は今朝出ていった．) における this morning は付加詞であるが，He left the room. (彼はその部屋を出ていった．) における the room は目的語であるからである．同様に，(4ii) も除外される．なぜなら，the best teacher in the university は She became the best teacher in the university. (彼女は大学でもっともいい先生になった．) では叙述補部 (predicative complement) である，She admired the best teacher in the university. (彼女は大学でもっともいい先生を賞賛した．) では目的語であるからである．

しかしながら，規則 (1) は，必ずしも X と Y が同じ範疇に属することは

要求していない．したがって，第1等位要素が名詞句で，第2等位要素が前置詞句である He left this morning or just after lunch. (彼は今朝か昼食直後に出ていった．) のような例は容認される．等位接続の主要な条件は，等位要素が**機能の類似するもの (alike in function)** でなければならないということである．つまり，等位接続が周りの他の要素に対して統語的に同じ関係をもたなくてはならないのである．

　X が Y により置き換えられる際，文中の他の表現の意味には影響を及ぼさないと考えなければならない．例として，This excited her interest. (このことが彼女の興味をかきたてた．) を考えてみる．もし her interest を the children によって置き換えた場合，excite の意味は，(おおよそ，「喚起する」から「刺激する」に) 変わるので，#This excited her interest and the children. のような等位接続は認可されない．統語的機能の類似性は意味関係の類似性をともなわなければならないからである．[1]

[専門的解説]
等位要素の機能が同じでなければならないという要件は単純なようで単純ではない．

(5) i. a. Kim and Pat saw it.　　b. Kim saw it and Pat saw it.
　　　　 (キムとパットはそれをみた．)　(キムはそれをみて，パットもそれをみた．)
　　ii. a. Kim saw it.　　　　　　b. Pat saw it.
　　　　 (キムはそれをみた．)　　　(パットはそれをみた．)

(5ia) の Kim と Pat は，どちらも主語であるからといって機能が同じであるとすることはできない．(5ia) では，それぞれの等位要素ではなく，Kim and Pat という等位接続全体が主語としての機能をもっている．そのため，規則 (1) の条件は，(5ib) の節の等位接続や関連する (5ii) の節から，派生的に解釈しなければならない．これらの例では，Kim と Pat は両方とも主語である．

---

[1] 等位要素が文脈上同じ統語的な関係と意味的な関係をもたなければならないという要件は，ユーモアの効果を出すために破られる場合がある．たとえば，He lost his way and his temper. (彼は道に迷って冷静さを失った．) や She was in the army and a difficult position. (彼女は軍隊に入っていて，難しい立場にあった．) のような例である．この修辞法は，兼用法 (syllepsis) (または，くびき語法 (zeugma)) として知られている．

第 3 章 等位接続の範囲：何が何と等位接続できるのか 111

> しかし，(5ia) が (5ib) から統語的に派生されることをここで提案しているわけではないことを強調しておかなければならない．そのような分析は論外である．なぜなら，すでに述べたように，節より小さい単位の等位接続は節の等位接続と常に同じ意味になるわけではないからである．No buses were running or no trains were running. (バスが走っていないか，電車が走っていないかのいずれかであった．) は No buses or trains were running. (バスも電車も走っていない．) と同じ意味を表さない．(5ib) の (5ia) との関係は，(5ii) の (5ia) との関係と同じである．(5ia) における節より小さい単位の等位接続は，(5ib) と (5ii) が文法的に適格であり，Kim と Pat が saw it に対して同じ統語的・意味的な関係をもつことによって認可されるのである．

現状では，規則 (1) はかなり単純化されすぎている．満たされなければならない要件に関してさらに考えるべき点をここでまとめて列挙し，以降の節においてそのいくつかについて詳細に検討する．

(a) 一致
Kim underestimates herself. (キムは自分のことを過小評価している．) において，Kim を Kim and Pat に置き換えるのであれば，Kim and Pat 全体と一致する要素（動詞と再帰代名詞）の調整を行い，Kim and Pat underestimate themselves. (キムとパットは自分たちのことを過小評価している．) のようにする必要がある．主語である Kim and Pat は複数であり，一致は基幹等位要素のどちらか一方ではなく全体と関係づけられなければならないからである．等位接続と一致の相互作用については，第 3 巻『名詞と名詞句』で考察されている．

(b) 範疇の類似性
上で述べたように，規則 (1) は，X と Y が機能的に同じであることを要求する．しかし，範疇が同じでなければならないという，より厳しい制約が課せられる場合もある．不定詞と動名詞-分詞形の例がもっともはっきりしており，等位接続が許されない．たとえば，Cycling there would be dangerous. (そこへ自転車で行くことは危険であろう．) の動名詞-分詞形の主語は，to go on foot (歩いていくこと) という不定詞の主語に置き換えることができるが，等位接続

でつなぐことはできない．

(6) *[Cycling there or to go on foot] would be dangerous.

等位接続をするには，代わりに To cycle there or to go on foot would be dangerous.（そこへ自転車で行ったり歩いていったりすることは危険であろう．）か，Cycling there or going on foot would be dangerous.（そこへ自転車でいくことや歩いていくことは危険であろう．）のように同じ範疇の要素を等位接続する必要がある．どのような場合に異なる範疇が許容されるかについては 3.2 節において概説する．

(c)　拡張された等位要素
拡張された等位要素は等位接続しない．Kim or Pat should give the course.（キムかパットがその講義を担当すべきだ．）において，or Pat は and Max で置き換えられるが，それらを等位接続したものでは置き換えられない．

(7) *Kim or Pat or and Max should give the course.

ここでの意図する意味を表すためには，Kim or Pat or Kim and Max（キムかパット，もしくはキムとマックス）のように，Kim を繰り返し使う必要がある．

(d)　for と only と結果を表す so
2.11 節で述べたように，for, only, so で始まる句を等位接続することはできない．2.11 節の (85) の例（*He went to bed, for he was exhausted and for he had to get up early next day. など）の逸脱は上記の (7) と同じであるため，for, only, so は部分的に等位接続詞と同じふるまいを示すことがわかる．

(e)　文法化された語
異なる閉じた範疇（機能範疇）に属するなどの理由により，文法的に異なる機能をもつ語は，開いた範疇（語彙範疇）に属する語ほどは自由に等位接続されない傾向がある．たとえば，*my and this book という表現は用いない（むしろ，my book and this book / one（私の本とこの本）という表現を使用する）．この問題は 3.3 節で取り上げる．

(f) 厳密な機能的類似性からの逸脱

少数ではあるが，意味的な動機付けがあるために，等位要素が機能的に類似するものでないといけないという制約に反する例がみつかることもある．(8) のような例である．

(8) i. all and only the corrected copies　　　［決定詞＋焦点の修飾語］
　　　　（訂正版のみすべて）
　　ii. our and future generations　　　　　　［決定詞＋属性の修飾語］
　　　　（私たちの世代と未来の世代）

(g) 語の一部の等位接続

一般に，等位接続できる要素は，語あるいは語よりも大きな表現である．そのために，規則 (1) は統語構造に言及している．しかし，限定的ではあるが，語の一部を等位接続することも可能である．[2]

(9) i. pro- and anti-marketeers　　　pre- and post-war living conditions
　　　　（市場賛成者と反対者）　　　　（戦前，戦後の生活環境）
　　ii. the [four- and five-year-old] boys　red- or auburn-haired
　　　　（4, 5歳の男の子）　　　　　　　（赤か褐色の髪の）

接頭辞の等位接続は，(9i) や inter·ed と intra· のように，反対の意味を表す接辞の組み合わせで可能である．語基 (base) の等位接続は，(9ii) のような数詞や ·ed のような接尾辞によって派生される脱名詞化形容詞 (denominal adjective) で確立されている（第10巻『形態論と語形成』を参照）．語基の等位接続は，Sydney- or Melbourne-based companies（シドニーかメルボルンを拠点とする会社）のように過去分詞から形成される複合語でも一般的に観察される．

(h) 結合的等位接続

規則 (1) は，一方の等位要素で等位構造全体を置き換えられない結合的等位接続を許容しない．

---

[2] ごくまれに，Please list all publications of which you were the sole or co-author.（あなたの単著か共著の出版物をすべて列挙して下さい．）のような語と接頭辞の等位接続がみられる．

(10) i. Kim and Pat are a happy couple. (＝1.3.2 節の (17ii))
（キムとパットは幸せなカップルである．）
ii. Kim and Pat are respectively scrupulously honest and an inveterate liar.
（それぞれ，キムは非常に実直で，パットは常習的な嘘つきである．）

(10ii) のような等位接続は，Kim is scrupulously honest.（キムは非常に実直である．）と Pat is an inveterate liar.（パットは常習的な嘘つきである．）が容認されることから，可能であると考えられるが，この種の解決法は (10i) に当てはめることができない．したがって (10i) のような場合には，集合の構成員を直接列挙するために and で等位接続された名詞句が使用できるということを認める必要がある．

(i) 語彙化された等位接続
spick and span（真新しい）や to and fro（あちこち）などの定型句が許容されるようにするには，(1) を越えた条件の設定が必要となる (1.4 節)．

(j) 等位要素の特別な統語的扱い
つぎに，以下の例を比較してみる．

(11) i. a. %They invited Kim and I. b. *They invited I.
（彼らはキムと私を招待した．）
ii. a. I need pen and paper. b. *I need pen.
（私はペンと紙が必要である．）

(11ia) では，等位接続されていなければ代名詞に me のような対格が要求される位置に主格代名詞が現れている．すべての話者が (11ia) のような例を容認するわけではないが，(11ia) を許容する話者の多くにとって，等位接続表現の中での格の選択に関する規則は，等位接続ではない環境で適用される格の規則とは明らかに異なる（第 3 巻『名詞と名詞句』を参照）．同様に，(11ii) は，単数可算名詞には決定詞が共起する必要があるという標準的な規則が，等位接

続表現の中においてはしばしば緩められることを示している.³

(k) 隣接性制約の回避

They disagreed as to whether it should be allowed.（彼らはそれが許されるべきかどうかに関して意見が合わなかった.）のような例において，whether は how often と置き換え可能であるが，to what extent とは置き換え不可能である．しかし，whether と to what extent の等位接続は十分に可能である．

(12) i. *They disagreed as to to what extent it should be allowed.
  ii. They disagreed as to whether and to what extent it should be allowed.
    （彼らはそれが許されるべきか，そしてどの程度まで許されるべきかに関して意見が合わなかった.）

前置詞で始まる WH 疑問節は，前置詞が並ぶ場合，とくに（12i）のように同一の前置詞が並ぶ場合，まず許容されることはない．しかし，（12ii）のように，前置詞が隣接していないのであれば，to what extent の前置詞句が排除される理由はない．⁴

---

³ 等位接続されていない構文では許容されない構造が等位接続で許容されるケースが，これ以外にも 2 つある．Teachers have been uncertain how or if to incorporate grammar into the approach.（教師はそのアプローチに文法をどのように組み込むか，もしくは組み込むべきかどうか確信がもてないでいる.）と It was a hilarious scene as fat and thin alike swooped, swayed, tripped, and fell.（それは，太っている人も痩せている人も等しく，飛びかかり，揺れ動き，よろめき，倒れる，という陽気な場面だった.）のような例である．最初の文に現れる従属接続の疑問詞 if は，通常，*They have been uncertain if to incorporate grammar into the approach. のように不定詞補部に生起できない．2 つ目の例の形容詞 fat と thin は，修飾部-主要部が融合した名詞句（fused modifier-head NP）（第 3 巻『名詞と名詞句』を参照）として機能しており，等位接続されていない場合には許容されない．

⁴ この例は上記（f）にも該当する．なぜなら to what extent は付加詞の機能をもつからである．一方で，whether はそうした機能をもたない．whether は純粋に従属接続と Yes/No 疑問を示す標識である．

3.2 異なる範疇の等位接続

大多数の場合，等位要素は同じ統語範疇に属するが，機能的な類似性があれば，異なる範疇も一般に許容される．本節では，文中でどのような機能をもてばこの種の等位接続が許されるかを概観する．

(a) 叙述補部

もっとも単純な例は，叙述補部として機能する形容詞句，名詞句，そして前置詞句の等位接続である．

(13) i. It was [extremely expensive and in bad taste]. ［形容詞句＋前置詞句］
(それはとても値段が高く，悪趣味だった．)
ii. He became [very forgetful and an embarrassment to his family].
(彼はとても忘れっぽくなり，家族の厄介者になった．) ［形容詞句＋名詞句］

また，非定形節 (non-finite clause) と形容詞句，名詞句，前置詞句を等位接続することもできる．

(14) i. He's [in love and behaving quite irrationally]. ［前置詞句＋動名詞-分詞］
(彼は恋をしており，かなり分別なく行動している．)
ii. He is [known to have a gun and likely to use it].

［過去分詞＋形容詞句］

(彼は銃を所持しているとわかっており，また，それを使いかねない．)
iii. This process [is perfectly natural and to be welcomed].
(この過程は，完璧に自然で喜ばしいものである．) ［形容詞句＋不定詞］

(14i) は，He's in love and he's behaving quite irrationally. (彼は恋をしており，そして彼はかなり分別なく行動している．) のように拡張できる．この場合，2 番目の節の be は進行を表す．同様に，(14ii) は，He is known to have a gun and he is likely to use it. (彼は銃を所持していることがわかっており，彼はそれを使いかねない．) のように拡張できる．この場合，最初の節は受動態である．そして，(14iii) は，拡張すると This process is perfectly natural and it is to be welcomed. (この過程は完璧に自然で，それは歓迎すべきものである．) になり，2 番目

の節は，擬似モーダル (quasi-modal) の **be** を含む。[5] He was living in the Latin Quarter and thought to have AIDS. (彼はカルチェ・ラタンに住んでいて，エイズに感染していると考えられていた．) のように，進行形と受動態は結合できる．非定形節を含む混合的な等位接続は，(13) に比べるとはるかに一般性が低い．実際，受動態の場合，He was invited but was unable to accept. (彼は招待されたが，受け入れることができなかった．) や He was insolent and was dismissed. (彼は生意気で，解雇された．) のように，しばしば be が繰り返される形式が好まれるか，あるいは義務的になる．

(14) のような等位接続は be をともなう場合にのみ可能である．get は，形容詞の叙述補部 (He got insolent. (彼は生意気になった．)) と 3 種類の非定形 (He got going／sacked／to see it. (彼は行き始めた／クビになった／それをみるようになった．)) のいずれもとることができるが，これらは，すべてが異なる構文と解釈される．そのため，異なる get の用法が混合した等位接続が起こっている *He got insolent and sacked. は許容されない．同様に，He kept awake. (彼はずっと起きていた．) と He kept listening for her. (彼は彼女の声に耳をすませ続けた．) の keep の用法は異なるので，*He kept awake and listening for her. は許容されない．

(b) 主語を含む他の補部

主要部要素が（意味を変化させることなく）補部に異なる範疇の要素をとることができる場合，一般に，異なる要素の等位接続が可能である．

(15) i. a. [The stamp purchases and how the cash float was administered] were the subject of prolonged questioning yesterday.
（印紙の購入の件とどのように現金の流れが管理されるかが，昨日の長引いた質疑の話題だった．）
b. It lists [the value of assets and which partner owned them before the marriage].

---

[5] **be** が義務解釈 (deontic interpretation) をより中心的な意味としてもつ場合，等位接続は許されない．たとえば，You are on duty and you are to remain in the guard-room until relieved. (あなたは一番で，交代するまで衛兵室にいなければならない．) から，2 番目に現れる you are を省略することはできない．

(それは資産の価値と，結婚する前にパートナーのどちらが所有していたかを一覧にしている.)

  c. He was sure [of himself and where he was going].
    (彼は自分自身についても，どこに向かっているのかについても確信があった.)

 ii. a. I remembered [reading about you in the papers and that you lived here in Wigan].
    (私は，あなたについての新聞記事を読んだことや，あなたがここウィガンに住んでいたことを思い出した.)

  b. We were told [to wait in the terminal and that we would be informed when we could reboard].
    (私たちはターミナルで待つようにと，そして再搭乗できるようになったら案内があると伝えられた.)

 iii. a. They reported [a deep division of opinion between the government and the people and that the African population was almost solid in its opposition to federation].
    (彼らは，政府と国民の間には大きな意見の相違があることと，アフリカの人々がほとんど連合に反対していることを報告した.)

  b. After [their rubber plantation failed, and her husband's death on the Upper Rewa in 1885], she maintained her three young children with a tiny store.
    (ゴム農園が失敗し，彼女の夫が1885年にリーワー北部で死去した後，彼女は小さな店をもち，幼少の3人の子どもたちを養った.)

  c. I was planning [a four-month trip across Africa and to then return to England].
    (私は，アフリカを横断する4ヶ月の旅をし，その後イングランドに戻ることを計画していた.)

  d. They believe [in the fall of man and original sin and that all mankind is descended from a single couple].
    (彼らは，人間が堕落し原罪を負い，かつ，人類がすべて1組の夫婦から出た子孫であることを信じている.)

  e. The University provides a great opportunity [for adventures of

the mind and to make friendships that will last a lifetime].
(大学は精神の冒険と，生涯続く友情をつくるためのすばらしい機会を与えてくれる．)

f. They want to know [his financial arrangements in Italy and about the people he met there].
(彼らはイタリアでの彼の財政管理や，そこで会った人々について知りたがっている．)

主要部は，(15ic) では形容詞 (sure)[6]，(15iiib) では前置詞 (after)，(15iiie) では名詞 (opportunity)，そして，それ以外の例では動詞である．(15ia) は，外部補部 (complement external)（すなわち主語）となる．(15i) は，名詞句と定形疑問節が等位接続するもので，おそらく，もっとも一般的なケースである．名詞句は，(15ib) のように潜在疑問 (concealed question) を表すことが多い (the value of assets は「財産の価値がどれくらいであったのか」と同じ意味を表す)（第6巻『節のタイプと発話力，そして発話の内容』を参照）．(15ii) は，非定形節と定形節の等位接続である．非定形節が先行する順序は，動名詞-分詞形に関しては義務的で，不定詞に関してもほぼ義務的である．他の組み合わせとして (15iii) に示されるように，名詞句＋平叙節 (declarative clause)（that あり，なし），名詞句＋不定詞，前置詞＋平叙節，前置詞＋不定詞，名詞句＋前置詞句などの例がある．

(c) 付加詞

付加詞として機能する異なる範疇を等位接続することに問題はない．これには，（1つ目の前置詞句が because＋節，2つ目の前置詞句が for＋名詞句からなる (16iii) のような）異なる補部をとる前置詞句の場合も含まれる．

(16) i. She did it [slowly and with great care]. ［副詞＋前置詞句］
(彼女はゆっくりと，そして細心の注意を払いながらそれを実行した．)

---

[6] 厳密には，等位接続が（前置詞＋補部の形式をとる）**sure** の補部であるか，それとも（名詞句＋節の形式をとる）of の補部であるかの確定はできない．等位接続をしていない場合，He was sure where he was going.（彼はどこに行くか確信していた．）となることも，He was sure of where he was going.（彼はどこに行くかを確信していた．）となることもありうるからである．

ii. I'll do it [tonight or in the morning]. ［名詞句＋前置詞句］
(今夜か明日の朝にします.)

iii. He'll reject it [because it's too long or for some other reason].
［前置詞句＋前置詞句］
(長すぎるからという理由か，あるいはそれ以外のなんらかの理由で，彼はそれを拒否するだろう.)

iv. He signed on [to please his wife but with no hope of success].
［節＋前置詞句］
(彼は妻を喜ばせるために契約署名したが，成功する見込みはなかった.)

(d) 名詞句構造における修飾語句

もっとも一般的な例は，主要部の後に来る修飾語句，たとえば，(17i) に示すような前置詞句，形容詞句，分詞節や定形節などを含む等位接続である．しかし，主要部の前に来る（限定的な）修飾語句の位置において異なる範疇が等位接続される混合型は一般的ではない．(17ii) で示されるように，混在する場合は，1つのまとまった意味クラスに属する形容詞や名詞部（nominal）が関わる傾向がある．

(17) i. a. They still won't recommend grants for people [over the age of 65 or who have retired].
(彼らは，今も頑として，65歳を超える人もしくは退職者のための助成金を推奨しようとしない.)

b. She won in a match [interrupted by showers but which lasted under an hour].
(にわか雨によって中断されたが1時間足らず続いた対戦に彼女は勝利した.)

c. A man [in singlet and shorts and wearing a green baize apron] finally appeared.
(ランニングシャツとショートパンツと緑のベーズエプロンを着用した男がついに現れた.)

d. It would be an opportunity to do something [quite new for me and in which I believed much more strongly than in our govern-

ment's economic policy].
(私にとってはかなり新しく，また政府の経済政策をはるかに凌駕すると強く自身が信じていたことを行う機会になるだろう．)

 ii. a. the civic, school, and religious life of the community
   (その地域における市民生活，学校生活，および宗教的生活)
  b. the state and federal laws
   (州および連邦の法律)
  c. the Australian and New Zealand flags
   (オーストラリアならびにニュージーランドの旗)
  d. in [daily or evening newspapers]
   (朝刊あるいは夕刊で)

(17ii) の名詞句修飾において，名詞部の school (学校), state (州), New Zealand (ニュージーランド), evening (夕方) が使用されているのは，対応する形容詞がないためである．

最後に，主要部の前に来る修飾語句と主要部の後に来る修飾語句を等位接続する可能性もある．

(18) The demise of the liberals has been [a long and complicated process but which now looks as though it is fairly decisive].
(リベラル派の終焉は長く複雑な過程であったが，今ではかなり決定的なことであるようにみえる．)

この構文は比較的珍しい．というのも，but を落として，関係節内に however のような接続詞的付加詞を用いて付加詞間の反意の関係を表すほうがより一般的であるからである．

(e) 文の等位接続
より大きな構文の中に埋め込んでも機能しないが，全体として文を構成する等位接続表現がある．以下の混合型の等位接続は，節の断片と節で構成されている．

(19) i. Now I can only write, and that only when I get out of pain.
  (今私にできることは書くことだけであり，苦痛がないときにのみ書くこと

ii. One more remark like that and I'm leaving.
(そのような発言がもう1回されるようなら，私は退席する．)

(19i) の that は，前方照応的に「私は書くことができる (I can write)」と解釈される節の代用表現 (pro-clause) である．(19ii) は，2.2.3 節で考察したような暗示的条件構文 (implicit conditional construction) である．

3.3 文法化した語の等位接続

文法化した語 (grammaticised words) は，文法化していない語に比べて等位接続しにくい傾向にあることはすでに触れた．本節では，主要な文法化した語についての等位接続の可能性について概観する．

(a) 等位接続詞

慣用表現の and/or は，等位接続詞が省略された等位接続の1つであり，「両方，または，いずれか一方 (and or or)」を意味する．

(20) a. They're inviting [Kim and/or Pat].
(彼らはキムとパットの両方またはどちらかを招待している．)
b. They're inviting [Kim or Pat].
(彼らはキムもしくはパットを招待している．)

これまでにも観察してきたように (2.2.1 節)，or 自体は，特徴として語用論的に排他の含意をもつので，(20b) は彼らがキムとパットの2人のうち1人しか招待しない予定であることを示唆している．一方，(20a) の and/or は，この語用論的な含意をブロックするため，キムとパットのいずれか1人を招待する状況だけでなく，キムとパットの両者とも招待する状況も許容する．

(b) 従属接続詞

節を従属接続する語は，通常，等位接続をしない．for は that や whether とは異なる構文を形成するが，that と whether は単に異なるタイプの節の標識である．しかしながら，whether は，not や付加詞として機能する疑問詞句と

も等位接続する．

(21) i. I don't know [whether or not he saw her].
（私は彼が彼女をみたのかどうか知らない．）
ii. They must consider [whether and in what circumstances it should be allowed].
（彼らはそれが許されるのかどうか，そして許されるのであればどの状況で許されるのかを考えなくてはならない．）

(21i) は，I don't know whether he saw her or not.（私は彼が彼女をみたのかどうか知らない．）（この場合，or は節と節の断片を等位接続している）と同じであるが，おそらく whether or not は定型句，つまり従属接続詞の複合体 (subordinator complex) として扱うのが最善であろう．時に，whether or no という変異形が出現することもある．(21ii) は，「そしてもしそうならば…(and if so …)」のように解釈される（この場合，if so は付加詞として2つ目の等位接続に加えることが可能であるが，通常は省略される）ため，語順が固定される．ここでの類似性は，両要素が疑問を表す標識であることである．ただし，1つ目の標識のみが従属接続の役割をはたす．[7] (21i) においては，whether を if で置き換えることができず，(21ii) では，if を使用した場合，せいぜい慣用的でない表現にしかならないであろう．

(c)　前置詞
前置詞は，文法化の程度がかなり異なる．極端な場合，前置詞の選択が主要部要素により完全に決まってしまうことがあり，その時には 3.1 節の規則 (1) により前置詞句を等位接続できない．たとえば，I'll give it to Kim.（それはキムにあげます．），the search for gold（金の探索），He's intent on revenge.（彼は復讐に燃えている．）のような例である．もう一方の対極として，前置詞に数多くの選択肢があり，等位接続がごく普通に行われることもある．とくにこのこ

---

[7] Yes/No 疑問の標識は従属節と主節で大きく異なっているため，(21ii) の従属節にみられるのと同様の等位接続が主節で生じることはない．そのため，Should it be allowed, and if so in what circumstances?（それは許されるべきなのであろうか，また，もし許されるのであれば，どのような状況で許されるのか？）のように表現しなければならない．

とは時間と空間の領域において当てはまり，before and after（前後に），above and below（上下に），at or near（〜において，もしくはその近くに）などの例がみられる．これに対し，節を補部にとる although や because に関しては適当な等位接続の例をみつけるのは困難である．if and only if（〜である場合に，かつその場合に限り），if and when（もし〜することがあれば，そのときに）のような定型句の等位接続表現もある．[8]

(d) 限定詞

数量詞の等位接続は，とくに or をともなう場合，自由に起こる．たとえば，one or two mistakes（1つか2つの間違い），three or more witnesses（3人以上の目撃者），little or no money（皆無に等しいお金），some or all applicants（一部あるいはすべての志願者）などである．強調の意味を込めた each and every（ありとあらゆる）は定型句である．[9] しかし，その他のものでは，限定詞の等位接続はどちらかといえば稀であり，名詞句レベルでの等位接続が好まれる傾向にある．たとえば，this copy and those（この本とそれらの本）は this and those copies（これ（＝この本）とそれらの本）よりも使われる可能性が高い．

(e) 助動詞

法助動詞には等位接続をかなり容易に起こすものがある．たとえば，I can and will finish it.（私なら仕上げることができるし，仕上げるだろう．）や，He must and will be punished.（彼は処罰されなければならないし，処罰されるだろう．）などである．完了を表す have と進行を表す be は，完了形と進行形の唯一の標識であり，それ以外のいかなる語彙とも等位接続することはない．受身を表

---

[8] この例は，(21ii) の等位接続と似ている点がある．どちらの場合も，第1等位要素が第2等位要素で通常前提とされていることを取り消すからである．たとえば，I'll do it when he pays me.（彼が私に支払う際に私はそうします．）には，彼が私にお金を払うだろうという前提があるが，I'll do it if and when he pays me.（もし彼が私に支払うならば，そしてその際には，私はそうします．）には彼が支払うという前提はない．同様に，They must consider in what circumstances it should be allowed.（彼らはどのような状況下でそれが許されるべきか考えなくてはならない．）は，許されるべき状況があることを前提にしているが，(21ii) のように whether で節が始まる場合はそのような前提はない．

[9] その他の定型句として one or other がある．これは，限定詞と形容詞の等位接続であり，「どちらか／どちらでも（either／any）」を意味する限定詞として機能する．

すbeも同様である．受身を表す別の（助動詞ではない）動詞にはgetがあるが，受身を表すbeがこのgetと等位接続することもない．beとgetの受身形の間に等位接続を動機づける明白な意味の違いがないからである（したがって，*He was or got arrested. は容認されない）．

3.4 等位接続と属格

最初に人称代名詞以外の名詞句を含む構文，つぎに人称代名詞の等位接続，そして最後に両者が混合する等位接続，すなわち人称代名詞と通常の名詞句の等位接続について考察する．

(a) 人称代名詞以外の名詞句

ここでは主要な等位接続として，つぎの3つのタイプを区別する．

(22) i.　[Kim and Pat's] children　　　　　［タイプI：単一属格］
　　　　（キムとパットの子どもたち）
　　ii.　[Kim's and Pat's] children　　　　［タイプII：直接多項属格］
　　　　（キムの，ならびにパットの子どもたち）
　　iii. Kim's children and Pat's　　　　　［タイプIII：間接多項属格］
　　　　（キムの子どもたちとパットの子どもたち）

(22i)がタイプIで，「単一属格（single genitive）」とよぶ．タイプIでは等位接続されたKim and Pat（キムとパット）名詞句全体に属格の標示が1つ現れる．他の等位接続では，属格が複数現れる．(22ii)では，Kim's and Pat's（キムの，およびパットの）のように2つの属格名詞句で等位接続が起こっている．これはタイプIIであり，「直接多項属格（direct multiple genitive）」とよぶ．(22iii)では，属格名詞句自体ではなく属格決定詞を含んだ2つの名詞句で等位接続が起こっている．すなわち，Kim's children（キムの子どもたち）とPat's（=Pat's children（パットの子どもたち））の等位接続である．これはタイプIIIであり，「間接多項属格（indirect multiple genitive）」とよぶ．

　タイプIとタイプIIは，意味的には対立しない．どちらのタイプにおいても属格関係の結合的解釈と分配的解釈が可能である．(22i, ii)の結合的解釈においては，主名詞句はキムとパットが両親である子どもの集合を指す．一方

で，分配的解釈においては，主名詞句はキムの子どもとパットの子どもの集合を指す．ここで注意すべきことは，キムがパットと結婚しているという文脈では，タイプⅠの Kim and Pat's marriage（キムとパットの結婚）とタイプⅡの Kim's and Pat's marriage（キムの結婚ならびにパットの結婚）のいずれも使うことができる点である．また，逆に，トムがジルと結婚し，マックスがスーと結婚しているという文脈で夫たちに言及する際にも Jill and Sue's husbands（ジルとスーの夫）（タイプⅠ）と Jill's and Sue's husbands（ジルの夫とスーの夫）（タイプⅡ）のどちらの表現も使うことができる．しかし，タイプⅢ の構文には分配的解釈しかなく，(22iii) では，キムの子どもたちとパットの子どもたちからなる集合しか指せない．

　タイプⅠとタイプⅡのどちらを選択するかについては，2つの要因が影響する．第1に，屈折接尾辞が等位要素につくよりも単語につくほうが文法的にはより「正しい (correct)」と考えるために，少なくとも比較的注意深くことばを使う際にタイプⅠよりもタイプⅡを選ぶ話者がいる．第2に，等位接続された名詞句の指示対象に強い（かつ関連性の高い）結びつきがあり，属格が結合的に解釈される場合にはしばしばタイプⅠがタイプⅡよりも好まれる．したがって，個人ではなくチームとして解釈されるのならば，Gilbert's and Sullivan's popularity（ギルバートならびにサリバンの人気）ではなく Gilbert and Sullivan's popularity（ギルバート・サリバンの人気）を使うことになる．同様の理由で，(22ii) よりも (22i) においてキムとパットが子どもたちの両親であるという状況がより顕著に想起される．ギルバートとサリバンの例の場合，第1の要因が第2の要因よりもはるかに勝っているのに対して，(22) では，第1と第2の要因がより均等になっており，堅苦しさの度合いや話者に応じてさまざまな変異形が許容される．第2の要因は，or よりも and をともなう等位接続でタイプⅡよりもタイプⅠのほうが好まれるということも説明する．ただし，ここで考察している関係づけは and でのみ観察される．[10]

　(22) は名詞句の等位接続であるが，タイプⅠとタイプⅡには以下のような名詞部の等位接続もある．

---

[10] 第2の要因が第1の要因よりも優先されるもう1つのケースは，a week and a day's delay（「8日」の遅れ）のような計測表現にみられる．a week's and a day's delay（1週間と1日の遅れ）は，1週間の遅れと1日の遅れという2つの遅れを表す．

(23) i. her [mother and father's] letters　　　　　［タイプⅠ：単一属格］
　　　　（彼女の父母の手紙）
　　ii. her [mother's and father's] letters　　　　［タイプⅡ：直接多項属格］
　　　　（彼女の母親からの，および父親からの手紙）

(b) 属格代名詞

人称代名詞をともなうパターンは，2つの点で異なる．まず第1に，属格が1つだけ現れるタイプⅠは標準英語では許容されない．つぎに，属格代名詞には依存するもの（my, your など）と独立性のあるもの（mine, yours など）の2種類がある．これにより，タイプⅡには2つの変異形が現れる．(24) に具体例をあげる．

(24) i. *[you and my] letters　　　　　　　　　［タイプⅠ：単一属格］
　　ii. [your and her] letters　　　　［タイプⅡA：直接多項属格－依存的］
　　　　（あなたの，および彼女の手紙）
　　iii. yours and hers　　　　　　　　［タイプⅡB：直接多項属格－独立的］
　　　　（あなたのものと彼女のもの）
　　iv. your letters and hers　　　　　　　　　［タイプⅢ：間接多項属格］
　　　　（あなたの手紙と彼女の手紙）

代名詞の場合，タイプⅡの構文に結合的解釈が許されることはほとんどない．たとえば，his and her children（彼と彼女の子どもたち）は，子どもたちの両親が同じでないという意味合いが強い．同様に，his and her quarrel（彼と彼女の喧嘩）は，彼と彼女の間の喧嘩という意味で使用されることはほとんどありえないであろう．

　タイプⅡA の一般的な使い方は，先行詞が性の区別に関して中立である非指示的名詞句を含む Everyone must face his or her partner.（誰もが自分のパートナーと向き合わなくてはならない．）の例にみられる（第3巻『名詞と名詞句』を参照）．それ以外の場合，この構文は多少ぎこちなく感じられ，タイプⅢや等位接続されずに複数の属格代名詞が現れる our／your／their letters（私たちの／あなたたちの／彼らの手紙）に比べ，好まれない傾向にある．

[専門的解説]
(c) 混合型の等位接続
混合型の等位接続において可能なパターンは以下の通りである.

(25) 　　　　代名詞が先行　　　　　　　代名詞が後続
　　i. a. ?[you and Kim's] letters　　b. *[Kim and your] letters　　[タイプ I]
　　　　　（あなたとキムの手紙）
　ii. a. [your and Kim's] letters　　b. [Kim's and your] letters [タイプ IIA]
　　　　　（あなたとキムの手紙）　　　　（キムとあなたの手紙）
　iii. a. yours and Kim's　　　　　　b. Kim's and yours　　　　[タイプ IIB]
　　　　　（あなたのとキムの）　　　　　（キムのとあなたの）
　iv. a. your letters and Kim's　　　b. Kim's letters and yours
　　　　　（あなたの手紙とキムの）　　　（キムの手紙とあなたの）　[タイプ III]
　v. a. yours and Kim's letters　　　b. [(25iib) が優先される]
　　　　　（あなたの手紙とキムの手紙）

タイプ I はかろうじて容認される程度である．(25ib) の属格代名詞をともなう形式は (24i) と同じステータスになるが, ?These are Kim and yours. (これらはキムとあなたのです.) のように独立性のある代名詞の yours をともなう形式のほうが少しましかもしれない．(25ia) のように属格ではない代名詞をともなう形式は, you and your partner's letters （あなたとあなたのパートナーの手紙）のように第 2 等位要素に依存的な属格代名詞が含まれるときにもっとも容認性が高い．主格および対格の形式がある代名詞の場合は, 'me and Kim's letters （私とキムの手紙）のように対格は明らかに標準的ではない．一人称代名詞では, たとえば, *I and my partner's letters のように主格が許されないが, 三人称代名詞の ?they and their partners' letters （彼らと彼らのパートナーの手紙）は, おそらくなんとか容認する話者もいるであろう．

　タイプ II は文法的ではあるが, タイプ III もしくは等位接続でない形式と比べると, あまり好まれない．タイプ III に関しては, (25va) にあるように主要部名詞 (letters) が第 2 等位要素に現れる変異形がある．（社長の挨拶からの）実例として, It is mine and the board's responsibility to maximise profits. （利益を最大化することは私と委員会の責任である．）のような例がある．名詞主要部が主名詞句の最後に来る時に通常予測される依存的な代名詞ではなく, 独立性のある代名詞が使われている．つまり, my and the board's responsibility（私そして委員会の責任）における my の代わりに mine が使われているのである．最後の位置に代名詞が現れる (25va) に対応する形式はない．これは，依存的な属格と独立的な属格の違いが当てはまるのが，代名詞の等位接続に限られるからである．したがって，Kim's and your letters（キムとあなたの手紙）は，[Kim's] [and your letters] という構造ではなく，むしろ (25iib) の構造をもつとみなされる．

3.5　節タイプの等位接続

■異なるタイプの等位接続

等位接続される節は通常同じタイプのものになるが，必ずしもそうなる必要はない．平叙や命令などを文（sentence）というよりは節（clause）の範疇に入ると考える理由の1つがここにある．異なるタイプの等位接続の例が，(26i)（主節）と (26ii)（従属節）にみられる．

(26) i. a. [It'll be very hot,] [so take plenty of drink]. ［平叙＋命令］
(とても暑くなるだろうから，飲み物を十分にとりなさい．)

b. [They've finished the job,] [but why did they take so long?]
［平叙＋疑問］
(彼らは仕事を終えたが，なぜそんなに長くかかったのか？)

c. [Did you make your own contributions to a complying superannuation fund] [and your assessable income is less than $31,000?] ［疑問＋平叙］
(あなたは準拠年金基金に寄付をし，かつあなたの査定収入は 31,000 ドルに満たないですか？)

d. [You give the first three lectures] [and then I'll take over].
［命令＋平叙］
(あなたが最初の3回の講義をしてください，それから私が引き継ぎます．)

e. [Come around six,] [or is that too early?] ［命令＋疑問］
(6時ごろに来てください，あるいはそれでは早すぎますか？)

f. [What a disaster it was] [and yet no-one seemed to mind].
［感嘆＋平叙］

(なんてひどいことになったんだ，それでも誰も気にしていないようだった．)
ii. a. I knew [that he would come] [and what he would say].

［平叙＋疑問］

(私は彼が来ることも，彼が何を発言するのかも知っていた．)
  b. I remember [who was there] [and what a success it was].

［疑問＋感嘆］

(私は誰がそこにいたのか，そしてどれほどの成功だったかを覚えている．)

　主節を結びつける混合型の等位接続は，その特徴として，それぞれに異なる発話行為（陳述 (statement)，疑問 (question)，行為指示 (directive) など）が関わり，等位接続詞は発話行為を表す部分よりも広い作用域をとることになる．たとえば，(26ia) の標準的な発話は陳述（もしくは予測）とそれに続く行為指示からなる．同様に，(26ib) では陳述の後に疑問が続き，(26if) では感嘆の陳述の後に通常の陳述が続く．

　しかし，このことがすべての場合に当てはまるわけではない．もっとも明らかなのは（所得税の用紙からとった例である）(26ic) で，単一の疑問を表現しており，疑問＋陳述という組み合わせではない．これはかなり特殊な例で，主節の等位接続で（Yes/No 疑問節という）第 1 等位要素の特徴が意味的に等位接続全体にまで及んでいる．[11] 異なるケースは (26ie) で，行為指示と疑問との選択の問題ではなく，まず疑問が優先され，答えが否定的である場合にのみ行為指示が成立する（したがって，「もしそれが早すぎないなら，6 時頃に来てください」という意味になる）．

■同じタイプの等位接続
混合が起こっていない平叙主節 (main declarative) の等位接続（Kim is in

---

[11] 形式ばらないくだけた会話にも同じことが当てはまる．Did he come in and I was still asleep? (彼が入ってきて，私はまだ寝ていたの？) (= 2.2.3 節の (30ii)) や (2 つ目の節に動詞がなく「彼女があなたの親友だったとすると」と解釈される) How could you have been so spiteful, and her your best friend? (どうして，あなたはそんなに意地悪でいられたの，彼女があなたの親友だったとすると？) のような例である．第 1 等位要素の中にある要素が第 2 等位要素を作用域にとるさらなる例としては，It might be up there and I can't see it. がある．might は広い作用域をもち，「それはむこうにあって私にはみることができないかもしれない」という意味を表す．

第3章　等位接続の範囲：何が何と等位接続できるのか　　　131

Bonn and Pat is too.（キムはボンにいるし，パットもボンにいる））は，合成命題の単一の陳述と捉えることができる．しかし，（少なくとも，and の場合）単一命題の複数の陳述とみなしても実質的には違いがない．命令文に関しても同様である．

　疑問文（interrogative）の状況はより複雑である．Who is it and what do they want?（それは誰なのか，そして何を望んでいるのか？）の and は，疑問文を結合していると考えられるが，これは，（「誰かというのはジルのことで，彼女はのこぎりを借りたいのだ」と答えられる）単一の合成疑問と解釈されてもほとんど違いがない．but は，通常主節の疑問を等位接続しない（そのため Who is it but what do they want?（それは誰なのか，しかし何を望んでいるのか？）のようには表現されないであろう）．[12] or については，いくつかの異なる可能性がある．

(27) 　i. 　Is it genuine or is it a hoax?　　　　　　　　　　　[選択疑問]
　　　　　（それは本物なのか，それともまがい物か？）
　　　ii. 　Have you moved or are you about to move?　[選択または極性の疑問]
　　　　　（あなたは引っ越したのか，それとも引っ越そうとしているのか？）
　　　iii. 　Either can you eat it or have I got one?　　　　　[2つの極性疑問]
　　　　　（それは食べられるか，それとも私がもっているものか？）

(27i) は単一の疑問文であり，or があるために選択疑問の一種となる．(27i) の答えは，It is genuine.（それは本物である．）と It is a hoax.（それはまがい物である．）である．(27ii) は，第6巻『節のタイプと発話力，そして発話の内容』で考察されたものであるが，すでに引っ越したのか，もうすぐ引っ越しなのかを尋ねる選択疑問である．しかし，たとえば，住所に変更があるかどうか確認するために尋ねる単一の極性疑問にもなりうる．その場合，答えは，Yes, I have moved or am about to move.（はい，すでに引っ越したか，もうすぐ引っ越すところだ．）や No, I have not moved nor am I about to move.（いいえ，引っ越していないし，すぐに引っ越すこともない．）になる．この場合の疑問は (26ic) と

---

　[12] 例外が起こるのは，Isn't it a bargain, but where could we put it?（それは掘り出し物じゃないか，しかし，それをどこに置こうか？）のように，疑問文の1つが間接的な陳述として使われる時である．

同じで，どちらも等位接続全体で単一の極性疑問を表す．しかし，2つ目の節は，and を用いた場合は平叙であるが，or の場合は疑問でなければならない．(27iii) は，疑問文が等位接続されている．あまり一般的ではないが，たとえば，パズルを解こうとしている状況で，Give me a clue by answering one of the following questions: Either can … (つぎの質問の1つに答えることで私に手がかりをください：どちらが …) のような発話をすることも可能である．(27iii) の either は，等位接続詞が広い作用域をもつこと，すなわち，疑問文の等位接続であることを明確にする働きをしている．either は，(27i, ii) の最初の位置には現れることができないが，これは，狭い作用域をもつ（つまり単一の疑問文内の等位接続と解釈される）ためである．この作用域に関する要因により，either が決して選択疑問の or と相関しないという，すでにみた事実 (2.3節) が説明されることになる．[13]

3.6 等位接続のレベル

■異なるレベルでの等価性

これまで述べてきたように，等位接続の重要な特性の1つとして，等位要素が構成素構造のほとんどどのような場所でも起こりうるということがある．結果として，以下の例では同じ意味が表される．

(28) i. They shot her father and they shot her mother.　　　［節］
   （彼らは彼女の父親を撃ったし，彼女の母親も撃った．）
  ii. They shot her father and shot her mother.　　　［動詞句］
   （彼らは彼女の父親を撃ち，彼女の母親も撃った．）
  iii. They shot her father and her mother.　　　［名詞句］
   （彼らは彼女の父親と母親を撃った．）
  iv. They shot her father and mother.　　　［名詞］
   （彼らは彼女の父母を撃った．）

---

[13] (27ii) の場合，Have you either moved or are you about to move?（あなたは引っ越したのですか，それとも引っ越そうとしているのですか？）のように，either を第1等位要素の前の基本位置よりも右に置くこともかろうじて可能である．

第 3 章　等位接続の範囲：何が何と等位接続できるのか

（異なるレベルの等位接続は，1.3 節で述べたような点では意味が異なるかもしれないが，本節ではそうした違いについては考えない．）レベルが低ければ低いほど，繰り返しが少ない．しかし，もっとも経済的な表現であるもっとも低いレベルの等位接続が常に好まれるわけではない．

　一般に，低いレベルの等位接続は高いレベルの等位接続よりも，等位要素間のより近い関係を連想させる傾向がある．父と母の間に密接な関係があるならば，They shot her father and mother.（彼らは彼女の父と母を撃った．）のような語レベルの等位接続がもっとも自然である．一方，特別な文脈がなければ，父親と弁護士の間には同様の親密な関係は存在しないので，句レベルの等位接続である She was accompanied by her father and her solicitor.（彼女は父親と弁護士に付き添ってもらった．）が，... by her father and solicitor よりも用いられやすいであろう．同様のことは，（密接な関係をもつとして，名詞が等位接続された）I need a shirt and tie.（私はシャツとネクタイが必要である．）と（関係性が薄いとして，句が等位接続された）I need a diary and a calculator.（私は日記と計算機が必要である．）や，さらには my friend and colleague（私の友達であり同僚）（1 人の人物）や my boss and my secretary（私の上司と私の秘書）（異なる人物）のような例についても当てはまる．

　決定詞は容易には等位接続されない傾向があるが，this copy and those（この冊子とそれら）の場合，より高いレベルの等位接続が好まれることは以前に述べた．同様に，be は，補部に混合型の等位接続を許す一方で，He was insolent and was dismissed.（彼は無礼で解雇された．）のように補部が非定形の時には be の繰り返しが好まれるか，義務的になることがしばしばある．

名詞の等位接続に関する数の制約
第 3 巻『名詞と名詞句』で述べたように，名詞句の構造において，ある種の決定詞の選択は主要部の数によって決まる．指示詞 **this** と **that** は主要部と一致し，a, one, each のような決定詞は単数を表す主要部を選択する．一方で，many（多くの），several（数個の），two（2つの）などは複数を表す主要部を選択する．主要部として機能する名詞（もしくは名詞部の）等位接続には，(29) で示されているようなさまざまな制約がかかる．

(29)　i.　a. *these elephant and giraffe　　b. *two elephant and giraffe

ii. a.　this cup and saucer　　　　　b.　a/one cup and saucer
　　　　　　（このカップと受け皿）　　　　　　（1客のカップと受け皿）
　　　iii. a.　#this elephant and giraffe　　b.　#an/one elephant and giraffe
　　　　　　（このゾウとキリン）　　　　　　（1組のゾウとキリン）

(29i) は，単数名詞を等位接続しても統語的には複数とはならず，複数形の指示詞や複数を表す主要部を選択する決定詞と組み合わせることができないことを示している．単数名詞をつなぐ等位接続表現は，(29ii) のように等位要素間に近い関係があれば，単数形の指示詞や，単数を表す主要部を選択する決定詞と組み合わせることができる．たとえば，カップと受け皿は概念的に 1 つの単位とみなすことができるが，このような捉え方は，ゾウとキリンに対しては通常はしない．したがって，通常は (29iii) の代わりに，this elephant and this giraffe（このゾウとこのキリン）のように別個に決定詞をとる名詞句（NP）レベルで等位接続をする．さらに，どのような決定詞であっても，語レベルで単数を表す要素と複数を表す要素とを等位接続することはできない．the women and the man（その女性たちとその男性）は許容されるが，*the women and man は許容されないのである．[14]

高いレベルの等位接続での分離効果

密接な関係があると，低いレベルの等位接続が認可されることが期待される一方で，高いレベルでの等位接続が等位要素を分離，あるいは部分的に分離する効果をもたらすこともある．

(30)　i.　He had dinner and watched TV.　　　　　［動詞句の等位接続］
　　　　　（彼は夕食を食べて，テレビをみた．）
　　　ii.　He had dinner and he watched TV.　　　　［節の等位接続］
　　　　　（彼は夕食を食べて，テレビをみた．）

(30i) ではよくある一連の出来事が表されている．一方で，(30ii) には，より

---

[14] three (3) よりも大きな数を表す数詞（numeral）が等位接続名詞と組み合わせられる場合に一般的に好まれる解釈は，等位要素の結合的な解釈である．それゆえ，ten elephants and giraffes は全部で 10 頭の動物として解釈される可能性がもっとも高い．しかし，分配的解釈（「10 頭のゾウと 10 頭のキリン」）も排除することはできない．

明確に区別される出来事がリストされていて，出来事が表されている順序で起こっているという意味は（30i）ほどは強く出ない．

■ **異なるレベルの等位接続**
等位要素が階層の異なるレベルにある例もみつかる．

(31) i. If you are homeless, an orphan, a refugee in State care or your parents can't provide you with a home, care or support, you can get Austudy from the minimum school leaving age.
（もしあなたがホームレス，孤児，政府の保護下にある難民であるか，またはあなたの両親から家，保護，あるいは援助を得られないのであれば，義務教育を終える年齢から支援を受けることができる．）

ii. He was middle-aged, of sallow complexion and had penetrating blue eyes.
（彼は中年で，血色の悪い顔色で，鋭く青い目をしている．）

iii. He reads widely, has a questioning mind and he's very mature for his years.
（彼は幅広く読書し，探究心があり，年の割には成熟している．）

iv. He had read the report, discussed it with colleagues and was now drafting a reply.
（彼は報告書を読み，同僚と議論した上で，返答の草稿を今しがた書いていた．）

(31i) では，最初の3つの等位要素は句であり，それぞれの等位要素が be の述語補部として起こりうるが，最後の等位要素は節である．(31ii) では，最初の2つの等位要素は動詞句内にある句であるが，3つ目の等位要素は完全な動詞句である．(31iii) では，最初の2つは動詞句であり，3つ目は節である．そして，(31iv) では，最初2つは完了の have にかかる過去分詞で，3つ目は定形の動詞句である．このような例についての状況にはかなり不安定なところがある．注意深くチェックされた会話や書き言葉よりも形式ばらないくだけた会話でよくみられるが，第3次教育支援に関するオーストラリアの政府文書からとった (31i) から明らかなように，実際には書き言葉においても観察される．

[専門的解説]
(31) は第1章で概説した構造では直接には説明することができない．というのも，下線部の表現が定義可能な機能をもつ構成素にまとめることができないためである．もしこれらの例が文法的であるとみなされ，分析が与えられるのであれば，この等位接続は最後尾の等位要素のレベルでのもので，中間の等位要素の最初のところで省略 (ellipsis) がともなっているものとして扱う必要がある．そのため，たとえば (31ii) の第2等位要素の of sallow complexion（血色の悪い顔色）は，動詞 was が省略されている動詞句の等位接続ということになるであろう．このことから，これらの等位接続は，次章で述べるような基本的でない等位接続の範疇に入ることになるが，周辺的なステータスをもつので，これ以上の考察はしない．

第4章　基本的でない等位接続

ここまでは，**基本的な**等位接続（**basic coordination**）とよぶ等位接続に焦点を当ててきたが，本章では，**基本的でない**等位接続（**non-basic coordination**）とよぶ，より複雑な構文について考える．

基本的な等位接続 (1) は，(2) で示される3つの特徴をもつ．

(1) [Sue and her brother] live in Paris.
　　（スーと彼女の兄はパリに住んでいる．）

(2) i. 基幹等位要素は通常の構成素である．つまり，Sue lives in Paris; Her brother lives in Paris.（スーはパリに住んでおり；彼女の兄もパリに住んでいる．）のように等位接続をしない構文においても構成素として現れることができる．[1]

　　ii. 等位要素は連続して現れる．たとえば，(1) において，and を含んでいる第2等位要素は，第1等位要素の直後に現れる．

　　iii. 基幹等位要素は単独か標識との組み合わせで生じる．(1) において，Sue は単独で現れているが，her brother は等位接続詞 and をともなっている．

---

[1] Sue and her husband are a happy couple.（スーと彼女の夫は幸せなカップルだ．）のような結合的等位接続においては，対応する非等位接続構造は存在しない．しかし，他の環境において構成素としてのステータスをもつことは疑いない（たとえば Her husband is happy.（彼女の夫は幸せである．））ため，等位要素は通常の構成素とみなすことができる．

137

基本的でない等位接続は，これらのうち，1つあるいは複数の特性が備わっていない．(2iii) との関連ですでに述べたように，等位要素は，Jill and her brother too live in Paris.（ジルと彼女の兄もパリに住んでいる.）のように，等位接続詞とともに（もしくは等位接続詞の代わりに）修飾語をともなって拡張することができる．本章ではまずこの種の拡張に関して考察した上で，(2i) や (2ii) の性質において基本的な等位接続と異なるさまざまな構文について検討を行う．

4.1 修飾語による等位要素の拡張 (the guests and indeed his family too)

(3) の等位接続構文は，拡張された等位要素に基幹等位要素と標識（等位接続詞）に加えて1つあるいは複数の修飾語を含む．

(3) i. He offended [the guests and indeed his family too].
（彼は客の気分も自分の家族の気分も害した.）　　　　［修飾語による拡張］
ii. He offended [the guests and his family].
（彼は客と自分の家族の気分を害した.）　　　［基本的な名詞句-等位接続］

(3i) の第2等位要素は基幹等位要素 his family, 等位接続詞 and, 修飾語の indeed と too から構成される．樹形図に関しては，第1章の (9) を参照．

［専門的解説］
■低いレベルの等位要素のみをともなう構文
修飾語による拡張は，主節（もしくは，動詞句）の等位要素と特別な等位構造をつくりだすわけではない．ここで使われる修飾語は等位接続とは独立した構文にも現れうる．

(4) i. He offended the guests and indeed he offended his family too.
（彼は客の気分を害したが，それどころか自分の家族の気分も害した.）
ii. He offended the guests. Indeed he offended his family too.
（彼は客の気分を害した．いやそれどころか彼は自分の家族の気分も害した.）

(4ii) は等位接続されていないが，修飾語の indeed と too は (4i) と同じ機

能をもつ．このため，これらの修飾語は，(4i) と同様に基幹等位要素内にあるものとして扱う．したがって，(4i) は基本的な節の等位接続の例になる．[2] 対照的に，従属節において修飾語は明らかに基幹等位要素の外側に存在しうる．たとえば，I can't recall any task which at first seemed so simple and yet which subsequently proved so troublesome.（最初はとても単純にみえたが，後でとてもやっかいだと分かった仕事を，私は思い出すことができない．）のような例がある．

■ **修飾語のタイプ**
等位接続構文に現れる中心的なタイプの修飾語は，等位接続詞により表される関係を強める．(5iii) のように，but の等位接続において否定の not が第 1 等位要素の修飾語となっている特殊な例もある．

(5) i. She had read the report and taken notes too.
  （彼女は報告書を読み，メモもとった．）
 ii. It must have been a rat or else a very large mouse.
  （それはドブネズミか，さもなければとても大きいハツカネズミだったに違いない．）
 iii. I want it not next week but now.
  （私は来週ではなく，今それがほしい．）

(5) の構文は，第 4 巻『形容詞と副詞』で考察した追加焦点化副詞（additive focusing adverb）を含む．この種の焦点化副詞には，ほかにも also（も），as well（も），(and や but にともなう) in addition（加えて），(or にともなう) alternatively（代わりに），(but にともなう) rather（むしろ）がある．また，consequently（したがって），by contrast（対照的に），of course（もちろん），on the one hand（一方）のようなさまざまな連結修飾語もよく使われ，perhaps（おそらく），probably（たぶん），certainly（きっと），obviously（明らかに），no doubt（疑いなく）のような認識のモダリティ（epistemic modality）を表す修飾語もある（たとえば，They're inviting Jill and probably her husband as well.（彼ら

---

[2] else は例外である．節の等位接続であっても，else は or とともに現れる場合を除いて基本的に生じないので，等位要素を拡張する要素として扱うべきである．

はジルを招待し，たぶん彼女の夫も同様に招待する.) のような例である).

　類似の構文に，等位要素の 1 つが補足部の係留先となっている It had been affected by both the inflation rate and, more recently, devaluation. (それは物価の上昇と，最近では，下落の両方に影響される.) のような構文がある (この点に関しては第 5 章『前置詞と前置詞句，そして否定』を参照).

4.2　空所を含む等位接続 (Kim is an engineer and Pat a barrister)

空所を含む等位要素は構造的に不完全な節である．述語が省略されて節の中間に空所ができるからである．以下に例をあげる．

(6)　i.　Kim is an engineer and Pat is a barrister.　　　［基本的な等位構造］
　　　　（キムは技師で，パットは弁護士である．）
　　ii.　Kim is an engineer and Pat ___ a barrister.　　　［空所を含む等位構造］
　　　　（キムは技師で，パットは弁護士である．）

(6ii) において下線 ___ で表された空所は，and の前の節において下線が引かれた先行詞と照応的に解釈される．通常，空所を含む等位構造は，空所でなく繰り返しがある基本的な等位構造と同じ意味を表す．したがって，(6ii) は (6i) と同じ意味を表す．[3] 空所化は，等位要素が並行的な構造をもつときにのみ可能になる．つまり，空所は，先行詞を囲む要素と同じ機能をもつ要素に囲まれるのである．たとえば，(6ii) では，Pat が主語の Kim と対応し，a barrister（弁護士）が叙述補部の an engineer（技師）と対応している．多項等位構造では，Kim is an engineer, Pat ___ a barrister, and Alex ___ a doctor. (キムは技師，パットは弁護士，アレックスは医者である.) のように，第 1 等位要素の後に来るすべての等位要素に空所化が起こってもよい．[4]

---

　[3] 一致は関係しないため，繰り返しは正確である必要はない．Kim is an engineer and the two boys ___ doctors. (キムは技師で，2 人の青年は医者である.) に対応する空所のない基本構文に現れる動詞は is ではなく are である．
　[4] 「空所化 (gapping)」という用語は形式文法からのものである．伝統文法においてはこの構文に対する定着した用語はない．しかしながら，空所があるとして分析される構文は数多くあるため，「空所化 (gapping)」あるいは「空所を含む等位構造 (gapped coordination)」という用語は，本章で議論する構文についてのみ適用されることは強調しておくべきであろう．

もっとも単純な場合，空所は最初の節の述語を先行詞にとり，左側に主語そして右側に（補部ないし付加詞に当たる）要素が1つ置かれる．(6ii)では右側の要素が叙述補部であるのに対して，(7i, ii)では右側の要素がそれぞれ目的語と付加詞である．

(7)　i.　Their daughter studied law, their son ___ medicine. ［主語___目的語］
　　　　（彼らの娘は法律を，息子は医学を勉強した．）
　　ii.　The PM arrived at six and the Queen ___ an hour later.
　　　　（首相は6時に，女王は1時間後に到着した．）　　　　［主語___付加詞］

空所は，構造的な並行性と組み合わさって，節をつなぎ合わせる働きをする．そのため，基本的な等位接続よりも and が省略されやすい．(7i) と対応する空所のない Their daughter studied law, their son studied medicine.（彼らの娘は法律を勉強し，息子は医学を勉強した．）は会話においては，等位接続詞を用いない等位構造なのか，単純に2つの文の連続なのかを判断することが難しい．

■ 空所化のより複雑な例
ここで，基本的なタイプの空所化に対して可能な拡張について考察する．

(a)　先行詞は複数の要素が連続したものであってもよい

(8)　i.　Jill came to Fiji in 1967 and her parents ___ the following year.
　　　　（ジルは1967年に，彼女の両親はその翌年にフィジーに来た．）
　　ii.　Their daughter was studying law, their son ___ medicine.
　　　　（彼らの娘は法律を，息子は医学を勉強していた．）
　　iii.　Kim expects to get a credit, Pat ___ only a pass.
　　　　（キムは単位を，パットは及第点だけを期待している．）
　　iv.　His father wanted him to marry Sue, but his mother ___ Louise.
　　　　（彼の父は彼にスーと，彼の母はルイーズと結婚してほしかった．）

空所化は，連鎖構文（catenative construction）においてとくに一般的で，先行詞は非定形補部をとる動詞，すなわち，助動詞（たとえば(8ii)の進行を表す be）か語彙的な動詞（たとえば(8iii, iv)の except と want）のいずれかである．非定形補部全体が先行詞に含まれてもよい（Ed wanted to join the firm because of the pay, Bill ___ because his girlfriend worked there.（エドは給料が理由で，ビルは彼のガールフレンドがそこで働いていたので，その会社に入社したかった.））．しかし，上記の (8) のように，先行詞にはその一部だけが含まれることのほうが多い．このことは，先行詞が構成素を形成しないことを意味する．たとえば (8iv) では，明らかに wanted him to marry（彼に結婚してもらいたかった）は構成素ではない．構成素構造では，to marry（結婚すること）は最初に Sue と組み合わされるからである．[5]

空所化構文には，先行詞を前置詞や不定詞の to で終える形にできないという制限がある．その制限のため，(9) の下線が引かれた語 (by と to) は，1 番目の節にも現れているにもかかわらず省略できない．

(9) i. I went by car and Bill ___ by bus.
（私は車で，ビルはバスで行った.）
ii. Kim was hoping to go to university and Pat ___ to join the family business.
（キムは大学進学を，パットは家業に入ることを望んでいた.）

(b) 空所を含む等位要素は主語を含む必要がない

空所を含む節に主語が現れない場合が 2 つある．

(10) i. On Monday she'd been in Paris and on Tuesday ___ in Bonn.
（月曜日に彼女はパリに，火曜日にはボンにいた.）
ii. Always do it with your left hand, never ___ with your right.
（いつも左手でして，右手では決してしてはならない.）

(10i) では，主語 (she) が先行詞の一部となっているが，これはその他の節要素が主語に先行する場合にのみ可能である．(10i) では，主語に先行している

---

[5] あまり一般的ではないが，連鎖動詞単独が先行詞となることも可能である．ここでも，動詞が助動詞であるか語彙的動詞であるかにかかわらず，同じことが当てはまる．Kim will lead the party and Pat bring up the rear.（キムは部隊を先導し，パットはしんがりを務めるだろう.），One was reading, the other ___ watching television.（1 人は読書をしていたが，もう 1 人はテレビをみていた.），Two of them intended to go to university, and one ___ to join the army.（彼らのうちの 2 人は大学に行き，1 人は軍隊に入隊するつもりだった.）のような例がある．

要素は付加詞であるが, Some of them she cut with an ordinary knife, the others ___ with a razor-blade. (いくつかのものを彼女は普通のナイフで切ったが, ほかのものは剃刀の刃で切った.) のように補部要素でもよい. (10ii) では, 主語が現れない命令文が等位接続されているため, 空所を含む節の中に主語が現れない. しかし, 動詞の前には要素があり (ここでは, 修飾語の never), 結果として, 対比をなす要素が両側に置かれ, 空所はその中間に位置することになる.

(c) 先行詞は動詞でなくてもよい

非常にまれなケースであるが, つぎの (11) のように, 動詞をもたない with の補部の空所化の例がある.

(11) With [Jill intent on resigning and Pat ___ on following her example], we look like losing our two best designers.
　　　(ジルが辞職の意思を固め, パットもジルの例にならう意思を固めれば, 私たちは2人の最良のデザイナーを失うことになりそうだ.)

(d) 空所の後に2つの要素が続いてもよい

まれではあるものの, 目的語＋付加詞のように, 空所の後に2つ以上の要素が現れることも可能である.

(12) Ed had given me earrings for Christmas and Bob ___ a necklace for my birthday.
　　　(エドは私にクリスマスにイヤリングを, ボブは誕生日にネックレスをくれた.)

(e) 空所は1つでなく2つでもよい

(13) i. One had treated his whole family appallingly, the other ___ only his wife ___.
　　　(ひとりは家族全員に, もうひとりは妻にだけひどい扱いをした.)
　　ii. I wanted the Indian to win, my wife ___ the Italian ___.
　　　(私はインドに, 私の妻はイタリアに勝ってほしかった.)
　　iii. Too few fathers had been rostered for Saturday and ___ mothers ___ for Sunday.

(土曜日に父親が当番になることも，日曜日に母親が当番になることも少なすぎた.)

iv. His criticisms of Kim were inaccurate and ___ of Pat ___ irrelevant.
(彼のキムへの批判は正確ではなかったし，パットへの批判は見当違いだった.)

v. Max hadn't finished his assignment, nor ___ Jill ___ hers.
(マックスは彼の課題を，ジルも彼女の課題を終わらせていなかった.)

(13i) の空所を含む等位要素は，the other had treated only his wife appallingly（もうひとりは彼の妻にだけひどい扱いをした）と解釈される．この意味で使う treat は様態副詞を要求するため，先行詞は連続していない had treated … appallingly になる．(13ii) の空所を含む等位要素は my wife wanted the Italian to win（私の妻はイタリアに勝ってほしかった）と解釈される．(13ii) では，主述語 (main predicator) と，目的語に後続する不定詞補部の両方を空所に補って解釈するという再構築を行うのである．(13iii) では，had been rostered（勤務当番表にあがっていた）という動詞連続とともに，主語の中の決定詞 too few（少なすぎる）が空所を含む等位要素の解釈に入る．（二次的な空所をつくっている）決定詞の省略は，述語の主要な空所化と組み合わされたときにのみ可能になることに注意する必要がある．したがって，*Too few fathers had been rostered for Saturday and ___ mothers had volunteered for Sunday. は容認されない．この種の二次的な空所化は厳しく制限されている．たとえば，too few を all the や five に置き換えると，空所化はほぼ不可能であろう．つぎに (13iv) では，主語の最初の部分，この場合，決定詞＋主要部の部分が二次的な空所になっている．最後に (13v) は，nor had Jill finished hers（ジルも彼女の課題を終わらせていなかった）のように拡張できる．この場合，nor は主語–助動詞の倒置 (subject-auxiliary inversion) を引き起こし，had は過去分詞の finished から引き離される．

(f) 例外的に，空所が文末に来てもよい

(14) In most households the adults make these decisions, but in ours the kids ___.

（ほとんどの家庭では大人が，私たちの家庭では子どもたちがこれらの決定をする．）

この可能性は，in most households（ほとんどの家庭では）や in ours（私たちの家庭では）のような付加詞の基本的な位置が目的語よりも後であるという事実を反映している．付加詞が前置されない場合は，空所は通常の中間位置に生じる (The adults make these decisions in most households, but the kids ___ in ours.（ほとんどの家庭では大人が，私たちの家庭では子どもたちがこれらの決定をする．）がその該当例になる)．

■ 格
空所化が起こった節の主語代名詞の格は，Kim took the upper route, I/me ___ the lower one.（キムは上の道を，私は下の道を行った．）のように，主格か対格のどちらかになる．これは格付与の一般的な規則に従っており，定形節に動詞がある場合は主格主語が必要である．その他の場合には，主格と対格のいずれも可能である．ただし，主格がより形式ばった変異形になる（第3巻『名詞と名詞句』を参照）．しかしながら，動詞が空所化されている節において，目的語代名詞が主語代名詞に後続する場合，Max loathed the Smiths and they/ ?them ___ him.（マックスはスミス一家を，一家も彼をひどく嫌っていた．）のように対格主語の容認度はかなり低い．形式ばらないスタイルではこのような空所化をする構文を避ける傾向があるようである．

■ 基本的な等位構造と意味が同じにならない場合
これまでのすべての例において，空所を含む等位接続は対応する基本的な等位接続と同じ意味を表していた．しかし，この2つが常に同じ意味になるというわけではない．

(15) i. a. Kim can't have a new bicycle and Pat ___ just a t-shirt.
（キムが新しい自転車を，そしてパットが T シャツだけをもらうことはありえない．）

　　　 b. Kim can't have a new bicycle and Pat can't have just a t-shirt.
（キムが新しい自転車をもらうことはありえないし，パットが T シャツだけもらうこともありえない．） [a ≠ b]

　 ii. a. Kim wasn't at work on Monday or Pat ___ on Tuesday.
（キムが月曜日勤務ということでも，パットが火曜日勤務ということでもなかった．）

　　　 b. Kim wasn't at work on Monday or Pat wasn't at work on Tuesday.
（キムが月曜日勤務でなかったか，もしくはパットが火曜日勤務でなかったかのいずれかである．） [a ≠ b]

(15i) の文脈としては，子どもへのプレゼントの可能性に関する親同士の話し合いの状況を想起してもらえばよいであろう．(15ia) は「私たちはキムが新しい自転車をもらい，かつパットが T シャツだけをもらう状況は許せない／受け入れられない」と解釈される．意味的には，"can't" は 1 つしかないが，キムが新しい自転車をもらい，パットが T シャツだけをもらうという，キムとパットが非常に異なった扱いを受ける状況全体に適用される．この場合，can't は等位構造よりも広い作用域をもつのである．しかしながら，(15ib) では，そのことが当てはまらない．can't は 2 度現れ，2 つの単純な状況に対して別々にかつ独立に適用されるからである．(15ia) に対するもっともな応答としては，OK, let's give them both a new bicycle. (分かった，2 人ともに新しい自転車をあげよう．）であるが，これは (15ib) に対する応答としてはつじつまが合わない．(15ib) は，新しい自転車をキムにあげる可能性を排除するためである．(15ii) の違いも同じく作用域の問題である．(15iia) は，「キムが月曜日に勤務していたのでも，パットが火曜日に勤務していたのでもない（キムは月曜日に欠勤し，かつパットは火曜日に欠勤した）」という意味を表す．意味的には，やはりここでも，否定が 1 つだけあり，等位構造全体よりも広い作用域をとる．not A-or-B (A でも B でもない) は，not A and not B (A でなく，

かつ B でない）と等価である（I didn't like his father or mother.（私は彼の父親も母親も好きではなかった.）= I didn't like his father and I didn't like his mother.（私は彼の父親が好きではなかったし，彼の母親も好きではなかった.）となる）．同じことがここにも当てはまり，(15iia) は (15iib) と同じ意味を表すのではなく，Kim wasn't at work on Monday and Pat wasn't at work on Tuesday.（キムは月曜日勤務ではなかったし，パットは火曜日勤務ではなかった.）と同じ意味を表すのである．(15iia) は 2 件の欠勤があったといっているが，(15iib) は欠勤が 1 件だけであったことを語用論的に含意している．

> [専門的解説]
> ■分析
> 最初の単純な例からみると，空所化が起こった等位構造では，繰り返された要素が削除されていると分析したくなるが，(15)はこの種の統語分析が十分でないことを示している．このような分析では，空所を含む等位要素の統語構造が（たとえば (6ii) の主語＋叙述補部のように）あくまでも断片的であることを認めなければならない．文脈から意味解釈を引き出すこともできるが，それは欠けている語を埋めるよりも複雑になってしまうであろう．
> 　1.3.1 節において節の等位構造を完全な主節による等位構造と定義したのは，(15ia/iia) のような例を念頭に置いてのことである．これにより，空所を含む等位構造は節より小さな単位の等位構造であることになる．空所を含む等位構造がこのクラスに入るのは，典型的な場合と同様に，等位接続詞が先行する要素の作用域内に入ることがあるからである．

■非等位接続構文における空所
一般に，空所化は，*I will help you if you ___ me, *Jill danced with Max because Liz ___ with his brother. が容認されないように，従属接続においてはみられない．しかしながら，例外がいくつかみつかる．とくに（等位接続構文と多くの共通点をもつ）比較構文において，Max loved Jill more than she ___ him.（マックスはジルを，ジルがマックスを愛するよりも愛していた.）や I wanted the Indian to win as much as my wife ___ the Italian ___.（妻がイタリアに勝ってもらいたいのと同じくらい，私はインドに勝ってもらいたかった.）のよう

な例がみられる ((13ii) を参照). しかしながら，比較構文と等位接続構文は，完全には並行的ではない. というのも，この2つの構文は否定に関して異なるふるまいを示すからである. たとえば，Max didn't love Jill as much as she ___ him. (マックスは，ジルがマックスを愛しているほど彼女を愛していなかった.) では，空所が "didn't love" ではなく "loved" であると解釈されるが，Max didn't love Jill but she loved him. (マックスはジルを愛していなかったが，彼女は彼を愛していた.) では loved を省くことはできない.

4.3　右側臨時構成素等位接続 (I gave $10 to Kim and $5 to Pat)

右側臨時構成素等位接続 (right nonce-constituent coordination) とは，対応する基本的な等位構造において統語的に構成素を形成しない連続要素を等位接続することである.

(16) i.　I gave $10 to Kim and I gave $5 to Pat.　　　[基本的な等位構造]
　　　　　(私はキムに10ドルをあげ，パットに5ドルをあげた.)
　　ii.　I gave $10 to Kim and $5 to Pat.　　　　　　[臨時構成素の等位構造]
　　　　　(私はキムに10ドル，パットに5ドルをあげた.)

(16i) の $10 (10ドル) と to Kim (キムに) は，どちらもそれぞれ give (与える) の補部であるが，その2つの要素は構成素を形成しているわけではない. $5 と to Pat も同様である. にもかかわらず，(16ii) では，$10 to Kim (キムに10ドル) と $5 to Pat (パットに5ドル) という連続は，基幹等位要素を形成し，そのため構成素となっている.「臨時構成素 (nonce-constituent)」という用語は，単に等位接続することによってある文字列に対して構成素のステータスが与えられる，つまり等位接続の関係によりいわば文字列がその場限りで臨時に構成素となることを意図している.[6] また，これを「右側」臨時構成素等位接続 ('right' nonce-constituent coordination) とよぶのは，等位要素が前に現れる主要部要素，この場合は give, に依存する要素であるためである.

---

　[6] これらの連続体は等位接続構文の構成素であるため，形式文法において通常使われる「非構成素の等位構造 (non-constituent coordination)」よりも「臨時構成素 (nonce-constituent)」という用語のほうが好ましい.

第 4 章 基本的でない等位接続

■ 構造的並行性の要件

等位接続された連続体は，並行的な構造をもつことが要求される．たとえば，(16ii) において，それぞれの等位要素は to 補語と後続する直接目的語からなる．この要件を満たす類例は，(17i) にあげてあり，この中には，それぞれの等位要素内に要素が 3 つあるものも含む．(17ii) は等位要素が並行的ではないときに逸脱が起こることを示している．

(17) i. a. We persuaded <u>one of them</u> <u>to cycle</u> and <u>the others</u> <u>to catch a bus</u>.
    （私たちは彼らのうち 1 人には自転車に乗るように，また他の人たちにはバスに乗るように説き伏せた．）
  b. It was criticised <u>by some</u> <u>for being too short</u>, <u>by others</u> <u>for being too long</u>.
    （ある人たちには短すぎると批判されたし，他の人たちには長すぎると批判された．）
  c. Ted considered <u>Kim</u> <u>too young</u> and <u>Pat</u> <u>too earnest</u>.
    （テッドは，キムを若すぎると，そしてパットを真面目すぎると思った．）
  d. Jill bought <u>Kim</u> <u>a t-shirt</u> and <u>Pat</u> <u>some shorts</u>.
    （ジルはキムに T シャツを 1 枚，パットにショートパンツを何枚か買った．）
  e. I sent <u>Ed</u> <u>a letter</u> <u>on Monday</u> and <u>Sue</u> <u>a postcard</u> <u>on Friday</u>.
    （私は月曜日にエドに手紙を，金曜日にスーに絵葉書を送った．）
 ii. a. *In the afternoon I wrote <u>a report</u> and <u>my wife</u> <u>a letter</u>.
    （午後に私はレポートを，そして妻に手紙を書いた．）
  b. *He blamed <u>his wife</u> <u>for the debts</u> and <u>the untidy state of the house</u> <u>on the boys</u>.
    （彼は妻を負債のことでとがめ，家の乱雑な状態について少年たちをとがめた．）

(17ic–e) の例は，実際には，右側臨時構成素等位接続と空所化との間で曖昧性がある（空所化の解釈では ... and Pat considered Kim too earnest (... そしてパットはキムを真面目すぎると思っている) などとなる）．このような場合は，（日本語訳にあるような）右側臨時構成素等位接続の読みが一般的に強くな

る.[7] 同様に，(17iia) は，空所の例（… and my wife wrote a letter (… そして，私の妻が手紙を書いた)）としては文法的である．そのため，ここのアスタリスクは，右側臨時構成素等位接続ではありえないことを示している．これは2つの等位要素が構造的に類似もしていないし並行的でもないからである．つまり，第1等位要素は1つの要素（直接目的語）だけを含んでいるのに対して，第2等位要素は2つの要素（間接目的語＋直接目的語）を含んでいるのである．(17iib) では，両方の等位要素が2つの要素を含んでいるが，blame X for Y と blame Y on X という，blame の異なる補部パターンを反映している．[8]

■名詞句構造における右側臨時構成素等位接続

空所化とは異なり，右側臨時構成素等位接続は節に限られるわけではなく，名詞句内においても観察される．

(18) She's read [the lectures on Goethe by Dr Smith and on Schiller by Dr Jones].
（彼女はスミス博士によるゲーテについての講義とジョーンズ博士によるシラーの講義を読んだ.）

■基本的な等位接続と意味が同じにならない場合

空所化と同様に，右側臨時構成素等位接続は通常，((16ii) が (16i) と同じ意味を表すように）対応する基本的な等位構造と同じ意味を表す．しかし，常にそうなるとは限らない．以下の例は，(15) にあげたものと同じ種類のもので，意味の等価性が保たれていない.

---

[7] このことは名詞句がすべて同じタイプの場合に当てはまる．Some of them considered me too young and others too old. (彼らのうち，私を若すぎると思う人もいれば，年齢が高すぎると思う人もいた.) では，others は me よりも some of them と対比されるほうが自然であり，空所化をともなう等位構造の読みがより顕著になる．

[8] ?He left his daughter $20,000 and half that amount to each of his grandchildren. (彼は娘に2万ドル，そして孫のそれぞれにその半分のお金を残した.) のような例を容認する話者がいる．確かに，この例は (17iib) よりも容認度が高く，また逆パターンの並行性の違反をしている *He left $20,000 to his daughter and each of his grandchildren half that amount. よりも容認度が高い．

(19) i. a. I can't give a new bicycle to Kim and just a t-shirt to Pat.
   （私は，キムに新しい自転車を，そしてパットに T シャツだけをあげることはできない．）
   b. I can't give a new bicycle to Kim and I can't give just a t-shirt to Pat.
   （私はキムに新しい自転車をあげられないし，パットに T シャツだけをあげることもできない．）

   ii. a. He said nothing to Kim about Pat or to Pat about Kim.
   （彼はキムにパットのことを，パットにもキムのことを，何も話さなかった．）
   b. He said nothing to Kim about Pat or he said nothing to Pat about Kim.
   （彼はキムにパットのことを何も話さなかったか，パットにキムのことを何も話さなかったかのいずれかだ．）

 $[a \neq b]$ (for both i and ii)

(19ia) は，私が新しい自転車をキムにあげ，パットに T シャツしかあげないという 2 つの出来事からなる 1 つの状況を排除している．これに対して，(19ib) はそれぞれ独立した 2 つの個別の状況を別々に排除している．(19ia) では，and が can't に対して狭い作用域をもつのに対して，(19ib) では，and が広い作用域をもつ．同様に，(19iia) では，否定の nothing は or よりも広い作用域をもつ．(not A-or-B (A でも B でもない) と not-A and not-B (A ではなく，かつ B ではない) が等価であるため) (19iia) は，(19iib) とではなく，He said nothing to Kim about Pat and he said nothing to Pat about Kim. （彼はキムにパットのことを何も話さなかったし，そしてパットにキムのことを何も話さなかった．）と同じ意味になる．

[専門的解説]
■分析
(19) で示したように，右側臨時構成素等位接続と基本的な等位接続の意味が同じにならないことを考慮に入れると，右側臨時構成素等位接続構文を基本的な等位接続から繰り返された要素の削除によって派生する分析は十分ではない

ことがわかるであろう．代案として，(20)に示されている分析を提案する．
(20)は，(16ii)の動詞句の構造を単純化して表示している．

(20)
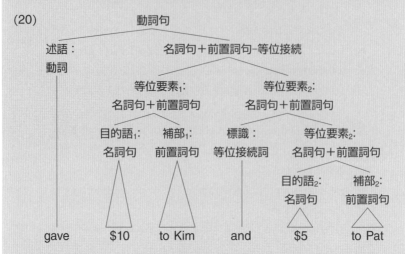

「名詞句＋前置詞句」の表記は，前置詞句が名詞句に後続することを意味する．$10 to Kim and $5 to Pat (キムに10ドルとパットに5ドル)という連続体は，2つの連続体を等位接続したものであるが，それに機能が付与されることはない．節レベルの機能が付与されるのは，より小さな要素である $10, $5, to Kim, to Pat であり，最初の2つが直接目的語で，残りの2つが前置詞補部である．

I gave both $10 to Kim and $5 to Pat. (私はキムに10ドルあげることとパットに5ドルあげることを両方した.) のように，第1等位要素には相関的な both を付加できる．このことが，(I gave $10 to Kim や gave $10 to Kim ではなく) $10 to Kim (キムに10ドル) が第1等位要素になっていることをさらに証拠づけることになる．[9]

---

[9] (20) に示した構造にうまく合致しない例の1つとして，We'll be in Paris for a week and Bonn for three days. (私たちは1週間パリに，そして3日間ボンにいるだろう.) があげられる．この例が複雑なのは，for a week (1週間) が (期間を表す付加詞という) 節レベルの機能をもつが，Paris はそうではなく，前置詞 in の補部であることである．最善の解決策はおそらく，in を等位構造の一部として扱うことであろう．そうすると，第2等位要素は in の省略 (ellipsis) が起こっている前置詞句で，この例は前置詞句＋前置詞句の等位構造をもっていることになる．

4.4 遅延右側構成素等位接続 (knew of but never mentioned my work)

遅延右側構成素等位接続構文においては，基本的な等位接続で第 1 等位要素の右端の要素として生じる構成素が最後の等位要素の後ろに置かれる．

(21) i. She knew of <u>my other work</u> but never mentioned it.

　　　　　　　　　　　　　　　　　　　　　　　　　　　［基本的な等位接続］

（彼女は私のほかの仕事のことを知っていたが，そのことを決して口にしなかった．）

ii. She knew of but never mentioned <u>my other work</u>.　［遅延右側構成素］

（彼女は私の他の仕事について知っていたが，決して口にしなかった．）

一般に，各等位要素の中から共通する部分を取り去ると，結果として，等位要素間の対比を強調する効果がもたらされる．しかし，この構文は，基本的な等位接続よりも認知的に処理しにくい．というのも，聞き手は，意味が文末で完結するまで第 1 等位要素を記憶しておく必要があり，話し手は，統語的に遅延する要素で完結するように，あらかじめ計画的にそれぞれの等位要素を切っておく必要があるからである．(21ii) の knew of と never mentioned はどちらも，最後の補部名詞句が出た時点で完結する．[10] この構文の特徴として，最後の等位要素の後に韻律の切れ目があり，そのことによって後に来る要素が最後の等位要素だけではなく等位接続全体にかかることがわかる．

---

[10] この条件が満たされない例もみられる．$^?$I always have and always will <u>value her advice</u>.（私は彼女の助言を常に評価してきたし，これからも常に評価するだろう．）が，その 1 例である．value の単純形は，will に続くならば許容されるが，have の後に続くことはできない．したがって，基本形式では I have always valued her advice and always will <u>value it</u>.（私は彼女の助言を常に高く評価してきたし，これからも常に高く評価するだろう．）となる．もう 1 つの例は，同等比較と非同等比較が等位接続される $^?$It's as good or better than the official version.（それは，正式版と同じか，あるいはもっとよい．）のような文である．この例で as good は，than ではなく as が主要部となる補部をとる．このような例は完全に文法的ではなく，校閲を受けた演説や書き物では一般に避けられ，第 2 等位要素が It's as good as or better than the official version.（それは，正式版と同じか，あるいはそれよりもっとよい．）のように修正されることがある．

■ 使用範囲

ここでは，右側構成素が遅れて右端に置かれる等位接続のタイプの主なものを (a)-(e) で例示する。[11]

(a) 異なる補部をとる主要部

おそらく，もっとも一般的なのは，等位要素の主要部がそれぞれ異なる統語的補部をとる場合である．(21ii) がこのタイプの例となる．(意図した意味での) know は of 前置詞句をとるのに対し，mention は名詞句目的語をとるからである．別の例として以下のようなものがある．

(22) i. I'm interested in but rather apprehensive about their new proposal.
（私は，彼らの新しい提案に興味はあるが，不安もかなり感じている．）
ii. He ought to, but probably won't, make a public apology.
（彼は公的に謝罪すべきであるが，おそらくしないだろう．）

(22i) の主要部 interested と apprehensive は，in と about という異なる前置詞を選択する．(22ii) においても，ought と will は異なる種類の不定詞補部を選択し，to は ought にのみ現れている．

(b) 時間またはモダリティの対比

2つ目のパターンは，各等位要素の動詞は同じであるが，時間やモダリティの概念を表すのに違いがある場合である．

(23) i. She was then, is now, and always will be, devoted to the cause of peace.
（彼女は，過去も，現在も，そしてこれから先もずっと平和運動に身を尽くすだろう．）

---

[11] ここでは遅延要素が単一の構成素である例に焦点を当てる．ただし，等位接続の後に続くものは，単一の構成素ではなく複数の要素からなる連続体のこともある．It had to be ascertained whether the managers had suitable people to put forward for possible appointment from persons [registered with, or applying to, them for employment]．（会社の雇用のため登録済みの人々，または応募中の人々の中から，経営者が適材適所で人材を配置したかどうかを確認しなければならなかった．）のような場合である．

第4章 基本的でない等位接続

ii. They regarded him, or appeared to regard him, as a complete liability.
(彼らは，彼をまったくの厄介者とみなしていたか，みなしているようにみえた．)

(c) 語彙的に単純な等位要素と語彙的に複雑な等位要素の組み合わせ

(24) i. He had either telephoned or written a letter to his son's boss.
(彼は息子の上司に電話をかけるか手紙を書くかのいずれかをしていた．)
ii. You should welcome, not take offence at, the suggestions they make.
(あなたは彼らの提案を歓迎こそすれ，反発すべきではない．)
iii. He was accused but found not guilty of stalking a woman for seven years.
(彼は女性に7年間つきまとった罪で訴えられたが，無罪になった．)

(24) では，第1等位要素は動詞単体であるが，第2等位要素は複雑な表現になっている．(24ii) は，第2巻『補部となる節，付加部となる節』で考察した種類の動詞イディオムがこの構文の1つまたは2つ以上の等位要素に現れるかなり一般的なケースを例示している．

(d) 名詞句構造において主要部の前に置かれる依存部の連鎖の対比

(25) i. They have [five new and two second-hand copies of his novel].
(彼らは，彼の小説を新品で5冊，中古で2冊もっている．)
ii. [Neither the American nor the Russian people] want war.
(アメリカの人々もロシアの人々もどちらも戦争は望まない．)

(25i) においては，等位接続された連鎖の中にある2つの依存要素が両方とも対比されるが，(25ii) では，2つ目の依存要素だけが対比される．(25ii) において the が繰り返し出現するのは，neither が the と American の間に生じることができないからである．このような繰り返しは，統語的あるいは意味的に要求されない場合にも起こる．たとえば，He was comparing the American and the Russian versions. (彼はアメリカ版とロシア版を比較していた．) といった

例である．

(e) 主語と動詞のペアの対比

(26)　Kim may accept, but Pat will certainly reject, the management's new proposal.
　　　（経営者側の新しい提案をキムは受け入れるかもしれないが，パットは確実に拒否するだろう．）

■ **等位接続に限定されない構文**

遅延右側構成素は等位接続において生起することが圧倒的に多いが，以下のように，ある種の従属接続構文において生じることもある．

(27)　i.　I enjoyed, although everyone else seemed to find fault with, her new novel.
　　　　（彼女の新しい小説を，ほかの人は全員瑕疵があると判断したようだが，私は楽しんだ．）
　　　ii.　Those who voted against far outnumbered those who voted for my father's motion.
　　　　（父の動議に対して，反対した人が賛成した人をはるかに上回った．）

(27) では，（下線部の）対比されている要素の連続体は，右端に単独で起こる遅延右側構成素と組み合わせることができるが，主語を含んでいるという点で，上記 (e) の場合とかなりよく似ている．(27i) では I と everyone else，(27ii) では who が主語に該当する．

[専門的解説]

■ **分析**

遅延右側構成素等位接続は，右側臨時構成素等位接続と鏡像関係にあるようにみえる場合がある．たとえば，five new and two second-hand copies（5冊の新品の本，そして2冊の中古の本）と gave $10 to Kim and $5 to Pat（キムに10ドル，パットに5ドル与えた）の関係である．しかし，重要な違いが2つある．その1つは，上で述べたポイントであるが，遅延右側構成素は，従

属接続で生じることができるという点である．もう1つは，遅延右側構成素等位接続では，右側臨時構成素等位接続とは異なり，構造的な並行性（parallelism）が要求されないという点である．たとえば，(24i) で，等位要素は，telephoned（電話をした）と written a letter to（に手紙を書いた）であるが，内部構造はかなり異なる．

1つの可能な分析として，関係代名詞を関係節に関係づけるのと同じように，右側構成素を等位接続構造に関係づけるということが考えられる（これは，長距離依存（unbounded dependency）を許す他の構文に関しても同様である（第7巻『関係詞と比較構文』を参照）．そうすると，(24i) は，たとえば，his son's boss whom he had either telephoned or written a letter to（彼が電話をするか手紙を書くかした彼の息子の上司）に対応することになる．この考え方を (24i) に適用すると，おおよそ (28) で示されるような構造が得られる．

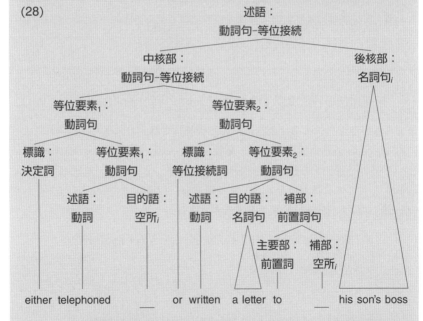

(28) の2つの等位要素はともに空所があり，その空所は，後核部位置にある名詞句と同一指標の i が与えられている．これは，ちょうど関係節構造において同一指標が空所と関係代名詞に与えられるのと同じ状況にある．異なるのは，関係節構造においては everyone whom he had telephoned（彼が電話

をした人全員）のように空所はたいてい1つしかないのに対して，遅延右側構成素等位接続においては，通常，語の連続体が2つ以上等位接続され，複数の空所がその連続体の内部に起こることである．

　（28）において遅延右側構成素に直接付与される機能のラベルは「後核部（postneucleus）」以外にはない．しかし，遅延右側構成素は（関係代名詞と同様に），等位要素内において同一指標が与えられた空所の機能を引き継ぐものとして理解される．この分析は，(28) の his son's boss（彼の息子の上司）が telephoned の目的語であると同時に前置詞 to の補部としても理解されるように，遅延右側構成素が等位要素において異なる機能をもつものとして理解されることを考慮に入れたものである．この種の構造が，遅延右側構成素のすべての例に当てはまるかどうかについては，これから解明すべき問題である．とくに，最後の等位要素の前に韻律の切れ目が存在しない場合や He's as old as or older than me.（彼は私と同じ歳か，年上だ．）のように，強勢の置かれない人称代名詞が遅延右側構成素として現れる場合の構造の解明が必要である．

4.5　末尾付加の等位接続 (They had found Kim guilty, but not Pat)

節よりも小さな単位の等位要素は，節に後続して構文の末尾に付加されることがある．そのような等位要素は，必要に応じて付け足し表現（afterthought）として情報を追加する役割をもつ可能性があり，その場合，補足部（supplement）としての位置づけをもつ．この構文は，(29ia) と (29iia) で示されているように，2つに下位分類することができる．

(29)　i.　a.　They had found <u>Kim</u> guilty of perjury <u>but not Pat</u>.

　　　　　　　　　　　　　　　　　　　　　　　　　　［等位要素の後置］

　　　　　（彼らはキムを偽証罪で有罪としたが，パットに対してはそうしなかった．）

　　　　b.　They had found <u>Kim</u> <u>but not Pat</u> guilty of perjury.

　　　　　　　　　　　　　　　　　　　　　　　　　　［基本的な等位接続］

　　　　　（彼らはパットではなくキムを偽証罪で有罪とした．）

　　ii.　a.　I spoke to her, <u>but only briefly</u>.　　　　［新しい要素の追加］

第 4 章　基本的でない等位接続

（彼女に話しかけたが，それはほんの短い時間だけだった．）
b. I spoke to her only briefly.　　　　　　　　　　　　　　　［単一節］
（ほんの短い時間だけ彼女と話をした．）

　1つ目の下位分類は，「等位要素の後置（postposing of coordinate）」である．付加された要素は，たとえば，(29ia) において but not Pat が Kim と等位接続されるように，先行する節の中の隣接していない要素と等位接続の関係を結ぶ．通常，(29ib) のように対応する基本的な等位接続がある．(29ia) の2つ目の等位要素は，基本的な位置より右側に生じているという点から，「後置された（postposed）」と考えることができる．

　2つ目の下位分類は，「新しい要素の追加（addition of a new element）」であり，等位接続詞を省略し，後に続くものを先行する節に統合すると，(29ii) のような非等位接続構文ができる．(29iia) と (29iib) の違いは，付加された等位接続構文が，伝えられるメッセージを2つの情報単位に分けている点であり，それによって追加された要素がさらに強調される．等位接続詞が but である場合，2.5 節で考察したような反意の意味も出てくる．

■ 等位要素の後置
等位要素を後置した構文では，but 以外に，and または or を等位接続詞として使用できる．

(30)　i.　Jill has been charged with perjury, and her secretary too.
　　　　　（ジルは偽証罪で有罪になったが，彼女の秘書もだ．）
　　ii.　Jill must have told them, or else her secretary.
　　　　　（ジルが彼らに話したにちがいない，さもなくば彼女の秘書だろう．）

基本的な位置が主語内にある場合，後置が起こると，主語と動詞の一致に影響が及ぶ．たとえば，(30i) において，has は Jill と一致する（Jill and her secretary too have been charged ...（ジルおよび秘書も有罪になった...）の一致とは異なる）．or の特殊な例は，疑問文に関するもので，Did Jill tell you that, or her secretary?（ジルがあなたにそう話したのですか，それとも秘書が？）は，基本的な等位接続 Did Jill or her secretary tell you that?（ジルか秘書があなたにそう話したのですか？）と同じ曖昧性を示す．選択疑問（Which of them told you?（彼

らのどちらがあなたに話したのですか？））と極性疑問（Did one or other of them tell you?（彼らのどちらか一方があなたに話したのですか？））の解釈が可能であり，解釈に応じてイントネーションに明確な違いが生じる（第6巻『節のタイプと発話力，そして発話の内容』を参照）．選択疑問の解釈では，付加された要素は基本的に付け足し表現にはならないことに注意する必要がある．

本節において考察された他のいくつかの構文と同様に，否定などのいくつかの要因によって，基本的な等位接続と基本的でない等位接続の間で意味の違いが生じることがある．

(31)　i.　Jill or her secretary hadn't complied with the regulations.
　　　　　（ジルか彼女の秘書が規則に従わなかった．）
　　　ii.　Jill hadn't complied with the regulations – or her secretary.
　　　　　（ジルは規則に従わなかった－あるいは彼女の秘書が従わなかった／また，秘書も従わなかった．）

(31i) は，彼らのどちらか一方が規則に従わなかったという意味を表す．(or に強勢が置かれない場合) (31ii) も同じ意味を表すことができるが，(or に強勢が置かれた場合) ジルと秘書のどちらも規則に従わなかったという意味になる可能性がより高い．or が hadn't より前の位置に置かれる (31i) においては，or は否定の作用域の外にあるが，両者の順序が逆転する (31ii) においては or が否定の作用域の中に入る可能性がある．

[専門的解説]
■分析
等位要素を後置する構文を基本的な等位接続と区別する主な違いは，等位要素が統語的に構成素を形成しないことである．(29ib) において，名詞句の等位接続 Kim but not Pat（パットでなくキム）は，目的語として機能する構成素を形成するが，(29ia) においては，そのような構成素は存在しない．後置構文において等位接続の関係は but によって直線的に (linearly) 示されている．階層的な構成素構造に関して，but not Pat は名詞句として節の末尾に付加され，「等位要素の目的語 (coordinate object)」の機能が与えられる．この等位接続を節の等位接続，つまり，They had found Kim guilty of perjury.（彼らはキムを偽証罪で有罪とした．）のような完全な節と but not Pat のような節

第4章　基本的でない等位接続　　　　　　　　161

の断片からなる等位接続であると主張してもうまくいかない．この分析の利点は，こういった形の文に関しても等位要素が（文と同じ拡がりをもつ）構成素を形成するという点で，基本的な等位接続構文と同列に扱うことができることである．しかし，この分析は，大部分の例でうまくいくかもしれないが，上記 (31ii) や以下の類例をうまく捉えることができない．

(32) i. They hadn't issued sheets to the new recruits—or towels.
　　　　（彼らは新入隊員にシーツを配給しなかった—タオルも配給しなかった．）
　　 ii. How many had they issued sheets to, but not pillow-slips?
　　　　（彼らがシーツを配って，枕カバーを配らなかった者は何名いたのか？）

(32) は，すでにおなじみになっている狭い作用域をもつ等位接続なので，完全な節をつないだ等位接続と同じ意味にはならない．たとえば，(32i) は They hadn't issued sheets to the new recruits or they hadn't issued towels to them.（彼らは新入隊員にシーツを配給しなかったか，あるいはタオルを配給しなかったかのいずれかである．）と同じ意味にはならない．この例は，シーツかタオルのいずれか一方が配給されていなかったという意味を表すのに対し，(32i) は，シーツもタオルも配給されていなかったという意味を表す．つまり，(32i) では，節の等位接続とは異なり，or が先行する否定の作用域内に入っているのである．つぎに (32ii) には，対応する節の等位接続の文法的な形式は存在しない (*How many had they issued sheets to but how many had they not issued pillow-slips to? は非文である)．たとえそのような形式があったとしても，(32ii) と同じ意味にはならない．(but を and に置き換えると可能になる) How many had they issued sheets to and how many had they not issued pillow-slips to?（彼らは何名にシーツを配給し，何名に枕カバーを配給しなかったのか？）は，（シーツのみ配布された隊員という）1つの集合の数ではなく，（シーツを配布された隊員および枕カバーを配布されなかった隊員という）2つの集合に関わる人数が質問の対象になるからである．つまり，(32ii) では，等位接続詞は疑問詞句 how many の作用域内にあるのである．節レベルでの等位接続が起こっていると分析してしまうと，第2等位要素が，先行する節全体ではなく，節の中の特定の構成素に関係づけられていることを捉えることができない．

■ 新しい要素の追加

新しい要素を追加する構文の例をさらにいくつか (33) に示す.

(33) i. The match was won by Kim, and very convincingly too.
(試合はキムの勝ちであり,しかも圧勝であった.)
ii. He was reading, but nothing very serious.
(彼は本を読んでいたが,特段まじめな内容のものではなかった.)
iii. I'll drive you there, but only if you pay for the petrol.
(そこまで車で送ってあげる,ガソリン代を払ってさえくれれば,だけど.)

but はこの構文におけるもっとも一般的な等位接続詞である. and も同様に等位接続詞として使用可能であるが,or は不可能である. 追加された要素は,付加詞と解釈されることがきわめて多いが,動詞が問題にしているタイプの補部をとってもとらなくてもよいのであれば,補部になる可能性もある. たとえば, (33ii) において nothing very serious (特段まじめな内容のものではない) は read の目的語と解釈されるが, これは, read が他動詞としても自動詞としても使えるからである. (33iii) の例は, この構文のかなり特殊な用法を代表している. 通常, (A and B もそうであるが) A but B が成り立つと, A と B の両方が成り立つことを論理的に含意する. ほとんどの場合, この論理的含意は基本的な等位接続にも当てはまる. たとえば, Kim left at six but Pat stayed on till noon. (キムは 6 時に出たが, パットは正午まで残っていた.) という文は, キムが 6 時に出たこととパットが正午までいたことの両方が成り立っていることを論理的に含意する. また, このことは, 現在考察している大半の構文に当てはまる. たとえば, (33i) は, 試合がキムの勝利だったことおよびそれが圧倒的な勝利であったことのどちらをも論理的に含意する. しかしながら, (33iii) は, そこまで車で送ることを論理的に含意するわけではない. ガソリンを払うならそこまで送るという, 弱い条件の含意 (conditional entailment) でしかない. ここの but は, 先行する節が記述する内容を弱める効果をもたらすのである. only は省略できないが, 代わりに not をその位置に入れることはできる (つまり, I'll drive you there, but not if you criticise my driving. (車でそこに送ってあげるけれど, 私の運転にケチをつけるなら送らない.) のようにできる).

[専門的解説]

この構文と基本的な等位接続の区別はそれほど簡単につけられない．比較のために，(34) に例をあげる．

(34) i. He comes not from Alabama but from Georgia.
(彼は，アラバマ出身ではなく，ジョージア出身だ．)
ii. He's from Alabama, but from the city of Birmingham, not rural Alabama.
(彼はアラバマ出身であるが，バーミンガム出身であり，アラバマの田舎ではない．)

(34i) は，基本的な等位接続の非常に明確な例であり，等位要素は not from Alabama (アラバマ出身ではない) と but from Georgia (ジョージア出身) である．しかし，(34ii) は新しい要素を追加したと捉えられる．つまり，2 つの from 前置詞句は等位要素ではないのである．重要な意味の違いは，ジョージアはアラバマとは全く別の場所であるが，バーミンガムはアラバマ州内の都市であることである．(34ii) は，but を脱落させることにより，等位接続ではない構文 He's from Alabama, from the city of Birmingham, not rural Alabama. (彼はアラバマ出身であるが，バーミンガム市出身であり，アラバマの田舎ではない．)をつくることができるという点で，前述の新しい要素を追加した (33) の構文に類似している．2.5 節で述べたように，but は一般的に等位要素間の対比を表すが，その対比は，さまざまな前提や推論を通して間接的に導かれることが非常に多い．(34ii) で起こっていることはまさにこの現象であり，but の使用は，アラバマに対する人々のイメージが主として田舎のステレオタイプをもとに形成されているという仮定を反映している．

■分析

新しい要素の追加をする構文においては，but または and が先行する節全体に追加された要素を等位接続する．この構文では，等位要素を後置する構文とは対照的に，節全体が節と節の断片を結ぶ等位接続の形式をもっている．

4.6 構成素構造に対する証拠としての等位接続

語の連続が統語的な構成素を形成する証拠として等位接続ができるかどうかをみることは，言語学の分析の慣例であり，本シリーズでも何度もこの慣例に従ってきている．その原理はつぎのように述べることができる．

(35) 一般に，連続体 X を連続体 Y と等位接続し，X and Y が形成できるのであれば，X と Y は構成素である．

(35) に「一般に」という条件は必要である．上で述べたように，さまざまな種類の基本的でない等位接続で例外がみつかるからである．したがって，本節では，基本的な等位接続と基本的でない等位接続との間の違いという観点から，構成素認定の規準を検討する．

[専門的解説]
■動詞句構成素に対する証拠としての等位接続
これからみていくのは動詞句の例である．Sue found the key.（スーが鍵をみつけた．）のような節を (36ii) のように3つの直接構成素（immediate constituent）に分けるのではなく，(36i) のように2つの直接構成素に分ける分析に対して，等位接続はどのように貢献するのであろうか．

(36) i. Sue | found the key.　　　　　[名詞句＋動詞句：動詞句分析]
　　　ii. Sue | found | the key.
　　　　　　　　　　　　　　　　[名詞句＋動詞＋名詞句：「動詞句」ではない分析]

(35) の原理は，動詞句分析を支持する
found the key（鍵をみつけた）という連続は，(37) のように容易に等位接続できる．

(37) Sue found the key and unlocked the door.
　　（スーは鍵をみつけた，そしてドアの鍵を開けた．）

したがって，(36i) の分析のみが (35) の原理と一致する．他の条件が同じならば，(37) は，基本的な等位接続のクラスに組み入れることができるため，特別な扱いを必要としない．そのため，(36i) が (36ii) よりも好ましい分析

になる.しかし,(35)の原理は条件つきであり,それが絶対というわけではない.そのため,さらに問題を検討する必要がある.

動詞句の等位接続 対 主語の削除をともなう節の等位接続
(36ii) と整合する代案としては,節が等位接続され,第2等位節で主語の省略 (ellipsis) が起こっているとする取り扱いで,第1等位要素は,found the key(鍵をみつけた)ではなく Sue found the key(スーが鍵をみつけた)で,第2等位要素は,___ unlocked the door(___ ドアを開けた)であるとするものである.この分析は,(37) と Sue found the key and she unlocked the door.(スーは鍵をみつけた,そして彼女はドアの鍵を開けた.)が同じ意味を表すことを説明できる.しかし,(38) のように,ペアになるものが同じ意味を表さないケースが多数あることは,1.3.1 節ですでにみている.

(38) i. No one treats me like that and gets away with it.
(誰も私をそんなふうに扱ってただではすまない.) [動詞句-等位接続]
ii. No one treats me like that and no one gets away with it.
[節-等位接続]
(誰も私をそんなふうに扱わないし,誰もただではすまない.)

第2等位節に主語の削除がともなうとする分析は,(38i) のような等位接続に十分な説明を与えられないのである.

基本的な等位接続 対 右側臨時構成素等位接続
(36ii) と整合する別の代案としては,(37) の下線の連続体がこの場合にのみ臨時構成素をなし,それ以外のところでは構成素を形成しないとするものである.これは (37) を先にみた (39) (= (16ii)) と同じに扱うことになる.

(39) I gave $10 to Kim and $5 to Pat. (= (16ii))
(私は,キムに 10 ドルを,そしてパットに 5 ドルをあげた.)

しかしながら,(37) と (39) の間には重要な違いが2つある.まず第1に,(39) における臨時構成素は (4.3 節で述べたように) 並行的な構造がなくてはならない.しかし,たとえば,Sue found the key and departed.(スーは鍵をみつけ,出発した.)の例からわかるように (37) のような等位接続には構造的な並行性は必要でない.第2に,$10 to Kim(キムに 10 ドル)は通常の構成素ではない.なぜなら $10 と to Kim との間に直接的な統語関係がない

からである．それどころか，$10 と to Kim は別個に give の依存部（補部）となっている．(37) の found the key（鍵をみつけた）は，これとはかなり構造が異なる．found は主要部，そして the key は依存部であり，その間に統語関係がある．臨時構成素等位接続は，基本的な等位接続よりも複雑なタイプの構文であり，制限された条件（並行性の要件）のもとでつくられるのである．この等位接続は，等位要素が通常の構成素ではないという独立の強い根拠がある場合にのみ可能になる．これに対して，(37) の場合，(35) に示した一般的な原理に従う分析よりも複雑な分析を選ぶ理由はない．

基本的な等位接続 対 遅延右側構成素等位接続
(37) が構成素構造と関係があるとすることには，等位接続において found を Sue とまとめることが可能であることを根拠に，異議が出されるかもしれない．

(40)　Max lost but Sue found the key.
　　　（マックスは鍵を失くしたが，スーは鍵をみつけた．）

等位接続で found を the key（鍵）もしくは Sue とまとめることができるということで，議論をさらに進めると，found がこれらの要素のうちの the key とだけ構成素を形成するという証拠を提供できなくなってしまう．しかし，そのような議論は (37) の等位接続と (40) の等位接続の間に大きな違いがあることを認識できていない．(40) は (37) よりもはるかに一般性が低いタイプの等位接続を表しており，この例では the key にあまり比重が置かれないこともあって，容認性がいくぶん低い．その場合，容認性は the key to the safe（金庫の鍵）のように拡張することによって高くなるが，it のように縮小してしまうと，きわめて低くなる．(40) は，特徴として特別な韻律をもっており，the key の前にはっきりとした区切りがある．対照的に，(37) の例にはそのような制限や特別な韻律はなく，[12] もっとも基本的なタイプの等位接続

---

[12] これらの特性は等位要素が遅延右側構成素等位接続のすべての例に対して成立するわけではないが，たとえそうであっても，独立した証拠があり，遅延右側構成素等位接続を基本的でない等位接続として扱うことができる．たとえば，(24iii) の He was accused but found not guilty of stalking a woman for seven years.（彼は女性に 7 年間つきまとった罪で訴えられたが，無罪になった．）を考えてみると，等位接続をしない He was found not guilty of stalking a woman for seven years.（彼は 7 年間女性につきまとったことについて無罪になった．）において，of 句は，find の有無とは関係なく，He was/seemed guilty of treason.（彼は

を表していると考えられる．そのため，(37) は，(36i) の動詞句分析を支持する有効な証拠を提供するのである．

■ **結論：等位接続は他の条件が同じならば1つの規準を提供する**
等位接続は，構成素構造に対して単純でかつ絶対的な規準を提供するわけではない．したがって，(35) において「一般に」というただし書きは不可欠なものになる．それでも，1つの有用な規準にはなる．もし連続体 X が等位要素であるならば，もっとも単純な説明は，基本的な等位接続の中で構成素となるというものであり，より複雑な分析は，そうしなければならない独立の理由がある場合のみ採用することになる．

反逆で有罪だった／のようだった．) のように，guilty とともに起こる．このことから，of 句は guilty の補部であり，find not guilty の補部ではないことは明らかである．

第 5 章　補　足

本章では，(1) に示すような補足構文 (supplementation construction) の考察を行う．

(1) i. Pat – <u>the life and soul of the party</u> – had invited all the neighbours.
　　　（パット－場を盛り上げてくれる中心人物－は隣人全員を招待していた．）
　 ii. The best solution, <u>it seems to me</u>, would be to readvertise the position.
　　　（最善の解決策は，私にとってはそう思えるのだが，その職の求人広告を再び出すことだろう．）
　iii. Jill sold her internet shares in January – <u>a very astute move</u>.
　　　（ジルは 1 月に彼女のインターネット株を売った－とても機敏な動きだった．）

下線部の表現が**補足部 (supplements)**，すなわち，文の統語構造に組み込まれることはないものの，線的な順序上では 1 つの位置を占める要素である．

5.1　補足の一般的な特性

明確かつ中心的な事例では，補足部は**挿入語句 (interpolation)** もしくは**付属語句 (appendage)** の特徴をもつ．(1i, ii) に示すように，挿入語句は，主節の初めと終わりの間の位置にあり，節の流れが中断されることを示している．付属語句は節の初めもしくは終わりに緩やかに付加される．話し言葉では，補足部は韻律によって示される．補足部が音調的に文の他の部分から分離される

のである．書き言葉では，コンマ，あるいは，より強い標識であるダッシュ，丸括弧，または（文末の付属語句の場合）コロンなどの句読標識（punctuation marker）を用いて，補足部を文の他の部分から区切ることができる．第 II 部で記述されるように，句読法によって異なる度合いの分離を示すことができる．[1]

■依存構造と等位接続に関係する補足

統語構造への組み込みがないという点において，補足は従属構文や等位接続とは区別される．しかし，補足には主要部がないという点で等位接続と似ている．補足部は，統語構造に統合されていないため，どのような主要部に対しても依存部として機能できない．したがって，これらの3つのタイプの構文は (2) に示すように区別される．

(2)		統合されているか？	主要部があるか？
i.	従属構造	Yes	Yes
ii.	等位接続	Yes	No
iii.	補足	No	No

しかしながら，等位接続詞によって導入された表現は，（統合された）等位接続構文における等位要素ではなく，補足部のステータスをもつことがあることにも留意する必要がある．

(3)　Jill – and I don't blame her – left before the meeting had ended.

［補足部］

（ジルは－私は彼女を非難しないが－会議が終わるよりも前に退出した．）

and があるにもかかわらず，下線部の節は挿入語句であり，Jill left before the meeting had ended.（ジルは会議が終わるよりも前に退出した．）と同じ統語的なステータスはもたない．したがって，(3) は，Jill left before the end of the meeting and I was sorely tempted to follow her.（ジルは会議の終わりよりも前に

---

[1] 訳者注：本章の例文は，英語の句読法の区別が重要になってくるので，日本語訳は，（引用符とカギ括弧のように）日本語に対応するものがある場合を除き，英語の句読法に従ったものにしている．

退出し，私は彼女の後についていきたいという強い誘惑にかられた．）のような等位接続ではなく，補足の例として取り扱う．

■ 補足部と係留先

補足部は統語的には主要部に依存していないが，意味的には**係留先** (**anchor**) とよぶ要素に関係づけられる．[2] (1i) では，係留先は名詞句 Pat であるが，(1ii, iii) と (3) の係留先は，補足部が割り込んだり後続したりしている節である．他の可能性は，(4) に示されている．二重線が係留先を示し，下線が補足部を示している．

(4) i. When the patient closed his eyes, he had absolutely no spatial (that is, third-dimensional) awareness whatsoever.
（患者が目を閉じたとき，彼は絶対に空間的な（つまり，三次元的な）意識がまったくなかった．）

ii. The goal is to produce individuals who not only possess 'two skills in one skull', that is, are bicultural, but can also act as human links between their two cultures.
（目標は「1つの頭脳に2つの技術」をもつ，つまり，2文化的であるだけでなく，2つの文化の両方をつなぐ人間として活動できる個人をつくりだすことである．）

(4i) の係留先は（名詞 awareness への限定修飾語として機能する）形容詞 spatial（空間的な）である．(4ii) の係留先は（動詞句等位接続における第1等位要素の）動詞句 possess 'two skills in one skull'（「1つの頭脳で2つの技術」をもつ）である．

補足部は係留先と意味的に整合しなくてはならない．このことを例証する具体例として，(5i) と (5ii) をあげる．

(5) i. This stipulation – that the amount of damages not be divulged – was ignored.

---

[2] 「ホスト (host)」という用語を使うこともあるが，この用語は接語 (clitic) がつく語に対して使用しているので，この用語は避けている（第10巻『形態論と語形成』を参照）．

(この条項 – 損害の規模を漏らしてはならないというもの – は無視された.)

  ii. #This stipulation – whether the press could be informed – was ignored.
   (この条項 – マスコミが情報を与えられるかどうかというもの – は無視された.)

(5i)における補足部は平叙節であり，そのため係留先である this stipulation (この条項)と適切に組み合わせることができる．(5ii)の逸脱性は，補足部が疑問節であり，意味的に係留先と整合的ではないという事実から生じている．

■ 補足部 対 依存部
意味的な整合性 対 補部の統語的な認可

(5)で例証した制限は，名詞句構造の補部と主要部名詞との間で成り立つ制限に相当する．

(6) i. The stipulation that the amount of damages not be divulged was ignored.
   (損害の規模を漏らしてはならないという条項は無視された.)
  ii. *The stipulation whether the press could be informed was ignored.

(6)では，下線が補部を示し，二重下線が主要部を示している．名詞 stipulation (条項)は補部に平叙の内容節を認可するが，疑問節は認可しない．そのため，(6ii)は許容されない．

しかしながら，(5)と(6)にはかなりの違いがある．(6)のように統合された構文では，補部が統語的に認可されることが要求される．これに対して補足では，すでに述べたように，意味的な整合性が問題になる．以下に例をあげる．

(7) i. a. The stipulation that Harry could not touch the money until he was eighteen annoyed him enormously.
    (18歳になるまでそのお金に手を付けられないという条項は，ハリーをものすごくイライラさせた.)
   b. *The codicil that Harry could not touch the money until he was eighteen annoyed him enormously.

ii. a. This stipulation – that Harry could not touch the money until he was eighteen – annoyed him enormously.
 (この条項－ハリーが18歳になるまでそのお金に手を付けられないというもの－は，彼をものすごくイライラさせた．)

b. The codicil in the will – that Harry could not touch the money until he was eighteen – annoyed him enormously.
 (遺言状の追加条項－ハリーが18歳になるまでそのお金に手を付けられないというもの－は，彼をものすごくイライラさせた．)

(7i) は主要部＋補部からなる統合された構文である．stipulation（条項）は平叙節の補部を認可するが，codicil（遺言状の追加条項）は認可しない．したがって，(7ib) は非文法的である．しかし，(7ii) では，内容節が補足部であり，係留先の名詞句の内容を指定していると解釈される．この場合，(7iib) の codicil の例は容認される．なぜなら係留先の名詞句は「遺言状への追加条項」という意味を表し，平叙の内容節によって指定できる命題内容をもつからである．

統合された構文と統合されていない構文の違いを示す2つ目の例として，(8) を取り上げる．

(8) i. a. The question (of) where the funding would come from wasn't discussed.
 (資金がどこから来るのかという問題は議論されなかった．)

b. *The thing (of) where the funding would come from was rather more important.

ii. a. The second question – where the funding would come from – wasn't discussed.
 (第2の疑問－資金がどこから来るのか－は，議論されなかった．)

b. The thing they didn't discuss – where the funding would come from – was rather more important.
 (彼らが議論しなかったこと－資金がどこから来るのかということ－は，さらに重要だった．)

(8) では，内容節は疑問節である．(8ia) では，内容節が依存部で，名詞の

question（質問）を主要部とする名詞句内にある．内容節は直後に補部として現れてもよいし，前置詞 of によって主要部名詞と関係づけられてもよい．ここでもまた，補部は主要部名詞によって認可される必要がある．question は疑問の補部節をとるが，thing は疑問の補部節をとらないため，(8ib) は非文法的である．(8ii) の疑問節は補足部であり，意味的に係留先と整合しなければならないという，より弱い制約が当てはまる．(8iib) が容認されるのは，係留先の名詞句が，全体として議論の可能性がある話題を提示しており，疑問節の補足部を用いることによりその話題の内容を指定することができるようになるからである．

節によって具現化された補足部の形式と解釈
補足部と依存部のさらなる重要な違いとして，補足部はそれ自体で発話内行為力（illocutionary force）をもつ主節であってもよいということがあげられる．

(9) Sue felt – can you blame her? – that she was being exploited.
（スーは – あなたは彼女を責められる？ – 利用されていると感じた．）

(9) の補足部は主節の形式と解釈をもつ．依存部として機能する節でみられるような形式の変化や，発話内行為力の喪失は (9) では起こっていないのである．

■ 補足部と非制限性
補足部は，統語構造に統合されていないため，必然的に非制限的（non-restrictive）な意味を表す．例として，(8ia, iia) を比較してみる．まず，統合された構文である (8ia) の内容節は制限的であり，言及されている疑問は他の疑問と区別されている．(8ia) の内容節は何を指しているのかを同定できる情報を提供しているために，名詞句に対しては the question（質問）のように定冠詞の the を使用するのが適切である．それとは対照的に，補足構文 (8iia) では，the second question（第 2 の質問）がそれ自体で定名詞句（definite NP）になっている．補足部は第 2 の質問を他の第 2 の質問と区別する働きをしていない．つまり，補足部は主要部名詞の指示するものを制限しないのである．

　従属構文と補足構文にみられるのと同様の対比が，関係節と同格の間でも一般的に観察される．

(10) i. a. The <u>necklace</u> <u>which her mother gave to her</u> was in the safe.
　　　　　（彼女の母親が彼女にあげたネックレスは金庫の中にあった．）　　［修飾語］
　　　b. The <u>necklace</u>, <u>which her mother gave to her</u>, was in the safe.
　　　　　　　　　　　　　　　　　　　　　　　　　　　　　　　　　　［補足部］
　　　　　（そのネックレスは，彼女の母親が彼女にあげたものだが，金庫の中にあった．）
　　ii. a. They are working on a new production of the <u>opera</u> '<u>Carmen</u>'.
　　　　　（彼らはオペラ「カルメン」の新しい制作に取り組んでいる．）　　［修飾語］
　　　b. <u>Bizet's most popular opera</u>, '<u>Carmen</u>', was first produced in 1875. ［補足部］
　　　　　（ビゼーのもっとも人気のあるオペラ，「カルメン」，は1875年に初めて制作された．）

(10ia) の関係節は，主要部名詞である necklace（ネックレス）の修飾語であり，意味的にどのネックレスが言及されているのかを同定する働きをする．しかし，(10ib) の関係節は名詞句 the necklace に係留する補足部であり，名詞句は関係節の情報とは関係なく指示内容を同定できる．同様に，(10iia) では，同格の Carmen（カルメン）は opera（オペラ）の修飾語で，どのオペラが言及されているのかを同定する．これに対して，(10iib) の Carmen は名詞句 Bizet's most popular opera（ビゼーのもっとも人気のあるオペラ）に係留する補足部である．この場合，係留先の名詞句の記述を満たす存在物は1つしかないため，補足部は非制限的になる．

　しかしながら，関係節と同格についてのこれまでの記述においては，統合された構文は必ずしも制限的な意味を表さなくてもよいとしていた（第7巻『関係詞と比較構文』および第3巻『名詞と名詞句』を参照）．

(11) i. The <u>father</u> <u>who had planned my life to the point of my unsought arrival in Brighton</u> took it for granted that in the last three weeks of his legal guardianship I would still act as he directed.
　　　　　（私が求めてもいないブライトンへの到着に至るまで私の人生の計画を立てた父は，法的後見人としての最後の3週間も，私が父の命令に従って動くことを当然と考えていた．）
　　ii. This is my <u>husband</u> <u>George</u>.

第 5 章　補　足

（こちらが私の夫ジョージです．）

　(11i) の関係節は自分の父親と他の父親を区別していない．話し手には 1 人の父親しかおらず，修飾語は彼についての情報を非制限的に提供している．また，(11ii) も話し手に 2 人以上の夫がいることを伝えているのではない．
　まさにこうした理由から，私たちの関係節の説明は，「制限的（restrictive）」な関係節と「非制限的（non-restrictive）」な関係節に分ける伝統的な説明とは異なるものにしてある．統合的なのか補足的なのかに関する違いは，より正確には意味の違いを反映しており，会話においてこの 2 つを区別する韻律の違いとも一致する．さらに，この説明により，統合されていない関係節とその他の意味的，韻律的，統語的に統合されていない要素との類似点を捉えることが可能になる．これらはすべて補足という概念のもとにまとめることができるのである．

■ 補足部の統語的な表示

すでにみてきたように，補足部は意味的に適切な係留先が必要で，係留先なしに起こることはできない．そのため，たとえば，(10ib) から係留先が省略されると，*Which her mother gave to her, was in the safe. のように非文法的な文ができあがってしまう．そして，(10iib) から係留先が省略されると，'Carmen' は 'Carmen' was first produced in 1875.（「カルメン」は 1875 年に初めて制作された．）のように，係留先の節に構造的に統合されて，その節の依存要素である主語になってしまう．こういった理由で，係留先と補足部はある種の構文，つまり，補足構文を形成すると考える．しかし，補足部が係留先の統語構造に組み込めないということは，補足を統語的に構成素をなすものとして扱う理由がないことを意味する．したがって，統語的な表示においては，樹形図によって表示される構造とは別に，(12) のように異なる表記で補足部を係留先と関係づけることを提案する．

(12) i.

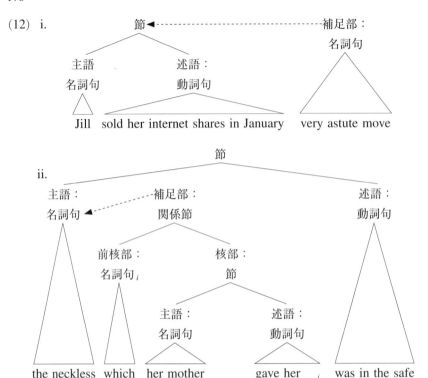

ii.

(1iii) の構造を表示している (12i) では, 補足部 a very astute move (とても機敏な動き) は, Jill sold her internet shares in January. (ジルは1月に彼女のインターネット株を売った.) を係留先としている. これは「補足部」という機能を表すラベルから「節」という範疇を表すラベルへと続く破線により示されている. 同様に, (12ii) においても, 関係節が名詞句 the necklace (ネックレス) の補足部であることを破線が示している.

■ 標識

補足部は, 係留先に対する意味的な関係を明確にする機能をもつ**標識 (indicator)** が含まれていることがある. 以下の例においては, 補足部は角括弧で囲まれ, 標識は下線で示されている (係留先は上記同様, 二重下線で示されている).

第 5 章　補　足　　　　　　　　　　　　177

(13) i. No wonder that Pozzatti and I had at times difficulty in remembering <u>the real purpose of our presence,</u> [namely, Cultural Exchange].
（ポザッティと私が自分たちの存在の真の目的，つまり，文化交流を覚えておくのに時々苦労したのも不思議ではない．）

ii. <u>Mature connective tissues are avascular,</u> [that is, they do not have their own blood supply].
（成熟結合組織は無血管性である，つまり，その組織はみずから血液を供給しないのである．）

iii. Much to everybody's amazement, <u>I got along splendidly with Max;</u> [that is, until I became an editor and hence a potential rival].
（みんなに驚きだったのは，私がマックスと見事にうまくやっていたことである；つまり，それは私が編集者になり，それゆえ潜在的なライバルになるまでであった．）

iv. <u>The poem asserts emotion without evoking it</u> – [that is to say, it is sentimental].
（詩は感情を喚起することなく表に出す－すなわち，感傷をそそるのである．）

v. <u>Other pairs of phonological subsystems also interact or overlap in this way;</u> [for example, duration sometimes figures in both the vowel system and the intonation].
（他にも，一部の音韻規則体系どうしが，このように相互に作用したり重複したりすることがある；たとえば，持続時間の影響が時として母音のシステムとイントネーションの両方に顕著に現れる．）

vi. She was highly critical of <u>both proposals,</u> [especially the second one].
（彼女は両方の提案，とくに2つ目の提案について，非常に批判的だった．）

　（形式的な viz（換言すると）や to wit（すなわち）と同じように）namely（つまり）は，補足部が係留先の内容を指定し，(13i) では，私たちがいる本当の目的は文化交流だったことを明確化している．that is（すなわち）と that is to say（換言すれば）も同じように用いられるが，定形動詞句や主節を含むより広い範囲の補足部を導入することができ，典型的に係留先の説明を提供する．しかし，補足部は，係留先に対して条件設定（qualification）をする働きもある．

したがって，(13iii) の補足部は，「むしろ，私が編集者になり，それゆえ潜在的なライバルになるまでは彼とうまくやっていた」のように解釈される．

標識 (indicator) は構文中の要素を結びつけるという点で，ある程度，等位接続詞 (coordinator) に似ている．したがって，等位接続詞を用いる等位構造と等位接続詞を用いない等位構造との対比を，補足構文に対しても一般化することにする．つまり，(13) の補足は標識が用いられている (syndetic) が，対応する標識が用いられていない (asyndetic) 構文もあるのである．たとえば，(13iv) は標識 that is to say が用いられているが，The poem asserts emotion without evoking it: [it is sentimental]. (詩は喚起することなく感情を表に出す：感傷をそそるのである．) では標識が用いられていない．

ただし，標識と等位接続詞には違いが1つあり，標識には補足部の先頭以外の位置に現れることができるものがいくつかある．

(14) i. It is these other differences between North and South – [other, that is, than those which concern discrimination and social welfare] – which I chiefly discuss in this paper.
(北と南の間に存在するつぎのこと以外の違い－すなわち，差別と社会福祉に関する相違点以外－について，私はこの論文で主に議論することにする．)

ii. The therapist's level tone is bland and neutral – [he has, for example, avoided stressing 'you'].
(セラピストの平坦な声調は無味乾燥で中立的である－たとえば，彼は「あなた」に強勢を置くのを避けている．)

■ 直線的な位置

係留先が主節である時，補足部は**挿入語句** (**interpolation**) として間に挿入されることもあれば，**付属語句** (**appendage**) として節の最初か終わりに緩やかに付加されることもある．

(15) i. He claimed – and everyone believed him – that it was all my fault.
(すべて私の過失であると彼は主張し－そして皆は彼を信じた．)

ii. Having reviewed all the evidence, they decided he had no case to answer.
(すべての証拠を検証し，彼らは彼が証拠不十分であると決定した．)

第 5 章　補　足　　　　　　　　　　　　　　　　　　　　　179

    iii. He sent her some flowers – <u>the least he could do in the circumstances</u>.
    （彼は花を彼女に送った－それがその状況で彼ができるせめてものことだった．）

係留先が節より小さい単位の時，補足部の位置に関して 2 つの側面を考える必要がある．係留先との相対的な位置と，係留先を含む主節との相対的な位置である．以下に具体例をあげる．

(16) i. It is almost mandatory for anyone in the financial business to have <u>ready</u> – <u>that is, virtually real-time</u> – access to sources of information about overseas markets.
    （金融業では誰もが海外の市場についての情報源に簡単に－すなわち，事実上リアルタイムで－アクセスできることがほぼ必須である．）
    ii. Exeter clearly enjoyed <u>full</u> employment – <u>as full, that is, as was attainable in the conditions of the time</u>.
    （エクセターは明らかに完全な雇用に恵まれた－その時の条件で到達できる限りの完全さではあるが．）
    iii. When <u>political art</u> <u>(that is, art which challenges the status quo in some way)</u> succeeds it is most often by reinventing the real.
    （ポリティカル・アート（すなわち，何らかの方法で現状を打破しようとする芸術）が成功するのは，往々にしてリアリティを 1 から作り直す時である．）
    iv. <u>One question</u> still needs to be considered: <u>who's going to pay for it all?</u>
    （検討される必要のある疑問が 1 つ残っている：それは誰がその対価をすべて支払うのか？ということである．）
    v. Eric Hoffer once said that America was <u>a paradise</u> – <u>the only one in the history of the world</u> – for workingmen and small children.
    （エリック・ホッファーはかつて，アメリカは働いている人々や小さな子どもたちにとっての－世界の歴史の中で唯一の－楽園であると述べた．）

(16i) の補足部は係留先である属性形容詞 ready（簡単に）に隣接しているが，それでも文全体を形成する主節に対しては挿入語句である．対照的に，(16ii)

では補足部は主節に対する付属語句であるが，係留先から分離されている．(16iii, iv) はそれぞれ (16i, ii) と似ているが，名詞句を係留先としている．(16v) では，補足部は主節に対する挿入語句であるだけでなく，係留先の名詞句の内部に位置している．

■ 多重補足
補足部は，文の他の部分に統語的に緩やかに関係づけられているだけなので，当然，構造に統合された構文と比べ，文法において注目されることははるかに少ない．しかし，多くの書き言葉や話し言葉において，きわめて頻繁に用いられるという点は強調されるべきである．さらに，文が2つ以上の補足部を含むことも一般的である．

(17) i. A recent newspaper report said there were five Negroes in the 1960 graduating class of nearly one thousand at Yale; that is, about one-half of one percent, which looks pretty 'tokenish' to me, especially in an institution which professes to be 'national'.
(最近の新聞の記事によれば，イェール大学の1960年度の卒業生約1000人のうちに黒人が5人いたとのことである；つまり，約0.5%であり，それはとくに「全国的」と公言する機関においてはかなり「申し訳程度」のように私には思える．)

ii. Professionally a lawyer, that is to say associated with dignity, reserve, discipline, with much that is essentially middle-class, he is compelled by an impossible love to exhibit himself dressed up, disguised – that is, paradoxically, revealed – as a child, and, worse, as a whore masquerading as a child.
(職業的には弁護士であり，すなわち，それは，尊厳，慎み深さ，自制性，そして，本質的に中流階級である多くのもの，に結びつくのだが，彼は，子どものように，いや，もっと悪く，子どもになりすました売春婦のように変装して – つまり，逆接的には，本性を暴露して – 自分自身を着飾ってみせたいという抑えがたい欲求に駆られているのである．)

(17i) には，3つの補足部が存在する．1番目の補足部 (that is, about one-half of one percent (すなわち，約0.5%)) は，先行する said の補部の内容節を

係留先とする．2つ目の補足部（関係節 which looks pretty 'tokenish' to me （かなり「申し訳程度」のように私には思える））は1つ目の補足節に対する補足であり，3つ目の補足部（especially in an institution which professes to be 'national'（とくに「全国的」と公言する機関において））は2つ目の補足部に対する補足部である．(17ii)は，より複雑である．まず，補足部 professionally a lawyer（職業的には弁護士であり）があり，それがもう1つの補足部 that is to say associated with dignity, reserve, discipline, with much that is essentially middle-class（すなわち，それは，尊厳，慎み深さ，自制性，そして，本質的に中流階級である多くのもの）に対する係留先となる（そして，これには等位接続詞を用いない2例の等位接続が含まれている．2つの with 前置詞句の等位接続と，3つの名詞句 dignity, reserve, discipline の等位接続である）．分詞形容詞 disguised（変装して）は that is, revealed（すなわち，本性を暴露して）の係留先であり，そこにはもう1つの補足部 paradoxically（逆説的には）が間に挿入されている．最後に，worse（もっと悪く）は，係留先 as a whore masquerading as a child（子どもになりすました売春婦のように）に先行する補足部である．

5.2 補足部の形式

補足部は，広い範囲の範疇に対して現れる．とくに，that is（つまり）は，ほとんどの範疇の補足部を同じ範疇の係留先に関係づけることができる．たとえば，上記の (4i, ii) では，that is は，形容詞と形容詞そして定形動詞句と定形動詞句を関係づけており，等位接続詞に匹敵するくらい用途が広い．そのため，以下の補足部タイプについての説明は網羅的であることを目的とはしていない．

(a) 関係節

(18) i. We called in to see Sue's parents, which made us rather late.
   （私たちはスーの両親に会いに行った，そのため，私たちはかなり遅刻した．）
 ii. They'd given me two diskettes, both of which turned out to be defective.
   （彼らは私に2枚のディスクをくれたが，両方とも欠陥があることが分かった．）

補足の関係節は，節やさまざまな種類の句を係留先とすることができる．形式上は従属節の1つのタイプであるが，第7巻『関係詞と比較構文』で詳述されているように，構造に統合された関係節とは異なる．[3]

(b) 名詞句
名詞句の係留先に対する指定補足部と属性叙述補足部
1つの名詞句を係留先として，そしてもう1つの名詞句を補足部としてともなう補足では，2つの名詞句の関係は，be が述語となる節中の主語と述語補部の関係に相当する．とくに，指定補部（specifying complement）と属性叙述補部（ascriptive complement）の区別が補足にも当てはまる．例として，(19i, ii) を比較してみる．二重下線は節の主語と補足における係留先を示し，下線は述語補部と補足部を示している．

(19) i. a. The first contestant was Lulu. ［指定］
　　　　　（最初の出場者はルルだった．）
　　　b. Kim Jones was a quite outstanding student. ［属性叙述］
　　　　　（キム・ジョーンズはかなり優秀な生徒だった．）
　　ii. a. The first contestant, Lulu, was ushered on stage. ［指定］
　　　　　（最初の出場者，ルルは，舞台の上で先導役を務めた．）
　　　b. Kim Jones, a quite outstanding student, won a scholarship to MIT. ［属性叙述］
　　　　　（かなり優秀な生徒，キム・ジョーンズは MIT への奨学金を獲得した．）

(19a) の Lulu（ルル）は最初の出場者が誰であるかを指定していると解釈される．一方，(19b) の a quite outstanding student（かなり優秀な生徒）は，Kim Jones（キム・ジョーンズ）に帰属する特性を表す．補足の場合，形式的な違いの1つとして，指定名詞句（specifying NP）が指示標識の namely（すなわち），that is（つまり），i.e.（すなわち）などを許容する点をあげることができる．たとえば，The first contestant, namely Lulu, was ushered on stage.（最初の出場者，すなわちルルは，舞台の上で先導役を務めた．）のような例がある．

---

[3] 訳者注：第7巻『関係詞と比較構文』では関係節の制限用法と非制限用法の違いが，韻律・句読法，統語，意味・用法，および，線的な順序の観点から検討されている．

同格

指定名詞句を補足部にする構文は，**同格 (apposition)** として知られている．とくに，この構文は，組み込まれた同格 the opera 'Carmen' (オペラ「カルメン」) や my husband George (私の夫ジョージ) ((10iia) と (11ii)) に対応する補足的なタイプの同格である．そのため，補足構造全体を同格名詞句で置き換えても元の表現の論理的な含意が保たれる．たとえば，(19iia) は Lulu was ushered on stage (ルルが舞台の上で先導役を務めた) を論理的に含意する．

補足的な同格の例を以下に追加する．

(20) i. The murderer, the man with the scar, will be arrested soon.
(その殺人者，傷跡のある男は，すぐに逮捕されるだろう．)

ii. A university lecturer, Dr Brown, was arrested for the crime.
(大学講師，ブラウン博士は，犯罪により逮捕された．)

iii. A surprise present, a bouquet of roses, was delivered to my door.
(驚きの贈り物，バラの花束は，私のドアのところに届けられた．)

iv. An entire genre, the comedy thriller, has been made obsolete by the invention of the mobile phone.
(コメディースリラーという，1つのジャンル全体が，携帯電話の発明によりすたれてしまっている．)

v. A Seyfert galaxy – a galaxy with a brilliant nucleus – usually has a massive redshift.
(セイファート銀河 – 際立って明るい中心核をもつ銀河 – は，通常強い赤方偏移をもつ．)

(20i) は，同格が固有名詞ではなく，主要部として普通名詞をともなう名詞句である点を除けば (19iia) と同じである．(20ii) は，be が述語である節において成立する叙述と補足との関係が，(19ia) と (19iia) のペアのようにいつも直接的であるとは限らないことを示している．不定名詞句は，be が指定を行う節において主語として機能できる (たとえば，One problem is the cost. (1つの問題は費用です．)) が，同格的な補部と比べるとそれほど容易には生じない．そのため，(20ii) の補足に対応する叙述表現は，#A university lecturer was Dr Brown. (大学の講師がブラウン博士だった．) のように意味的な逸脱 (anomalous) が起こる．しかしながら，明らかに (20ii) の同格は指定タイプ

なので，叙述を行う The university lecturer arrested for the crime was Dr Brown.（その犯罪で捕まった大学講師はブラウン博士だった．）と対応関係がある．(20iii) では，両方の名詞句が不定であり，これもまた叙述を行う The surprise present delivered to my door was a bouquet of roses.（私の部屋のドアに届けられた驚きのプレゼントはバラの花束だった．）と対応関係がある．

補足的な同格において係留先である名詞句は，第3巻『名詞と名詞句』で解説された意味において，非指示的（non-referential）である．[4] (20i-iii) では同格の名詞句は指示的であるが，(20iv, v) の例は同格の名詞句が非指示的でもありうることを示している．(20iv) では同格名詞句は総称的（generic）であり，(20v) においては定義的（definitional）である．

(20) のすべての例において，同格は係留先に隣接しているが，係留先が節の末尾にない場合，同格は係留先から離れていてもよい．その場合，係留先は，常にというわけではないものの，一般に不定（indefinite）となる．

(21) i. I met a friend of yours at the party last night – Emma Carlisle.
（私は昨夜のパーティーであなたの友達に会った－エマ・カーライルだ．）
ii. The two dominical sacraments stand out from all the rest – namely baptism and Holy Communion.
（その2つのキリスト教の宗教儀式－すなわち洗礼と聖餐式－は他のすべてのものから抜きん出ている．）

属性叙述名詞句の補足部
属性叙述の解釈をもつ名詞句が補足部になっている例を以下でさらにあげておく．

(22) i. Her father, a die-hard conservative, refused to even consider the proposal.
（彼女の父親は，頑固な保守主義で，その提案を検討することさえ拒否した．）
ii. Wilson, Secretary to the Cabinet, had informed the Prime Minister

---

[4] 訳者注：第3巻『名詞と名詞句』では非指示的な名詞句がどのような解釈をもつかについて考察されている．その中には，非指示的な解釈，属性叙述的な解釈，定・不定の解釈，総称的な解釈などが含まれている．

immediately.
　　　　（国務大臣であるウィルソンは，直ちに首相に報告した．）
　　iii. Robert, no genius, is applying for a scholarship to Harvard.
　　　　（ロバートは，天才ではないが，ハーバード大学に奨学金を申請している．）

(22) の構文は，同格としての資格がない．なぜなら，補足部は，元の表現の論理的な含意を保ちつつ補足構文全体を置き換えることが常にできるわけではないからである．たとえば，(22ii) の補足部は，*Secretary to the Cabinet had informed the Prime Minister immediately. が不可能なことが示すように，主語としての機能を引き継ぐことができない裸名詞句である．そして，No genius is applying for a scholarship to Harvard. （ハーバード大学の奨学金に申請している天才はいない．）は明らかに (22iii) を論理的に含意しない．

　属性叙述をする名詞句は，つぎの構文にも現れる．

(23)　i. United will be playing at home, a not inconsiderable advantage.
　　　　（ユナイテッドはホームで試合をするだろう，それは小さくない利点である．）
　　ii. A die-hard conservative, her father refused to even consider the proposal.
　　　　（頑固な保守主義者である，彼女の父親はその提案を検討することさえ拒否した．）

(23i) において，係留先は名詞句ではなく，節，あるいは，おそらく動詞句であり，ホームで試合をすることに利点があると解釈される．(23ii) では，補足部は係留先に先行する．主語名詞句 her father（彼女の父）は，属性叙述を行う名詞句の被叙述要素（predicand）である（つまり，頑固な保守主義者だったのは彼女の父親であるということである）が，係留先は，単に主語名詞句ではなく，節全体であるとみることもできる．なぜなら，補足部は，彼女の父親が提案を検討することを拒否したことに対する説明であるとも解釈できるからである．

(c)　内容節

内容節の補足部は，以下のように基本的に名詞句あるいは別の内容節を係留先にする．

(24) i. The excuse he gave – that the train had been late – seemed to satisfy the boss.
(彼がした言い訳−電車が遅れていた−で，上司は納得したようだった．)
ii. I don't know what its status is, that is, whether or not it is confidential.
(私はその位置づけがどのようなものなのか，すなわち，それが機密なのかどうかわからなかった．)

(24i) は，指定を行う be が主要部になる節 The excuse he gave was that the train had been late.（彼がした言い訳は，電車が遅れていたというものだった．）と並行性がある．しかし，この構文は，同格とは異なる．同格の重要な特性である体系的な論理的含意の関係がここでは観察されないからである．(24i) をみれば，このことは自明であろう．なぜなら，(24i) は, That the train had been late seemed to satisfy the boss.（電車が遅れていたということが，上司を納得させたようだった．）を論理的に含意しないからである．(24i) において上司を納得させると思われたのは，電車が遅れていたことではなく，言い訳のほうである．第3巻『名詞と名詞句』でも指摘しているが，内容節が名詞の依存部となり，構造的に統合された構文にも同じことが当てはまる．The suggestion that they cheated is quite outrageous.（彼らが不正を働いたという示唆はかなり無礼だ．）の下線部の内容節は suggestion がとる補部であり，同格の修飾語ではない．

したがって，係留先として名詞句をとる2種類の指定補足部を区別する必要がある．1つは同格の補足部で，もう1つは (24i) のように**内容指定 (content-specifying)** の補足部とでもよべるものである．このタイプの指定補足部は，内容節以外の範疇でも生じうる．以下の (25i) と (30i) も参照．

(d) 主節
主節の形式をもつ補足部の係留先としては，名詞句と節が含まれる．

(25) i. I raised a more serious objection: it's against the law.
(私は，より真剣な異議の申し立てをした：それは違法だということだ．)
ii. The universe is expanding, that is, the galaxies are receding from each other at immense speeds.

　　　　　　　　　　　　　第 5 章　補　足　　　　　　　　　　187

　　　　（宇宙は拡張している，つまり，銀河が計り知れない速さで互いに遠ざかっ
　　　　ているということだ．）
　　iii.　If he says he can't afford it – he usually does – tell him I'll pay for
　　　　us both.
　　　　（もし彼に支払いの余裕がないというのであれば – 通常は余裕があるのだが
　　　　 – 私のほうで彼と私の 2 人分を支払うと彼に伝えてください．）

(25i) では，係留先が名詞句であり，補足部の節は内容指定をするタイプである．この名詞句は，補足構造全体と置き換えることができない（*I raised it's against the law. は非文である）．つまり，同格の条件を満たすことができないのである．

　文末における補足部の主節（とくに，指示標識がないもの）は，独立の文とはっきりと統語的に区別することができない．話し言葉では，係留先に対する補足部であるとわかるように，イントネーションを用いて節を先行部分につなげる．書き言葉では，主節が補足部として提示されているか，あるいは別の正書法上の文として提示されているかを句読法がより明示的に示すことになる．

挿入と付加語句
(26)　i.　There are, I think, some grounds for optimism.
　　　　（思うに，楽観主義の理由はいくつかある．）
　　ii.　Such behaviour runs the risk, wouldn't you agree, of alienating our
　　　　customers.
　　　　（そのような行動は，私たちの顧客を遠ざけてしまうリスクがあるが，そう
　　　　思わないかね．）
　　iii.　You're not proposing to go out in those trousers, are you?
　　　　（そのズボンで外出することを提案しようとしてはいないですよね？）

(26) の下線部の表現は，従属節ではなくむしろ主節の形式をとっているが，構造上不完全であるため，標準的な主節とは統語的に異なる．(26i, ii) は「挿入（parentheticals）」として知られているのに対して，(26iii) の are you? は，疑問の「付加語句（tag）」として知られている．これらの構文の形式と解釈については，第 6 巻『節のタイプと発話力，そして発話の内容』で考察されている．

(e) 形容詞句

(27) i. The editor, angry at the delay, resigned from the project.
(編集者は, 遅延に立腹し, プロジェクトから降りてしまった.)
ii. Too afraid to venture out, Kim stayed barricaded in the house all week.
(思い切って外に出るのが怖くて, キムはその週の間ずっと家に籠もって過ごした.)
iii. The editor has been sacked and, worse, they're imposing strict censorship.
(編集者はクビになり, さらに悪いことに, 彼らは厳しい検閲を課している.)

(27) の構文は, 指定名詞句の補足部とは対照的な属性叙述名詞句の補足部に似ている. (27iii) の構文は, worse の被叙述要素 (predicand) が名詞句ではなく節である (they're imposing strict censorship (彼らは厳しい検閲を課している)) という点で, 例外的である. この場合には, what / which is worse (さらに悪いことに) のような関係節構文で表すのがより一般的である.

(f) 動詞をともなわない節

(28) i. The tourists, most of them foreigners, had been hoarded onto a cattle truck.
(観光客は, そのほとんどが外国人であったが, 家畜用車両に詰め込まれていた.)
ii. The defendants sat in the dock, their heads in their hands.
(被告人たちは被告席に座り, 手で頭を抱えていた.)
iii. The only household chore men excelled at was – drumroll please – taking out the rubbish.
(男性が得意とする唯一の家事は - ここでドラム効果音をお願いします - ゴミ出しです.)

(28i) の補足部は, 関係節 who were most of them foreigners (彼らのほとんどが外国人であった) (または, most of whom were foreigners (ほとんどが外国人だった)) に相当する機能をもっている. 補足部が foreigners (外国人) という語

だけで構成されるなら，(22)のような属性叙述名詞句になるであろう．しかしながら，most of them（彼らのほとんど）は，名詞句構造内の修飾語句として機能していないので，most of them foreigners（彼らのほとんどが外国人）は縮小された節，すなわち，単独では文として成り立たない節として分析されなければならない．同様に，(28ii)における補足部も同様に単独では成立しないが，their heads（彼らの頭）が主語である点で内部構造が異なる．この表現と同じ意味をもつ統合された構文に相当するのは，with their heads in their hands（手で頭を抱えて）のような「with＋動詞をともなわない節」の形式をもつ修飾語句であろう．

対照的に，(28iii)の補足部は単独の文としても成り立つ．この補足部は，単に挿入語句として使用される（依頼の発話行為力をもつ）主節の断片である．

(g) 非定形節

(29) i. All things considered, the result was reasonably satisfactory.
(すべてを考慮すれば，結果はそれなりに満足できるものだった．)
ii. Having read the report, Max was sure he had nothing to worry about.
(報告書を読んだ後，マックスは何も心配することがないと確信した．)
iii. Not to put too fine a point on it, he's an absolute layabout.
(率直にいえば，彼はどうしようもない怠け者だ．)

(29i)は，非定形節が主語を含んでいる構文の例である．しかし，通常は，主語は表出されず，何を指すかは暗に了解される．たいていの場合，たとえば，(29ii)では，主語は係留先から復元可能である（(29ii)では，報告書を読んだのはマックスである）．しかし，(29iii)のように文脈から主語の復元が可能な場合もあり，(29iii)では，あからさまな発言をしているのは発話者である．これらの構文に関するさらなる考察に関しては，第1巻『動詞と非定形節，そして動詞を欠いた節』を参照．

(h) 前置詞句と副詞句

(30) i. This final portrayal – of Stalin – does no credit to the author.

(この最後の記述は‐スターリンについてであるが‐著者の功績にはならない.)
  ii. In my opinion, the idea isn't worth pursuing.
      (私の意見では,その考えは追求する価値がない.)
 iii. The Dean, as you know, is totally opposed to the proposal.
      (学部長は,ご存じのように,その提案に真っ向から反対している.)
  iv. Frankly, I think we could do better ourselves.
      (率直にいって,我々が自分たちでやったほうが上手くできると思う.)
   v. They go ‐ probably ‐ by bus.
      (彼らは‐おそらくだが‐バスで行く.)

　名詞句の係留先に対する補足部として,前置詞句が現れることがある.ここでも特定的・属性叙述的という区別が当てはまる.(30i) は,指定タイプの例であり,より特定的には,内容を指定するタイプである.これは,すでにお馴染みになっているように,統語的に統合された構文 this final portrayal of Stalin (この最後のスターリンについての記述) と対応関係がある.

　それ以外の (30) の補足部については,係留先が節であり,その機能は修飾語句の機能と非常によく似ている.(30v) は,副詞が文に統合された形 They probably go by bus. (彼らはおそらくバスで行くだろう.) と対比がある.後者の統合された文では,副詞が基本位置に置かれており,(30v) に示された位置に補足部として probably が生起できるのは,音調によって挿入語句になったときだけである.その他の例に関しては,係留先が節になる補足部と修飾語句との間にほとんど違いはなく,本シリーズにおいては,両者をカバーする用語として**付加詞 (adjunct)** を用いて,ひとまとめにして取り扱っている.

　補足部は,係留先の否定の作用域には含まれない点,また,it 分裂文 (it-cleft construction) において be の補部になれないという点で,典型的な修飾語句とは異なる.たとえば,(30ii) においては,in my opinion (私の意見では) は,isn't の否定の作用域から外れている.もし注釈をつけるとすれば,その意味は「私の意見は,その考えに追求する価値がないということだ」になり,「その考えに追求する価値があるというのは,私の意見ではない」とはならない.補足部が it 分裂文において前景化できないことは,*It is as you know that the Dean is totally opposed to the proposal. のような例が非文であるこ

とからわかる．

(i) 間投詞

(31) i. Ah, so you were there after all!
   （あらまあ，結局そこにいたのね！）
  ii. Damn, we've missed the bus again!
   （ちくしょう，私たち，またバスに乗り遅れた！）

間投詞の一般的な定義は，統合された統語構文において他の語とは結合しない範疇の語であり，命題的な意味というよりは，表意的な意味を表すというものである．英語の間投詞の主要な構成員としては，たとえば，ah（あっ），hey（やぁ），oh（おぉ），oops（おっと），ouch（痛っ），sh（しー），ugh（うっ），wow（わぁ）（あるいは，現代では古風であまり使用されないが，alas（嗚呼））といった語があり，これらの語は，単独あるいは (31i) のように節の係留先への補足部として，唯一の意味あるいは主要な意味で感情を表す感嘆表現として使用される．ほかにも，本来は動詞である blast（ちくしょう），bugger（ちぇっ），damn（ちくしょう），fuck（ちくしょう）のような語もある．しかし，(31ii) の補足部は，動詞としての意味を失っており，間投詞として再分析されているとみなすのが最善であると考えられる．[5]

(j) 等位接続詞により導かれる節と句

すでに述べてきたように，等位接続詞によって導入される表現は，構造の中で統合された等位要素として機能するのではなく，補足部のように文の他の部分から分離することができる．

---

[5] 間投詞がもともと動詞であったことは，名詞句補部をとる Damn these mosquitoes!（いまいましい蚊の奴らめ！）や Fuck you!（ちくしょうめ！）のような表現をみると関連性がより明らかになる．歴史的には，blast 構文や damn 構文などは，God（神）が主語であるとして理解されるが，現代の標準的な解釈とは合わなくなっている．たとえば，Fuck you!（ちくしょうめ！）と同様に Blast you!（くたばりやがれ！）に隠れた主語の存在を考える理由はもはやないのである．そういった表現は，名詞句補部と結合して間投詞句を形成する例外的な間投詞であるとみなすのが最善であろう．

(32) i. If he checks my story – and he probably will – I'll be sacked.
（もし彼が私の話を調べるなら－そして彼はおそらくそうするであろうが－私は解雇されるだろう．）

ii. It's clear – and let's not mince words – that he's been embezzling the funds.
（彼が資金を横領していることは－はっきりさせておくが－明らかだ．）

iii. He told the manager – and her secretary – that the report was defamatory.
（彼は経営者に－そして彼女の秘書にも－その報告書は中傷だと伝えた．）

(32) の下線部の表現が等位要素というよりもむしろ補足部と位置づけられることは，(32i, ii) においてもっともはっきりする．(32i, ii) の下線部は，先行する要素と等位接続の関係を結ぶことができない．(32i) の下線部が he checks my story（彼が私の話を調べる）との等位要素になれないのは，he checks my story が if の補部として機能する従属節であるのに対して，he probably will は if の作用域外に置かれる主節であるためである．したがって，その構造は If I tell that story and he checks it, I'll be sacked. (もし私がその話をして，彼がそれを調べれば，私は解雇されることになるであろう．) とはかなり異なる．この場合，下線部は if の補部を形成する節の等位接続である．もし (32i) の下線部の表現が，If he checks my story I'll be sacked, and he probably will. (もし彼が私の話を調べるならば，私は解雇されるだろうし，彼はおそらくそうするだろう．) のように文末に置かれるならば，等位接続としての読みをもつことは可能であろう．(32ii) の下線部は，#It's clear that he has been embezzling the funds and let's not mince words. のように文末に適切に置くことすらできない．適切な等位接続を成立させる意味的な類似性が十分ではないからである．

(32iii) は，He told the manager and her secretary that the report was defamatory. (彼は経営者と彼女の秘書にその報告書は中傷だったと伝えた．) のような，明らかな等位接続構文と密接に関連している．違いとしては，(32iii) においては，and her secretary（そして彼女の秘書）がダッシュにより分離されているが，話しことばの場合には，イントネーションによって分離されることが示されるということである．(32iii) において and her secretary に補足部の位置づ

けを与えているのは，この句読法または韻律による分離であり，her secretary は the manager（経営者）と同等というよりもむしろ補足的な情報として提示されている．しかしながら，これは周辺的で例外的な類の補足である．通常，補足部は文法性を失わずに削除できる．ただ，常にそのような削除ができるわけではない．

(33) The manager – <u>and her secretary</u> – have been charged with defamation.
（経営者は－そして彼女の秘書も－名誉毀損で告訴されている．）

(33)において，もし補足部が省略されると，have は has に置き換えられなくてはならない．the manager and her secretary（経営者と彼女の秘書）という統合された構造と同様に，補足部は動詞の形を決定することに関わっているからである．このようなケースでは，ダッシュは丸括弧で置き換えられないということに注意が必要である（第 II 部を参照）．

or によって導入された補足部は，以下の例が示すように，組み換えや訂正を表現するために使用される．

(34) i. I'm convinced it was masterminded by Tom – <u>or Ginger</u>, as everyone calls him.
（トム－あるいは誰もが彼をそうよぶように，ジンジャー，がその黒幕だと私は確信している．）
ii. They'll be finishing on Tuesday – <u>or at least that's what they said</u>.
（彼らは火曜日に終了することになっている－あるいは少なくともそれが彼らが話したことである．）

第II部

句読法

第1章 序論

1.1 句読法の範囲

句読法 (punctuation) を議論する際の主要な関心事は，ピリオド (full stop)，コンマ (comma)，セミコロン (semicolon)，コロン (colon)，疑問符 (question mark)，引用符 (quotation mark)，丸括弧 (parenthesis) などを含むさまざまな**句読符号** (**punctuation mark**) の用法である．句読符号は，一連のテキスト（文章）の文法構造や意味を明示する役割をはたす．句読符号は**分節的な** (**segmental**) 単位で，文章の中で直線的に並ぶ文字・標識列の中に位置づけられるものである．[1] しかし，**非分節的な** (**non-segmental**) 標識にもさまざまなものがあり，句読符号と同じ目的で使われる．たとえば，文学作品などのタイトルは，引用符で囲むかわりにイタリック体にもできる．文の終わりは，句読符号（ピリオド，疑問符や感嘆符）で分節的に示されるが，文の始まりは，最初の文字を大文字にすることで非分節的に示される．したがって，以降の章では，分節的な句読符号だけではなく，イタリック体・大文字・太字・小型大文字のような非分節的なものも含めて，句読法について考察する．[2] 通常のローマン体の小文字は標準形式 (default form) であり，非分節的な標識はこの標準形式に対して加えられる**修飾** (**modification**) とみなすことができる．

---

[1] 訳者注：「分節」は，語などの文字列を記号などによって区切りをつけることを指す．
[2] 訳者注：例文の日本語訳の句読法については，（引用符とカギ括弧のように）日本語において対応する句読標識がある場合は，その標識を用いる．それ以外の場合には，（日本語でそれほど使用されることがなくても）本文の説明との対応関係を考慮して，基本的に例文で使用されている英語の句読標識に従った形で表記する．

第 1 章 序　論

　句読法の1つの重要な側面として，スペースを使用することがあげられるが，それは語と語を分離するためのものである．語と語の間に入れるスペースも分節的な単位である．句読符号と同じように，スペースは，直線的に並んだ文字の連鎖の中で文字1個分の位置を占める．たとえば，For example, in this sentence ... で始まる文では，単語のスペースは，4文字目の位置，13文字目の位置等に入っている．句読法の領域に入る句読符号およびその他の記号を包括する用語として，**句読標識（punctuation indicator）**という用語を用いると，以下のような分類をすることができる．

(1)　句読標識

　句読法を考える際の別の次元の問題として，句読法が適用される単位の範囲に関して，その領域を明らかにする必要がある．上で述べた句読符号は，一般的に（文の最後の境界を含む）文の中で起こるが，個々の単語の外側に現れる．しかし，語の内部で通常使用される句読符号も2つある．アポストロフィとハイフンである．また，語の内部にさまざまな非分節的な**発音区別符号（diacritic）**が含まれることがあるが，これを句読法の領域に入るものとはみなさない．たとえば，アクセント符号は，単に語の綴りに関する事項で，句読法の問題ではない（アクセント符号は，英語固有の単語には現れないが，それでも fiancé（婚約者）のように完全に英語化された語の中でも観察されることがある）．[3] 文を越えて適用される句読符号もある．丸括弧と引用符は，文よりも長い文章を囲むことができる．加えて，（通常，新しい行にインデント（字下げ）を入れることで示される）テクストの段落分けも，句読法の問題とみなすことができる．しかしながら，より大きな単位の割り付け（章や節を分けたり，見出し（heading）を使用し体裁を整えたりすることなど）を句読法に含めることは通常しない．また，たとえそうしたとしても役に立つものでもない．した

---

[3] 分音符号（diaeresis）(¨) は境界的なものになる．naïve（うぶな）や Brontë（ブロンテ）のような形態的に単純な語においては単なる綴りの問題となるが，アメリカ英語の coöperate（協力する）ではハイフンに相当する機能をもつ（co-operate（共同で操作する））．

がって，非分節的なイタリック体などは，引用・タイトル・強調を示す時には句読標識とみなすが，本やその他の文書で体系的に構成された階層を示す見出しとして用いられる際には，句読標識とはみなさない．

1.2 標識と文字

実質的にすべての書き物において，アポストロフィは，物理的に，あるいは記号表記上と表現してもよいかもしれないが，一重引用符と同じ記号になる．そのため，**標識 (indicator)** と**文字 (character)** という 2 種類の概念を区別する必要がある．文字は標識を**表現**する図形あるいはシンボルである．アポストロフィと一重引用符は同じ文字で表現してもよいが，異なる役割をもつ標識である．

　理由については第 6 章で述べるが，一重引用符 (single quotation) と二重引用符 (double quotation) は異なる標識であり，それぞれ 3 種類の異なる文字により表示される可能性がある．引用符は基本的にペアで生じ，引用の開始を表すために使われる文字（' または "）と，引用を閉じる際に使われる文字（' または "）がある．そして，（標準的な配列のキーボードのように）フォントに始まりと終わりの区別がつけられない場合には，始まりと終わりの両方の位置で用いられる文字（' または "）がある．始まりと終わりの引用符は異なる標識にはならない．文字の形式は位置から予測されるからである．始まりと終わりを示す符号は，使用される環境に応じて区別される同じ標識の変異形なのである．しかし，アポストロフィは一重引用符とは区別されなければならない．なぜなら，アポストロフィは，語の最初で用いられる時でも，引用を開始するために用いられる文字にはならないからである（したがって，rock 'n' roll（ロックンロール）は，*rock 'n' roll とはならない）．

　標識と文字の違いは，ダッシュとハイフンに関しても重要である．以下に例示するように，これらには 3 つの標識の区別がある．

(2) i. ダッシュ　　　　He's late – he always is.
　　　　　　　　　　　（彼は遅い – いつものことだが．）
　　ii. （通常の）ハイフン　non-negotiable
　　　　　　　　　　　（交渉不可）

iii. ロングハイフン　　　the doctor – patient relationship
　　　　　　　　　　　　（医者と患者の関係）

また，全角ダッシュ（—）（em-rule），半角ダッシュ（–）（en-rule）とハイフン文字（-）という3つの文字を区別する．利用可能な手段（標準的な配列のキーボードにはハイフンの文字のみがある）や出版社の書式に応じて，ダッシュの標識は，その3つの文字のどれかを使うか，ハイフン文字を2つ連続させることにより表記される．半角ダッシュと単一のハイフン文字では，スペースをその前後に入れるが，他の2つの形式ではスペースを入れることも入れないこともある．通常のハイフン標識は，ハイフンの文字を用いてスペースを入れずに表記される．ロングハイフンは，比較的マイナーな句読符号で，その使用法はかなり制限されている．ロングハイフンをまったく使用しないスタイルもあり，その場合は，(the doctor-patient relationship（医者と患者の関係）のように）通常のハイフンがその機能をはたす．ロングハイフンが通常のハイフンと異なる符号として使用される場合には，通常，前後にスペースを入れずに半角ダッシュで表示される．[4]

最後に，ピリオドと省略点について考えてみる．ピリオドは文の終わり，もしくは（Col. Blimp（ブリンプ大佐）のように）短縮（abbreviation）を示すために用いられる．これらは常に同じ形になるので，単一の符号の異なる使用法とみなす．しかし，省略された箇所があることを示す別の標識が用いられることもある．The President said, 'We will send as many troops as it takes … to restore order in the region'.（大統領は「その地域の治安を回復させるために … 必要なだけの数の軍隊を送るだろう」と述べた．）のような例である．この文では，**省略点（ellipsis point）**とよぶ符号が用いられており，この省略点は，点を3つ続ける（3文字）か，3つの点からなる1個の文字を使用するかのいずれかによって表記される．

---

[4] em-rule（全角ダッシュ）とen-rule（半角ダッシュ）は，長さがそれぞれ（おおよそ）mとnの文字の幅に対応しているのでそのような名称がついている．em-dash（emダッシュ）とen-dash（enダッシュ）ともよばれるが，本書の見地からすると，この用語は，文字と標識の違いを曖昧にするという点で好ましくない．long hyphen（ロングハイフン）は広く受け入れられている用語ではないが，機能はダッシュよりも通常のハイフンに似ているのでen-dash（enダッシュ）よりも用語としては好ましい．

第 II 部　句読法

その他のほとんどの場合においては，標識と文字に 1 対 1 の対応関係がある．以下の表は，関係のある句読符号，表現形式，および，よく使用される別名称をあげている．

(3) 　符号　　　　　　　　　　表現形式　　　別の用語
　　 i. 終止点 (full stop)　　　　　.　　　　　ピリオド (period)（アメリカ英語）
　　 ii. 疑問符　　　　　　　　　　?
　　 iii. 感嘆符　　　　　　　　　 !　　　　　感嘆点 (exclamation point)
　　　 (exclamation mark)　　　　　　　　　　（アメリカ英語）
　　 iv. コンマ　　　　　　　　　　,
　　 v. セミコロン　　　　　　　　;
　　 vi. コロン　　　　　　　　　 :
　　 vii. ダッシュ　　　　　　　— – -
　　 viii. 丸括弧 (parenthesis)　　( )　　　　丸括弧 (round bracket)（イギリス英語）
　　 ix. 角括弧 (square bracket)　 [ ]　　　　括弧 (bracket)（アメリカ英語）[5]
　　 x. 省略点 (ellipsis point)　 ...　　　　省略 (ellipsis)
　　 xi. 二重引用符　　　　　　　" "　　　　二重／一重引用符
　　　 (double quotation mark)　　　　　　　 (double / single quote (mark))
　　 xii. 一重引用符　　　　　　 ' '　　　　反転コンマ (inverted commas)
　　　 (single quotation mark)
　　 xiii. アポストロフィ　　　　 '
　　 xiv. スラッシュ (slash)　　　/　　　　　斜線 (stroke, solidus, virgule)
　　 xv. ロングハイフン　　　　　–　　　　　半角ダッシュ (en-dash)
　　　 (long hyphen)
　　 xvi. 普通のハイフン　　　　　-　　　　　-
　　 xvii. アスタリスク　　　　　 *

---

[5] イギリス英語で「括弧 (bracket)」という用語は，通常 (3viii, ix) の標識「丸 (round)」括弧と「角 (square)」括弧の両方を包括する用語として使われる．

1.3　句読法の規則の特徴

私たちが読む（本，新聞，雑誌などの）書き物の多くは，出版社から出されたもので，出版用のテキストを準備することを専門にする人たちによって編集されている．編集過程では，かなりの程度，出版社独自のマニュアルあるいは権威のある手引書としてより広く受け入れられているマニュアルで規定された規則が当てはめられる．一般に，出版業界の外にいる人はあまり専門的な申し合わせ事項に精通していない可能性が高い．出版の可能性がある原稿を準備する際，多くの著者がガイドブック等に書かれた助言に従うであろう．もちろん一般に，スタイルマニュアルは，文法的な用法に関わることも扱うが，それが大きな影響を及ぼすことはあまりない．私たちが使用する言語は，マニュアルを必要としないか，マニュアルを引く機会すらない自然発話がかなり高い割合にのぼるからである．このような理由により，句読法についての章は，文法について書かれた他の章よりも，主要なスタイルマニュアルの規範的な規則についての説明に重点が置かれる．しかし，熟練した書き手が習得している句読法の規則の大半は，話し言葉に関する規則と同様に，言語に関する暗黙の知識として存在しており，用法やスタイルのマニュアルでは決して言及されることがないことにも注意が必要である．

■変異

上で言及した規則があるにもかかわらず，句読法の慣行は決して統一されてはいない．ピリオドで短縮を表記するか否かなど，事項によっては，出版社ごとに取り扱いに差がみられる．より重要なのは，言語圏による変異が存在するということであり，中でも引用符と他の句読符号との相互作用に関することはとくに重要である．[6]

---

[6] 歴史的な変化にともなう変異もかなりある．1つの目立った変化は，大文字がもはや普通名詞には固有名詞ほど用いられなくなったという点である．より特定的な変化は，ジェーン・オースティン (Jane Austen) の His good looks and his rank had one fair claim on his attachment; since to them he must have owed a wife of very superior character to any thing deserved by his own. (彼の見た目のよさや肩書きには彼の愛着の対象となる当然の理由があった；というのも，それらのおかげで自分の身に余るすばらしい人柄の妻を手に入れたにちがいなかったのだから．) にみられるセミコロンの使用で，現在では許容されない．

文法にみられるような標準・非標準の社会的変異が句読法にはみられないという点は注目に値する．たとえば，文法的には非標準的である I ain't done nothing.（私は何もしてない．）や Who done that?（誰がそれをしたのか？）は，ある社会集団において用いられるが，他の社会集団では用いられない．これに対応するものは，句読法には存在しない．さらに句読法についていえば，形式ばったスタイルと形式ばらないスタイルの対立も比較的限定されている．たとえば，(4)にあるように，多重疑問符と多重感嘆符は形式ばらないスタイルに属するものである，と主張する人がいるかもしれない．

(4) i. They're coming for a week: what on earth are we going to do with them??
   （彼らは1週間滞在の予定で来ます：一体全体どうすればいいのか??）
 ii. Thanks for inviting us – we had a wonderful time!!
   （私たちを招待してくれてありがとう－すばらしいひとときだった!!）

このような句読法は，学問や法律の文書では使用したとしてもきわめて稀であることは事実である．しかし，句読法をこのような形で決して使用しない筆者が多いことも念頭に入れておくべきである．形式ばらない文法に従った表現 I don't know who he's referring to.（彼が誰のことに言及しているのかわからない．）は，ほぼすべての話者が，正式な場面以外で，I don't know to whom he's referring.（彼が誰のことに対して言及しているのかわからない．）よりも優先して用いる．このような形式ばらない文法に相当するものも句読法には存在しないのである．

しかし実際には，地域や出版社の違いとは関係のない，**控えめな**句読点使用（**light** punctuation）のスタイルと**積極的な**句読点使用（**heavy** punctuation）のスタイルの違いが観察される．[7]

(5) i. On Sundays they like to have a picnic lunch in the park if it's fine.
                                           ［控えめな使用］
   （日曜日は彼らはもし天気が良ければ公園で昼食を食べるのが好きだ．）

---

[7]「控えめな」と「積極的な」の別の用語として，それぞれ「開放的な (open)」と「閉鎖的な (closed)」が用いられることもある．

ii. On Sundays, they like to have a picnic lunch in the park, if it's fine.　　　　　　　　　　　　　　　　　　　　　［積極的な使用］
(日曜日は，彼らは，もし天気が良ければ，公園で昼食を食べるのが好きだ.)

この違いは，随意的な句読法，とくにコンマ，に関わるものである．控えめな句読点使用のスタイルにおいては，挿入が義務的ではなく随意的な箇所でコンマが使用されることは比較的少ない（他の句読標識についても同じである）．

1.4 統語の単位と書き言葉の単位

■ 正書法上の文

伝統的に，統語論は語を組み合わせて文をつくる仕組みに関する研究と定義されるが，統語的な観点から文の境界を決めるのはかなり厄介である．文は，節または節の連続という形式をもつ．一般に，1つの節のみで構成される文では，文の境界は簡単に決まるが，連続する節が結合してより大きな単位になる場合は，文の境界はさほど明確ではない．文が連続した節の形式をもつ場合，典型的には節が等位接続され，少なくともその1つに等位接続詞 (coordinator) がつく．しかし，等位接続構文 (construction of coordination) は，必ずしも等位接続詞で指定される必要はなく，接続詞を用いない等位接続も存在する（第I部を参照）．このことは，Her family, her friends, her colleagues had all rallied to her support. (彼女の家族，友達，同僚はすべて彼女の支援に集まった.) のような例からも明らかで，この例では下線部の名詞句が組み合わさり，節の主語として機能する等位接続詞のない等位接続を形成している．空所化が等位接続詞の用いられない等位接続で起こることもある．具体例を (6) にあげる．

(6) i. Kim went to the concert, but Pat stayed at home.
　　　 (キムはコンサートに行ったが，パットは家にいた.)
　　ii. Some went by bus, some by train.
　　　 (バスで行く人もいたし，電車で行く人もいた.)
　　iii. Some went to the concert, some stayed at home.
　　　 (コンサートに行く人もいたし，家にいる人もいた.)

(6i) の等位接続は，等位接続詞 but によって示されている．(6ii) では，2番

目の節に空所化による動詞の省略が起こっており，このことにより，2つの節がより大きな統語単位に属することが曖昧性なしに示されている．しかし，(6iii) には，節の等位接続関係を示す明示的な標識は存在しない．

さらに，等位接続が，形式的な標識により示される必要がない唯一の統語的関係というわけでもない．同じことは，補足 (supplementation) についても当てはまる (第I部を参照). (7) はその具体例である．

(7) i. There's another reason why we should hesitate – (namely,) the likelihood that interest rates will rise again in a few months.
（私たちが躊躇すべきもう1つの理由がある – (つまり,) それは金利が数ヶ月で再び上昇するだろうという見込みである.）

ii. There's another reason why we should hesitate – (namely,) it is likely that interest rates will rise again in a few months.
（私たちが躊躇すべきもう1つの理由がある – (つまり,) それはおそらく金利が数ヶ月で再び上昇するだろうという見込みである.）

(7i) の補足部は名詞句であるが，(7ii) では主節である．どちらの場合も，namely（つまり）は随意的であり，(7ii) に namely がない場合には，2つの節の関係を示す構造的な標識は存在しないことになる．

上記のように，連続する2つの主節が組み合わさった形式の文と，それぞれが主節の形式をもつ文が2つ連続しているものとの違いは，統語的に標示されないことが多い．書き物における句読法の機能の1つは，連続した節がまとめて扱われるべきか別々に扱われるべきかを正確に示すことにある．話し言葉においては，韻律は連続した節の関係についての情報を伝える役割を担うが，句読法が発話の韻律的な特徴を表示する手段にはならないことは強調しておくべきである．そのため，連続した主節の関係について話すとき，話し言葉と書き物という媒体に関して中立的になることはありえない．「**正書法上の文 (orthographic sentence)**」という用語は，句読法により定義される単位に対して適用される．以下で取り上げる複雑な問題を除けば，正書法上の文は，始まりに大文字が用いられ，終わりにピリオド・疑問符・感嘆符が用いられる書き物の単位である．ただし，「正書法上の文」という用語は，関係する単位が統語的に文となるかどうかについては中立的である．これは確定的な答えが出せない問題であるからである．これからは句読法について検討していくため，

以降,「文」という用語は,他の意味で使用することを明記していない場合には,「正書法上の文」を指すという理解のもとで考察を進める.

■ 正書法上の語

同様の正書法上の問題は語に関しても生じる.文法では,形態的に複雑な語と独立の語からなる統語的構造は区別される.

(8) i. I left the watering-can in the greenhouse. ［複合語］
(私は温室の中にじょうろを置きっぱなしにした.)

ii. Who lives in that green house opposite? ［統語的構造］
(誰が向かいのあの緑の家に住んでいますか?)

(8i) の greenhouse (温室) は,温かさを必要とする植物を育てるために使われるガラス張りの建物を指す合成語 (complex word) である (より特定的には,複合語 (compound) である).(8ii) の green house (緑の家) は,2つの語の連続が「修飾語+主要部」の構造をもつ名詞部 (nominal) を形成し,「緑色の家」という意味を表す.この違いを示すための基準は第3巻『名詞と名詞句』で説明されているが,その基準で常に明確な結果が得られるとは限らない.また,明確な文法分析の結果が得られたとしても,それが必ずしも書かれた形式と一致するとは限らない.したがって,句読法によって定義される「**正書法上の語 (orthographic word)**」という概念が必要になってくる.再び,複雑な問題を捨象した上で,正書法上の語は,前後の隣接位置,あるいは句読符号がある場合は,その外側にスペースが入れられ区切られている最小の文字のまとまりであると考えておく.「正書法上の文」と同様に,「正書法上の語」という用語に関しても,用語の示す単位が文法的に単一の語をなすのかどうかについては中立の立場をとる.「語」という用語は,とくに明記していない限り,「正書法上の語」を表すという理解で以降の考察を進める.

1.5 句読標識の機能と分類

■ 4つの主な機能

句読標識の主な機能は,以下のように4つのタイプに分類される (それほど重要でない,いくつかの特殊な目的での用法を除く).

(a) 境界を示す

(9) i. You will have to make a decision soon. It is not for me to try to influence you.
(あなたはすぐに決断しなくてはならないでしょう．あなたに影響を与えようとするなんて，私のすべきことではない．)

ii. By all means take the book with you, but be sure to return it.
(どうぞ，その本をおもちになってください，ただし必ず返却をお願いします．)

(9i) では，2 文が連続している．文の境界の始まりは大文字によって標示され，終わりはピリオドによって標示されている．加えて，スペースが語と語の間の境界を標示している．(9ii) では，コンマが，1 つの文の中でつながれた 2 つの主節の境界を標示している．境界を標示することは，句読符号の主要な機能である．境界標示は，他の機能とお互いに相容れないものではなく，まさに事実上すべての句読符号の用法に，境界標示機能が少なくとも付随的に備わっている．

(b) ステータスを示す

(10) i. What does Frank think about it?
(フランクはそれについてどう考えているの？)

ii. The boys' behaviour was hardly likely to make her change her mind!
(少年たちの行動は，彼女に気持ちを変えさせるには程遠いものだった！)

(10i) の疑問符は，文の境界を標示する役割をもつが，同時に疑問符は文が疑問文であることを示している．Frank の最初の大文字 F は，この表現が固有名詞のステータスをもつことを示している．(10ii) のアポストロフィは，名詞を属格にするものである．感嘆符は文の境界を標示すると同時に，文が感嘆文としてのステータスを示す機能をはたしている．

(c) 省略を示す

(11) i. She goes on to say, 'But Johnson ... was willing to accept a fee for the work.'
（彼女は，さらに続けて「しかしジョンソンは ... その仕事の報酬を受け入れるのに前向きだった」という．）
ii. 'F*** off!' he yelled, 'or I'll call the police.'
（「うせろ！ さもないと警察をよぶぞ」と，彼は怒鳴った．）

(11i) における省略点の標識 (ellipsis points indicator) は，もともとその位置を占めていた 1 つまたは複数の語が，引用では省略されていることを示している．(11ii) で，アスタリスクはタブー語である fuck の文字を隠したことを示しているが，アポストロフィは will が縮小 (reduction) され接語化 (cliticization) が起こっていることを示している．

(d) つながりを示す

(12) i. The Management will continue to concentrate on completing the redevelopment/acquisition programme outlined above.
（経営陣は，上記で概略が示された再開発／買収計画を達成するのに専念し続けるだろう．）
ii. I met her in the dining-car of the London–Glasgow express.
（私はロンドン－グラスゴー急行の食堂車で彼女に会った．）

スラッシュや 2 つのタイプのハイフンは，表現を関連づける働きがある．(12i) では，the redevelopment/acquisition programme がスラッシュにより「再開発あるいは買収の計画」と解釈される．(12ii) の通常のハイフンは，dining と car という 2 つの名詞の語基を組み合わせて dining-car（食堂車）という複合名詞をつくっている．これに対して，ロングハイフンは，London と Glasgow という 2 つの地名をつなげて（「ロンドンからグラスゴーに行く急行」という意味で），express（急行）を修飾する修飾句 London–Glasgow を形成する．

■ 読み誤りの防止

句読符号はしばしば随意的であり，任意の句読符号がどれくらい挿入されるかという点に関して，句読点の控えめな使用のスタイルと積極的な使用のスタイルで差が出ることはすでに述べた．しかしながら，概して控えめに使用するスタイルにおいてさえ，句読符号がないと読み誤りにつながってしまう可能性がある場合には，句読符号が加えられる傾向がある．実際，この種の混乱を防ぐために，通常なら許されない位置に句読標識が挿入されることもある．このことは，以下の例からも明らかである．

(13) i. Liz recognised the t-shirt he took from the bag and gasped.
(リズは彼が鞄から取り出した T シャツに見覚えがあり，息をのんだ．)
　ii. Liz recognised the man who entered the room, and gasped.
(リズは部屋に入った男に見覚えがあり，息をのんだ．)
　iii. Most of those who can, work at home.
(家で働ける人のほとんどは，家で働く．)

(13i) の内部には句読点がないのに対して，同じ統語構造の (13ii) にはコンマがある．(13ii) のコンマは，息をのんだのがリズであり，男ではないことを明示する働きがある．(13iii) では，コンマが主語と動詞との間の境界を標示している．これは，主語と動詞との間で句読点を打つことを禁止する一般的な規則に反する．そのようなコンマの使用が正当化されるのは，コンマなしでは work が主動詞としてではなく can のとる補部の主要部として間違って解釈されてしまう可能性が高いからである．

■ 第 II 部の構成

最初の概説からも明らかなように，句読符号の多くは多種多様な機能をもつ．おそらくもっとも注目すべきなのは，ピリオドが文の終わりを標示したり，短縮を示したりすることであろう．このことから，句読標識について満足のいく一元的な分類を提示することができないことがわかる．したがって，以降の章では，句読標識の取り扱いに関して，連続的な集合体として捉える扱いと個別の機能ごとに捉える扱いの折衷案を提示する．第 II 部の各章で解説する事項は以下のとおりである．

　第 2 章では，**一次終点** (**primary terminals**) とよぶ，文を終えるために使

用するピリオド・疑問符・感嘆符について解説する．疑問符と感嘆符では，文のステータスを示す機能が文末の境界を標示する機能よりも重要であり，文の最後に現れなければならないという制約は受けない．しかしながら，疑問符と感嘆符は終点のピリオドとはお互いに排除し合う（つまり，同時には起こらない）関係にあり，ピリオドと自然なグループを形成する．

　第3章で扱う第2のグループは，**二次境界符号 (secondary boundary marks)** とよばれるもので，コンマ・セミコロン・コロンがその範疇に入る．二次境界符号は，文と文の間の境界ではなく，文中での境界を標示するという意味で二次的である．もう少し正確にいえば，コンマとセミコロンは常に文中の境界を示すが，コロンは文中の境界を示すことが圧倒的に多い．

　第4章では丸括弧について解説する．丸括弧は（異なる開始点と終結点の文字があり）それがペアで現れる．文よりも小さい単位を囲むことが多いが，必ずしもそうしなければならないわけではない．第5章では，ダッシュの説明に移る．ダッシュは，ほとんどの用法で二次境界符号となるが，丸括弧とかなりの類似点があるのでここで取り扱う．

　つぎの第6章は，引用句，引用，名付けに関連する機能を扱う．一重引用符であれ二重引用符であれ，引用符はこれらの機能をもつ主要な符号であるが，イタリック体が使われることもある．一方で，句読標識がまったく現れないこともある．角括弧と省略点は，主に引用句内に現れるのでこの章で扱う．いくつかの点で引用句と関連するのは大文字化であり，これについては第7章で取り上げる．

　最後に，第7章までで扱われていない語レベルの句読法の側面について，第8章で解説をする．**語レベルの句読法 (word-level punctuation)** とは，語の境界標示および語内部の句読符号（主にハイフンとアポストロフィ）の用法のことである．他の句読法に対しては，語レベルと対比させて**高次の句読法 (higher-level punctuation)** とよぶ．スラッシュは，（少なくとも通常では）前後にスペースが入れられないため，語レベルの句読標識として扱う．

第 2 章　一次終点

ほとんどの場合，散文の文章（テクスト）は，大文字で始まり，ピリオド・疑問符・感嘆符等の一次終点（primary terminal）で終わる文の連続からなる．

文の終わりを標示するピリオドは，**終点のピリオド (terminal full stop)** とよび，**短縮のピリオド (abbreviation full stop)**（および，この標識のさまざまな特殊な用法）とは区別される．疑問符や感嘆符の主要な機能は，境界標示よりもむしろ文のステータスを示すことであると前述した．このことは，終点のピリオドと異なり，疑問符や感嘆符が文の内部に現れうることや，他の句読標識がその後に続くことができるという事実に反映される．

(1) i. She had finally decided – and who can blame her? – to go her own way.
（彼女はついに決めた－そして誰が彼女を非難できるのか？－彼女自身の道を行くことを．）

　ii. Her son – what a scoundrel he is! – is threatening to sue her.
（彼女の息子は－なんというろくでなしなんだ！－彼女を訴えると脅している．）

　iii. *Southern liberals – There are a good many. – often exhibit blithe insouciance.
（西部の自由主義者は－かなり多数いる．－しばしば軽はずみな無頓着さを示す．）

通常，文の中間に位置する疑問文や感嘆文は，引用の場合を除いて大文字で始

まることはない（第6章を参照）．したがって，(1i, ii) の2つのダッシュの間に挿入された表現は，文法上の節であるが，正書法上の文とはならない．

■ 文終点と節のタイプ

単一節の形式をもつ文，つまり単文，では文終点と節タイプとの間に重要な相関関係がある．通常の関係は (2) で示されている．

(2)　　　　　　　　　　　　　　　　　　　節のタイプ　　文終点
　i.　Kim has arrived.　　　　　　　　　　　平叙　　　⎫
　　　（キムは到着した．）　　　　　　　　　　　　　　　　⎬ ピリオド
　ii.　Let me know if you need any help.　命令　　　⎭
　　　（助けが必要ならばご連絡ください．）
　iii.　Have you seen my glasses?　　　　　疑問　　　疑問符
　　　（私のメガネをみましたか？）
　iv.　What nonsense they talk!　　　　　　感嘆　　　感嘆符
　　　（彼らはなんてくだらない話をしているんだ！）

ただし，この相関関係はきわめて不完全である．句読符号は，意味や発話内行為の力 (illocutionary force) との関係において節タイプの統語範疇よりも直接的な対応関係があるからである（発話内行為の力の概念と節タイプとの関係については，第6巻『節のタイプと発話力，そして発話の内容』を参照）．

■ 疑問符

疑問符という用語が示唆するように，この符号で終結する構成素は疑問の意味を表す．

埋め込みでない疑問の終点

もっとも単純な場合，疑問符は埋め込まれていない疑問節の最後に現れるが，それはピリオドや（通常の）感嘆符と対立する環境である．Yes/No 疑問であれ WH 疑問であれ，疑問符は，疑問の主節の後に現れる標準的な句読符号 (punctuation mark) である．疑問符は，他のタイプの節でも使用できるが，その場合，疑問符自体が疑問であることを知らせる合図になる．話し言葉においては，上昇のイントネーションが疑問であることを知らせる合図になる．

(3) i. Have you seen today's paper? ［Yes/No 疑問文］
   (今日の新聞をみましたか？)
  ii. Why do fools fall in love? ［WH 疑問］
   (なぜ愚か者は恋に落ちるのか？)
  iii. You saw him, then? ［平叙］
   (それで，あなたは彼をみたの？)
  iv. Take it back on Saturday? ［命令］
   (それを土曜日に取り戻せってこと？)

通常，命令文で（感嘆文でも同様であるが）疑問符が使用されるのは，問い返し疑問（echo question）の時に限られる．
　文が主節の連続の形式をとる例を以下にあげる．

(4) i. It would be hard to criticise the measures, wouldn't it?
   (法案を批判するのは難しいですよね？)
  ii. Where did you get it from and how much did it cost?
   (あなたはそれをどこで手に入れて，値段はいくらだったの？)
  iii. It certainly looks very good, but isn't it rather expensive?
   (確かに見栄えはとてもいいけれど，けっこう高くないですか？)

(4i) では，wouldn't it? が疑問のタグ（付加部）であり，文全体を疑問文にする効果がある．(4ii) は 2 つの疑問節の等位接続であるが，疑問符は末尾に 1 つしかない．(4ii) は合成された単一の疑問文なので，疑問符がこのように使われている．(4iii) は平叙（陳述）と疑問（質問）の等位接続である．疑問符は，意味的な作用域として含むのは 2 番目の節だけであるが，文全体の境界を示す終点標識として機能している．
　間接発話行為として使われる疑問文では，しばしば，疑問符が他の終点に置き換えられることがある．

(5) i. Would you tell Jill that I'll be replying to her letter shortly.
   (いただいた手紙に近々お返事をすると，ジルに伝えてくださいますか．)
  ii. Why don't you try to get this report to me by tomorrow.
   (明日までにこの報告書を私にもってきてくださるよう努力してはいかが．)
  iii. Aren't they lucky to have got away with it!

(それを免れたなんて，彼らは幸運じゃないか！)
- iv. Who cares what I think about it, anyway!
 (私がそれについてどう考えようと，誰が気にするものか！)

(5i, ii) は，それぞれ Yes/No 疑問文と WH 疑問文の形式であるが，間接的な指示 (directive) として用いられており，句読法はどちらも，文法形式や文字通りの意味によらず，指示という発話内行為の力に対応した表記になっている．指示的な力 (directive force) をもつ疑問構文の範囲はかなり広く，ピリオドをより容易に容認するものもある (第6巻『節のタイプと発話力，そして発話の内容』を参照)．(5iii, iv) は，感嘆の発話内行為の力があり，句読法はそれに従ったものである．(5iv) の WH タイプでは疑問符との交替が起こるが，(5iii) の Yes/No タイプでは通常は起こらない．

埋め込まれた疑問文

疑問文が埋め込まれる場合，句読法は文法形式によって決まる．埋め込まれた疑問文が主節の形式であれば疑問符が現れるが，従属内容節の形式であれば疑問符は現れない．このことは以下のようにまとめられる．

(6) 　　　主節の統語形式　　　　　　　　従属節の統語形式
- i. a. She asked, 'Where is Kim going?'
 (彼女は「キムはどこに行くの？」と尋ねた．)
 b. She asked where Kim was going.
 (彼女はキムがどこに行くのか尋ねた．)
- ii. a. Again the question arises: why were we not consulted?
 (再び疑問が浮かぶ：なぜ私たちは相談されなかったのか？)
 b. Again the question arises as to why we were not consulted.
 (再び，なぜ私たちは相談されなかったのかという疑問が浮かぶ．)
- iii. a. Her son (you remember him, don't you?) has just been arrested.
 (彼女の息子が（あなたは彼を覚えてるでしょ？）ついさっき逮捕された．)
 b. ［従属節の形式なし］

疑問文は，主節の統語形式で現れる場合，大文字で始まっても始まらなくてもよいことに注意する必要がある．(6ia) は直接話法の例である（第 6 巻『節のタイプと発話力，そして発話の内容』を参照）．疑問文が引用符で囲まれている場合，大文字で始めることが必要であるが，それ以外では，とくに比較的短い疑問文の場合，小文字が許容される（たとえば，I'm afraid he always asks himself, what's in it for me?（残念ながら常に彼は，そこに自分に何の得があるのか？と自問している）．(6iia) では，疑問の内容が引用されるか特定されており，文頭文字の大文字化は任意である．[1] (6iiia) では，疑問文が括弧内に入れられている（このタイプの疑問に関しては，対応する従属節構文がない）．この場合，文頭文字の大文字化は不可能ではないものの，起こる可能性は比較的低い．

挿入語句

疑問文の挿入語句を含む文，もしくは，疑問文の主節の中に挿入語句が含まれる構文を以下にあげる．

(7) i. There is nothing in the structure of English that prohibits us from referring to a woman as John Smith or, shall we say, George Eliot.
（英語の構造上，女性をジョン・スミス，あるいは，どう申しましょうか，たとえばジョージ・エリオット，とよぶことを妨げるものはありません．）
ii. Will he tell them?, she asked.
（彼はあの人たちに話すでしょうか？と，彼女が尋ねた．）
iii. Will he tell them, I wonder?
（彼はあの人たちに話すかしら？）
iv. Will he tell them, do you think?

---

[1] And guess who they were sure inflicted them?（そして，苦痛を与えたと彼らが確信しているのは誰だと思いますか？ 当ててみてください．）の疑問符は，埋め込みの疑問節ではなく，主節の命令節をその作用域にとっている．そのため，疑問符は（間接的な）疑問の力を文全体がもつことを知らせる合図となり，話し手が聞き手に答えを推測するよう求める機能をはたす．しかしながら，guess ＋ 従属疑問構文に関しては，感嘆符が終点となることのほうが多い．疑問文が疑問詞だけで構成される場合，主節と従属節の統語構造の区別は失われ，She wondered why.（彼女はなぜなのか疑問に思った．）や She wondered, why?（なぜなのか？, 彼女は疑問に思った）（もしくは She wondered, Why?（なぜなのか？, 彼女は疑問に思った））のように，疑問符は使われたり使われなかったりする．

(彼はあの人たちに話すと思う？)

shall we say（どう申しましょうか），dare I say（あえて申し上げるならば），would you believe（信じてもらえないでしょうが）のような挿入句は，疑問主節の統語形式をもつが，質問の発話力はなく，通常（7i）のように疑問符はつかない．（7ii, iii）は，統語的には（7i）と似ているが，意味が異なり，そのために異なった句読法になっている．（7ii）は，文全体が彼女の質問を報告する陳述である．しかし（7iii）における I wonder（～かしら）は，疑問を投げかけていることを示すので，疑問符が文末につく．（7iv）は 2 つの疑問文が連続するが，単一の疑問を表現するので，疑問符は 1 つだけ最後につけられる（第 6 巻『節のタイプと発話力，そして発話の内容』を参照）．

疑いを示す疑問符の使用

(8) i. Michaelangelo Merisi (b. 1571?, Milan? – d. July 18, 1610, Port' Ercole, Tuscany)
 (ミケランジェロ・メリシ（1571生?，ミラノ?－1610年7月18日没，ポート・エルコレ，トスカーナ州))

ii. He lives with an ophthalmologist (?) in Kensington.
 (彼は眼科医（?）と一緒にケンジントンに住んでいる．)

(8i) では，日付や場所が不確実であることを示すために疑問符が使用されている．確信のもてない項目の前に疑問符をおくこともある（b. ?1571）．(8ii) では，疑問符は丸括弧に入れられている．これは比較的形式ばらない文体に属するが，疑問符はその項目が正しいかどうか確実でないことを示している（(8ii) では，その人物が実際に眼科医なのかどうかについて疑いをもっているか，あるいはひょっとすると，スペルに自信がないのかもしれない）．

■ 感嘆符
埋め込まれていない感嘆文の終点

(9) i. To hell with you!　Up the Socceroos!　　　Blast!
 （勝手にしろ！）　（オーストラリアチーム頑張れ！）（ちくしょう！）

　　　　Fire!　　　Talk about arrogance!
　　　　（撃て！）　（最悪の傲慢さだ！）
　　　　If only we had listened to her!
　　　　（彼女が話したことに耳を傾けてさえいれば！）
　　　　That it should have come to this!　　Quick!
　　　　（こんなことになるとは！）　　　　　（急げ！）
　ii.　What a mess they made of it!　　　　How kind you are!
　　　　（彼らはなんというへまをやらかしたんだ！）（君はなんて優しいんだ！）
　iii.　Look out!　　Get some water!
　　　　（用心して！）（水を手に入れろ！）
　iv.　That's cheating!　　They had come without any money!
　　　　（それはインチキだ！）（彼らは無一文で来ていたのか！）
　v.　Isn't it fantastic!　　　What does it matter, anyway!
　　　　（素晴らしいじゃないの！）（で，それがどうしたっていうんだ！）

感嘆符は，主要な主節構文とは異なる形式の文に用いられることが多い．(9i) にはこの種の多様なパターンが示されている．(9i) は，感嘆符をピリオドに置き換えることが不可能であるか，感嘆符を置き換えてしまうと解釈が完全に変わってしまうか，のいずれかになる（この中には，たとえば質問に対する答えが省略形である場合など，感嘆符をピリオドで置き換えることができるものもある）．その他の例は，通常の主節の形式である．(9ii) は統語的に感嘆文であり，ピリオドではなく感嘆符が強く好まれる．(9iii) は命令文である．前述したように，ピリオドが命令文の標準的な終点であるが，感嘆符が用いられることもまた一般的である．その際の感嘆符は緊急性を伝えたり，指示行為に命令や懇願の意味を加えたりする．この点は，たとえば，依頼 (request) とは異なる．(9iv) のように，平叙文につく感嘆符は，文の内容があっと驚くような際立った情報で特別に注目する価値がある，あるいはその必要があることを示す．(9v) のように発語内行為の力が陳述である場合には，感嘆符は疑問文でも使用されることがある（前述の (5iii, iv) の解説を参照）．

埋め込み

疑問文と同様に，感嘆文は主文内に埋め込むことができ，節よりも小さい単位

のものであってもよい．

(10) i. He replied, 'I've never been so insulted in my life!'
   (「自分の人生の中でこれほど侮辱されたことはなかった！」と，彼は答えた．)
  ii. At first things went smoothly, but soon, alas!, the casualties began and we had to devise a new strategy.
   (最初はうまく事が運んだが，なんということか！, すぐに頓挫し，犠牲者が出始め，私たちは新しい戦略を考えなければならなくなった．)

 感嘆文は，(6)で説明した疑問文のように主節と従属節の間で明確な内部形式の違いを示すわけではない．しかしながら，従属節と認められる感嘆文が感嘆符をとらない例も観察される．以下で具体例を示す．

(11) i. She remembered what a struggle it had been in those days to make ends meet.
   (彼女はその当時やりくりするためにどれだけ悪戦苦闘したかを思い出した．)
  ii. It's amazing what a difference a good night's sleep can make!
   (夜間に睡眠をしっかりとることがいかに重要であるか，驚きだ！)

(11i)の感嘆文はrememberedの補部であり，主節がピリオドで終わる平叙文になっている．(11ii)では，感嘆節が外置主語として埋め込まれている．(11ii)では，主節は平叙文であるが，終点として感嘆符がついている．これは，述語 is amazing（驚きである）が感嘆の意味を想起させるからである．

■ **多重終点**
強調する効果を出すために，疑問符や感嘆符を繰り返したり，疑問符の後に感嘆符を続けたりすることも可能である．

(12) i. Who, I wonder, is going to volunteer for the late shift??
   (一体全体，誰が夜勤を申し出たりするのかしら??)
  ii. Guess what – we've sold the house at last!!
   (ねえ，聞いて－家がやっと売れたの!!)
  iii. Did you see his face when she mentioned the doctor?!
   (彼女がその医師に言及した時の彼の顔をみましたか?!)

このことは，前述したように，感嘆符と疑問符という2つの標識の主な機能が文のステータスを示すという事実を反映している．純粋に境界を表す標識であるピリオドには，これに相当する用法はない．(12iii) の疑問符は文が質問であることを知らせる合図であるが，感嘆符は，たとえば，彼の顔に何らかの強い感情が現れていたといった何か驚くべき状況があることを伝えている．(12) のような用法は，マニュアルでは好まれない傾向にあり，1.3節で観察したように，形式ばらないスタイルに限られる．

■ 句や等位接続された主節が独立の文となる場合の句読法

(13) i. He had broken the vase. Deliberately.
　　　　（彼は花瓶を壊したことがあった．意図的に．）
　　ii. The house needs painting. And there's still the roof to be fixed.
　　　　（その家はペンキの外壁塗装が必要だ．しかもまだ屋根の修理もある．）

もっとも標準的な句読法は，単文の句読法である．(13i) の deliberately（意図的に）は，broken（壊した）と関係づけられる付加詞として解釈される．しかし，あえて2つの文に分割することにより，情報のパッケージ化 (information-packaging) の機能が働く．すなわち，全体を2つの情報伝達として提示することにより，付加詞の情報が特別に重要であることを伝えるのである．話し言葉においても，付加詞を韻律的に分離することにより，同様の効果が得られる．(13ii) の節の等位接続が分割された形についても同じように動機づけられることがある．その他にも，そのままであると文が長くなり過ぎる場合に，文を短くするのにピリオドを使用するということもある．そのため，このようなピリオドの使用は，新聞雑誌等においてとくに一般的である．

第3章　二次境界符号：コンマ，セミコロン，コロン

終点のピリオドは，連続した文の間の境界を標示する．これに対して，コンマ・セミコロン・コロンは，通常，文内の境界を標示するため，二次境界符号とみなされる．コンマ・セミコロン・コロンは，ピリオドよりも弱い境界を示す．3.1節で検討することになるが，コンマをコロンまたはセミコロンよりも弱い境界とみなす根拠があり，これらの標識の相対的な強さの序列は，以下のように整理することができる．

(1)　ピリオド　＞　$\left\{\begin{array}{c}\text{コロン}\\ \text{セミコロン}\end{array}\right\}$　＞　コンマ

本章では，考察の対象を，丸括弧やダッシュのどちらをも含まない文に限定する．ダッシュも二次境界符号であるが，これに関しては，丸括弧について考察した後に第5章で検討する．

■ **例外：終結点でない文の区切りを示すコロン**
一次境界符号と二次境界符号の分布に対する1つの例外となるが，コロンの後が大文字で始まることが時々起こる．

(2)　i.　Libraries have not tried hard to compete in this domain: Their collections are still dominated by books.
　　　（図書館はこの領域においてあまり競争しようとしてこなかった：館内の収蔵品は依然として書籍で占められている．）

ii. A number of questions remain to be answered: Who will take responsibility for converting the records to digital form? How are the old records to be stored? Who will have access to the digital files?
(答えるべき質問は数多く残っている：誰が記録をデジタル化する責任を負うのか？どのようにして古い記録を保存するのか？デジタルファイルには誰がアクセスできるのか？)

(2)の場合には，コロンが文の境界を標示すると捉えるのがもっとも自然である．そうすると，(2i)は連続する2つの文からなり，(2ii)は連続する4つの文からなっていることになる．自明ではあるが，コロンで終わる文がテキストの最後に現れることはありえない．

3.1 形式についての概観

■左右の境界標示の非対称性

左右の境界標示に関しては重要な非対称性が存在する．

(3) i. Constituents whose right boundary is marked very often have no marking of their left boundary.
(右の境界が標示された構成素は，左の境界が標示されないことがきわめて多い．)
ii. Constituents whose left boundary is marked almost always have their right boundary marked – by a mark at least as strong as the one on the left.
(左の境界が標示された構成素は，ほぼ常に‐左の境界符号と少なくとも同じくらいの強さの境界符号で‐右の境界が標示される．)

(3)に関して，関連する構成素に下線が引かれている以下の例で考察する．

(4) i. a. There'll be no problem because anyone can take part, provided they're over eighteen.
(彼らが18歳を越えていれば，誰でも参加できるので，問題はないだろう．)
  b. She suggested that the most important factor had been over-

第3章　二次境界符号：コンマ，セミコロン，コロン

looked: the cost.
（彼女はもっとも重要な要因が見落とされていることを示唆した：つまり，費用だ．）

c. He has written books <u>on Babe Ruth</u>; on Tinker, the shortstop, Evans, the second baseman, and Chance; and on Hank Aaron.
（彼はベーブ・ルース；遊撃手のティンカー，二塁手のエバンズ，チャンス；そして，ハンク・アーロンについて本を書いた．）

d. *Jill was <u>in fact</u>, keeping her options open.
（ジルは実際には，選択肢を決めないままでいた．）

ii. a. *Anyone can take part, <u>provided they're over eighteen</u> so there'll be no problem.
（18 歳を越えていれば，誰でも参加できるので問題ないだろう．）

b. *He told the press his reason: <u>he did not want to have to renegotiate his contract</u>, but he did not give any explanation to the team owners.
（彼は新聞社に理由を話した：つまり彼は契約について交渉したくなかったが，彼はチームのオーナーに何の説明もしなかった．）

c. *He has written books on Babe Ruth; on Tinker, the shortstop, Evans, the second baseman, and Chance; <u>and on Hank Aaron</u>, and they've all sold well.
（彼はベーブ・ルース；遊撃手のティンカー，二塁手のエバンズ，チャンスについて；そしてハンク・アーロンについての本を書いた，そして，それらの本はすべてよく売れた．）

d. Kim, Pat, <u>and Alex</u> had done most of the organising.
（キム，パット，そしてアレックスがその手配のほとんどを行った．）

(4ia-c) には，右側の境界にそれぞれ，コンマ，コロン，セミコロンが続く構成素があるが，構成素の左側には境界標示がない．これらの文は適格である．(4id) の非文法性から明らかなように，右側の境界にあるコンマが左側の境界にも符号を要求する場合がある（この点は，3.2.5 節で考察する）．ただし，これが一般的なパターンというわけではない．(4iia-c) は，左側にコンマ，コロン，セミコロンが置かれた構成素があり，右側には符号はないか，あっても弱

いものであり，これらは大きく逸脱した形式である．唯一の体系的な例外はコンマであり，事実上 (4iid) のような等位接続の場合に限定される．[1]

■ 強さの序列
上の (1) で示された強さの序列を正当化するのは (3ii) の制約である．とくに，(3ii) の制約は，コンマがコロンやセミコロンよりも弱いものであるという根拠を与える．(4iib, c) で示されるように，左側にコロンやセミコロンが置かれている構成素は，右側にコンマを置くことができない．コロンとセミコロンは，この点に関して範疇的な違いを確立していない．このため，この2つは (1) において同じ位置づけになっている．具体例を以下にあげる．

(5) i. He told the press his reason: he did not want to have to renegotiate his contract; but he did not give any explanation to the team owners.
(彼は報道機関に彼の理由を語った：彼は契約の再交渉をしなければならない状況は避けたかったということだ；しかし彼はチームのオーナーたちには一切説明をしなかった．)

ii. With a book as complex and anarchic as this, such reductionism is misleading. You could as easily say it was about the failure of Sixties' radicalism; the decline of the dollar; the hegemony of television culture: it is all these, and more.
(これほど複雑で懐古主義的な本に関しては，そのような還元主義では誤解を招く．簡単にいってしまえば，この本は，60年代の革新主義の失敗：ドルの下落；テレビ文化の覇権：そして，これらすべて，さらにそれ以上のことを語っている．)

---

[1] 変則的な例外は，It has been asked: what are the predominant characteristics of Scottish cookery? The answer: simplicity, good sense and an instinct for dietetic values, and what more could one ask? (尋ねられたのは：スコットランド料理の際立った特徴は何か？ その答えは：素朴さ，栄養価への優れた感性と本能である，そしてそれ以上何を求めるだろうか？) の第2文にみられる．このような例は稀にしかみられず，句読点に関して適格な形式でないとみなされうる．この状況は，values の後のコンマをピリオドに置き換えることにより改善される．

第 3 章 二次境界符号：コンマ，セミコロン，コロン 223

(5i) では，左側にコロンがあり，右側にセミコロンがある．最上位のレベルでの文全体の構造は，X; but Y である．セミコロンは，先行するものすべてに対する終点境界を標示するので，X 内に含まれているコロンもセミコロンの作用域に入ることになる．(5ii) では，状況が逆になる．下線が引かれた名詞句は，左側にセミコロン，右側にコロンがある．この文では，最上位のレベルにおいて X: Y の形式をとっている．コロンに後続する箇所は，下線が引かれた名詞句だけではなく，先行するものすべてに対しての詳細を述べている．この場合，コロンが X の内部に含まれるセミコロンを作用域に収めている．通常は，セミコロンが先行するコロンを作用域に収めるほうが，その逆よりもはるかに一般的であるが，形式上そのどちらの関係も排除されるわけではない．したがって，この 2 つの句読符号の間に厳密な強さの序列を設定することはできない．

■コロンとセミコロンに関する単一レベル制約
単一の構文において，コロンとセミコロンが 2 つ繰り返して生じる場合，それらが異なるレベルで生じることはない（括弧で囲まれた要素の中にある場合を除く）．以下に具体例をあげる．

(6) i. I wouldn't recommend it, but he can certainly take part, provided he's eighteen.
（私ならお勧めはしないが，18 歳になっているなら，彼はきっと参加できるよ．）
ii. *A new policy has been instituted: the evaluation will be made by groups that will have only one responsibility: to prepare the year-end reports.
（新しい方針が設けられた：責任を 1 つしか負わないグループによって評価がなされる：その責任とは年末の報告書を用意することだ．）
iii. *All students had to take a language; Sue took French; she already spoke it well.
（すべての学生は言語を 1 つ履修しなければならなかった；スーはフランス語を履修した；彼女はすでにフランス語をとてもうまく話せた．）

(6i) の最初のコンマは，but によって統語的に関連づけられる 2 つの主節を分

離している．2番目のコンマは，第2等位節から付加詞を分離している．したがって，2番目のコンマは，最初のコンマで分けられる境界よりも低い階層での境界を標示する．しかし，(6ii, iii) が容認できないことからわかるように，コロンとセミコロンではこのような振り分けは許されない．(6ii) の2番目のコロンは，only one responsibility（唯一の責任）とその詳細を述べる補足部 to prepare the year-end reports（年末の報告書を用意すること）との間の境界を示す．最初のコロンは，2つの主節の節境界を標示する．only one responsibility は，その2つ目の節の構成素なので，2番目のコロンは最初のコロンよりも低い階層にあることになり，容認されない．(6iii) のセミコロンにも同じことが当てはまるが，おそらく (6ii) のコロンほど明らかではないであろう．2番目の節 Sue took French（スーがフランス語を履修した）は，1番目の節の内容についての詳細を提供するが，スーが該当する生徒の中の1人であることが推論できる．この節は，すべての生徒に適用される一般的な必要条件についての陳述であるが，生徒の1人がその要件を満たしたという特定の陳述に，途中で移行している．3番目の節は，2番目の節についての詳述になっており，自然な解釈としては，スーがフランス語の履修を選択した理由は，フランス語をすでにうまく話せたからであるというものである．そうすると，3番目の節と1番目の節の間には，直接的な関係が存在しないことになる．3番目の節は2番目の節に対する補足であり，2番目の節は1番目の節に対する補足である．これは，(6iii) の2番目のセミコロンが1番目のものより低い階層となり，単一レベル制約に違反してしまうことを意味する．[2]

■ コロンに関するさらなる制約

コロンはさらに2つの制約を受ける．まず，コンマおよびセミコロンとは異

---

[2] ときおり，単一レベル制約に違反する例が観察される．たとえば，Several of the demonstrators and the bishops recognised one another; some had been seminary students together; others had worked together as priests.（デモ参加者と司教たちは互いに面識があった；神学校の同窓生だった人もいれば；神父として一緒に働いていた人もいた．）のような例である．意味としては，2番目の節と3番目の節が等位接続の関係にあり，その組み合わせ全体が最初の節についての解説になっていると解釈されなければならない．このような例は，ここで提案されている制約を無効にするほど一般的でも体系的でもないので，ここでは句読法が正しい形式になっていないとみなす．

なり，コロンは，等位接続の関係にある要素を分離するのには使用されず，要素が2つだけ含まれる構文に使用が限定される．(7) がそのことを示す具体例である．

(7) i. Many welcomed the proposal, some were indifferent, a few strongly opposed it.
(多くの人々がその提案を歓迎したが，無関心な人もいたし，強く反対する人も少数いた．)

ii. Many welcomed the proposal; some were indifferent; a few strongly opposed it.
(多くの人々がその提案を歓迎した；無関心な人もいた；強く反対する人も少数いた．)

iii. *Many welcomed the proposal: some were indifferent: a few strongly opposed it.
(多くの人々がその提案を歓迎した：無関心な人もいた：強く反対する人も少数いた．)

(6) で示された制約と組み合わせると，上で述べたことは，文が2つのコロンを含む場合は，(8) で示されているように，常に別々の構成素に属することを意味する．

(8) The press secretary gave them the rules: they were not allowed to speak to the committee directly; all other members were forbidden to discuss what the committee had decided: a hiring freeze would take place.
(報道官は規則を彼らに課した：委員会と直接話をすることは許されないというものである；しかも，他のすべての構成員は，委員会がすでに決定したことについて議論することを禁じられた：採用人事が凍結される案件である．)

(8) では，最上位の構成素の分割がセミコロンによって標示されている．そのため，コロンは，文の別の構成素にそれぞれ生じることになる．セミコロンもコロンもお互いの作用域には含まれていない．

つぎに，左側の境界をコロンで標示された構成素は，同じ節内において要素(コロン，セミコロン) をさらに追加することはできない．

(9) *Smith has written books on the Risorgimento, which was an exciting period; on the topic of this conference: the Neapolitan Revolution of 1799; and on the 'Italietta' period of the late nineteenth century.

(スミス氏はイタリア統一運動についての本を書いた，それは興奮に満ちた時代であった：この会議のトピックである：たとえば，1799年のナポリの革命；そして19世紀後半の「イタリエッタ」時代などである．)

(9) のコロンは，文中に位置する節よりも小さい単位の等位要素の内部にある境界を標示している．この文脈では，コンマ（あるいは，ダッシュ）のみが許容されるであろう．

3.2 二次境界符号の用法

第1章ですでに説明したことであるが，等位接続と補足の統語的関係は形式的には表示される必要がないので，主節の連続が等位接続されているか，補足で統語的に関係づけられているか確定できない場合がある．そのため，3.2.1節と3.2.2節では，最初に等位接続構文と補足構文で形式的な表示がある場合（つまり，**標識を用いない (asyndetic)** 用法ではなく**標識を用いる (syndetic)** 用法が関与する場合）と，主節よりも低い階層の構成素を含む場合（従属節もカバーするという理解では**節より小さな (subclausal) 構文**）について考察する．つぎに，3.2.3節では，等位接続詞を用いない主節の組み合わせを考える．最後に，3.2.4節と3.2.5節では，その他の従属節境界の事例を扱う．右側だけでなく左側の境界も標示される必要がない例を最初に取り上げ，つぎに**境界設定 (delimiting)** のコンマが両側の境界の指定をしなければならない例を取り上げる．

3.2.1 標識を用いる等位接続，もしくは節より小さい単位の等位接続

等位接続では，句読法が等位要素を分けるために使われるのが一般的である．コンマは標準的な符号であるが，条件次第では（コロンではなく）セミコロンが代わりに使用されることがある．つぎに，**基幹**等位要素 (**bare** coordinate) と**拡張**等位要素 (**expanded** coordinate)，すなわち，等位接続詞がない等位要素と等位接続詞が含まれている等位要素をみていく（第I部を参照）．

第3章 二次境界符号：コンマ，セミコロン，コロン

■ **文頭にない基幹等位要素：左側の境界符号が義務的である**

(10) i. The President will chair the first session, <u>Dr Jones will chair the second</u>, and I myself will look after the third.
（会長が1番目のセッションの議長を務め，ジョーンズ博士が2番目のセッションの議長を務め，私自身が3番目のセッションの世話人となる．）

ii. The President, <u>Dr Jones</u>, and I myself will chair the first three sessions.
（会長，ジョーンズ博士，そして私自身が初めの3つのセッションの議長を務めるだろう．）

iii. Do you call this government of the people, <u>by the people</u>, <u>for the people</u>?
（あなたはこれを，人民の，人民による，人民のための政治とよびますか？）

iv. They can, <u>should</u>, and indeed must make due restitution.
（彼らは損害賠償ができるし，すべきだし，実際にしなければならない．）

v. It has a powerful, <u>fuel-injected</u> engine.
（それは強力な，燃料噴射方式のエンジンを搭載している．）

下線の引かれた等位要素は，文頭になく，等位接続詞をともなっていない．この環境では，左側の境界を示すコンマは義務的である．(10v)のような名詞構造の内部での修飾の場合，句読法により，等位接続と修飾語の積み重ねとが区別される（第3巻『名詞と名詞句』を参照）．(10v)では，それ自体で「強力でありかつ燃料噴射方式をもつエンジン」という意味になる形容詞の等位接続表現により engine（エンジン）が修飾されている．対照的に，a powerful fuel-injected engine（力強い燃料噴射方式のエンジン）では2階層の修飾がある．engine（エンジン）は fuel-injected（燃料噴射方式の）によって修飾され，fuel-injected engine（燃料噴射方式のエンジン）という名詞句をつくり，それがさらに powerful（力強い）によって修飾されている．そのために，「燃料噴射のエンジンに当てはめられる基準からすると強力なエンジン」という少し違った解釈が与えられる．

■ **文頭にない拡張等位要素**

等位接続詞によって導入された等位要素には，基幹等位要素に対して与えられ

るような明確な範疇規則に相当するものはない．句読点の積極的な使用と控え目な使用のスタイルの違いがみられる領域である．この位置でのコンマは，積極的な使用のスタイルにおいて控えめな使用のスタイルよりも多くなる．コンマがある選択とない選択に影響を及ぼす主要な要因は，(11) において示されている．

(11)　i.　Kim and Pat were planning a trip to France, Spain (,) and Portugal.
　　　　（キムとパットはフランス，スペイン（,）そしてポルトガルへの旅行を計画していた．）
　　ii.　Their friendship for Augusta became rather hollow, and the news that Byron had left her practically all his money caused it to crumble to oblivion.
　　　　（彼らのオーガスタに対する友情はうわべだけのものになっていたが，バイロンがほぼすべての彼のお金を彼女に残したというニュースで粉々に砕け散り，友情があったことなど忘れられてしまった．）
　　iii.　He packed up his papers and stormed out of the room.
　　　　（彼は彼の論文を片づけて，すごい勢いで部屋から飛び出した．）
　　iv.　I'll do my best, but I doubt whether I'll get very far.
　　　　（全力を尽くすが，十分にできるかどうかは疑問である．）

第1に，二項等位接続よりも多項等位接続でコンマが生じやすい．たとえば (11i) では，and Pat の前のコンマは許容されないが，and Portugal の前では随意的である．丸括弧で囲まれたコンマ，つまり，多項等位接続において最後の等位要素に先行するコンマは，「連続コンマ（serial comma）」とよばれ，出版社のスタイルには，そのようなコンマを使うか使わないかに関する方針が示されるのが一般的である．第2に，句読符号は，短くて単純な等位要素の前よりも，長くて複雑な等位要素の前に起こりやすい．したがって，他の条件が同じなら，コンマは，(11ii) と (11iii) で示されているように，節よりも小さな単位の構成素の前よりも，節の前で起こりやすい．さらに (11i) の Kim and Pat（キムとパット）にはコンマが挿入できないことに注意する必要がある．第3に，コンマは，(11iv) のように and や or よりも but でいくぶん起こりやすい．句読法は，第1章の (13ii) (Liz recognised the man who entered

第 3 章　二次境界符号：コンマ，セミコロン，コロン

the room, and gasped. (リズは部屋に入ってきた男に気づき，息をのんだ.)) で説明したように，誤解を避けるために加えられることもある.

■ **等位接続におけるセミコロンの用法**

セミコロンは，以下の (12) に例示するように，典型的には，比較的形式的なスタイルにおいてコンマの代わりに使うことができる.

(12) i. In the 1890s Chicago had more Germans than any of Kaiser Wilhelm's cities except Berlin and Hamburg; more Swedes than any place in Sweden except for Stockholm and Göteborg; and more Norwegians than any Norwegian town outside of Christiana (now Oslo) and Bergen.
(1890 年代には，シカゴには，ベルリンとハンブルグを除いたカイゼル・ヴィルヘルムのどの都市よりも多くのドイツ人がいた：また，ストックホルムとゴートバーグを除いたスウェーデンのどの場所よりも多くのスウェーデン人がいた：さらに，（現在のオスロである）クリスチアーナとベルゲン以外のどのノルウェーの都市よりも多くのノルウェー人がいた.)

ii. After the war, the United States produced half of the world's goods; our manufacturers had no peers; and our military, bolstered by the atomic bomb, had enemies but no equals.
(戦後，アメリカは世界の商品の半分を生産していた；私たちの製造業者には同業者はいなかった；そして，原子爆弾によって強化された私たちの軍隊には，敵はいても，自分たちと肩を並べるような存在ではなかった.)

iii. His band members are Phil Palmer, guitar; Steve Ferrone, drums; Alan Clark and Greg Phillinganes, keyboards; Nathan East, bass; and Ray Cooper, percussion.
(彼のバンドメンバーはギターのフィル・パーマー：ドラムのスティーブ・フェローン：キーボードのアラン・クラークとグレッグ・フィリンゲインズ：ベースのネイサン・イースト：そしてパーカッションのレイ・クーパーである.)

iv. Professor Brownstein will chair the first session, and the second session will be postponed; or I will chair both sessions.

(ブラウンスタイン教授は1番目のセッションの議長を務め，2番目のセッションは延期されるだろう；さもなければ私が両方の議長を務めることになる．)

v. He had forgotten the thing he needed most: a map; and he was soon utterly lost.
(彼は彼がもっとも必要としていたものを忘れてしまった：地図である；そして彼はたちまち完全に道に迷ってしまった．)

(12i) では，等位要素の長さと複雑さのために，セミコロンが選択されている．しかしながら，どの等位要素もコンマを含まないという点でかなり非典型的である．通常（12ii-iv）のように，1つもしくは2つ以上の等位要素がコンマを含む．このような場合，コンマが分離するよりも高い構造位置の構成素をセミコロンが分離するので，句読法が文の階層構造の理解を助けることになる．特殊な例は，等位接続が重層的になっている（12iv）で，and は最初の2つの節を結合し，さらに，その全体が or によって3番目の節と等位接続されている．その際，等位接続の上位階層を標示しているのは or であり，結果として，より強い境界標識のセミコロンが or に先行することになる．(12v) では，最初の等位要素がコンマではなくコロンを含んでいるが，この場合，コンマはセミコロンを置き換えられない（(4iib) の説明を参照）．これに対して，(12i-iv) においては，コンマの使用は可能ではあるが，あまり好まれない選択肢である．

3.2.2　標識つきの補足要素と，節より小さい補足要素
■補足の指示標識
第I部第5章でも述べたように，補足は，namely（すなわち），that is（すなわち），that is to say（すなわち），viz（すなわち），for example（たとえば），in particular（とくに）などのような表現で標示されることがある．そのような表現によって導入される補足部は，どのような二次境界符号が先行してもよい．(13i, ii) には，それぞれ節よりも小さい単位の補足部と主節の補足部の例があげられている．[3]

---

[3] 補足の標識自体は，通常，境界設定のコンマのあとに続くが，右側に句読符号がない例もみつかる．補足の標識の前にコンマがあり，後ろにコロンがつくことも可能である．Among the few arrests was one person charged with being in possession of stolen goods, to wit:

(13) i. a. The nineteenth century cases on which the Act was based were mainly sales between businessmen and organisations, <u>that is</u>, sales by manufacturers and suppliers.
（法令が基盤としている 19 世紀の事例は主にビジネスマンと団体との間の販売，つまり，製造業者と卸売業者による販売であった．）

b. This statement is still valid today, since 'resemblances' lead us to think in 'as if' terms; <u>that is</u>, in metaphorical terms.
（「類似するもの」があるため，私たちは「まるで～のようだ」という観点；つまり，隠喩的な観点で物事を考えるようになるので，この陳述は今日でもまだ有効である．）

c. Wittgenstein's treatment of the 'Other Minds' problem is an extended illustration of a point in philosophical logic: <u>namely</u>, that the meaningfulness of some of the things we say is dependent on contingent facts of nature.
（ヴィトゲンシュタインの「他我」の問題の扱いは，哲学論理の論点の 1 つを拡張した例である：すなわち，言明されるものの有意性は，自然の偶発的な事実に依存するということである．）

ii. a. Mature connective tissues are avascular, <u>that is</u>, they do not have their own blood supply.
（成熟した結合組織は無血管性である，つまり，その組織はみずから血液を供給しないのである．）

b. One way of speaking about this is to say that images in a dream seem to appear simultaneously; <u>that is</u>, no part precedes or causes another part of the dream.
（このことについて説明するなら，夢の中の映像は同時に現れるように思えるといえばよい：つまり，夢が一部先行したり，別の夢が現れるきっかけになったりすることはないのである．）

c. Pneumatic bearings also have a considerable application which has not been developed outside gyroscopes: <u>for example</u>, a pat-

---

500 milk crates.（逮捕者の中には，盗まれた商品：すなわち，牛乳木箱 500 個を所有していた罪で告発された者が 1 人いた．）のような例がある．

ent has recently been taken out covering the use of a pneumatic bearing for a glass polishing head.
(空気軸受けもまた，これまでジャイロスコープ以外の用途は考えられていなかったものの，かなり広い応用性がある：たとえば，最近，ガラス磨きヘッドに対して空気軸受けを使用するための特許が取得されている．)

■ 指示標識を用いない節より小さい補足

節より小さな単位の補足部は左側の境界は，コンマまたはコロンで標示してもよい．ただし，3.1 節で概説したコンマとコロンに関する制約により，補足部が係留先を含む節に続く場合に限りコロンを使用することができる．

(14) i. Bishop Terry Lloyd, the only Welshman in the college, had opposed the plan.
(テリー・ロイド司教，大学内で唯一のウェールズ人，が計画に反対していた．)

ii. They went to Bill Clinton, the only man who could help them.
(彼らは，助けてくれそうな唯一の人間，ビル・クリントンのところに行った．)

iii. It was her face that frightened him most of all, the frosty smile, the brilliant unblinking eyes.
(彼を何よりも怖がらせたのは，彼女の顔，すなわち，冷ややかな笑み，眼光炯々とした眼差しであった．)

iv. Either eat your breakfast or get dressed, one or the other.
(朝食を食べるか服を着るかの，二者択一だ．)

v. The ship steered between the buoy and the island: the only course that would avoid the rocky shoals.
(船はブイと島の間を進んだ：岩の多い浅瀬を避ける唯一のコースであった．)

vi. Areas with a high concentration of immigrants tend also to be areas of ethnic conflict: Los Angeles, Miami, Adams-Morgan, Crown Heights.
(移民が集中している地域は傾向として民族紛争の地域でもある：たとえば，ロサンゼルスやマイアミ，アダムス・モーガン，クラウン・ハイツなどであ

る．）

(14iii-v) では，コンマもしくはコロンのいずれかを使用できる．しかし常にそうなるわけではない．たとえば，(14ii) では，コロンの使用は適切ではないであろう．これは，補足部が人物を同定する情報ではなく，人物を描写する情報を提供しているからである．これに対して，They went to the only man who could help them: Bill Clinton.（彼らは彼らを助けてくれる唯一の人間：すなわちビル・クリントンのところに行った．）のような例では補足部が実際に人物を同定している．他方，(14vi) のコロンはコンマで置き換えられない．

3.2.3 標識を用いない主節の組み合わせ

等位接続詞または補足の標識がない主節の組み合わせにおいては，節と節の間の関係を文法的に示すものがない．たとえば，とくに and や but が挿入できる場合には，等位接続していると解釈できる．また，2番目にくる要素が1番目の要素に対する詳しい説明，すなわち，解説，例証，帰結などを提供する場合もある．一般に文法的につなぐ要素がない場合，節と節を分けるためには，コンマよりも強い標識の使用が好まれる．したがって，(15) のような例はあるにはあるが，このような例は，程度に違いがあるものの，一般に不適切であるとみなされる．

(15) i. ?The locals prefer wine to beer, the village pub resembles a city wine bar.
　　　（地元の人はビールよりもワインを好み，村のパブは街のワインバーに似ている．）
　　ii. *Your Cash Management Call Account does not incur any bank fees, however, government charges apply.
　　　（あなたの総合口座は，銀行の手数料はかかりませんが，国庫負担はあります．）

(15i) は，規範文法家が「結びつけ (spliced)」もしくは「切れ目なし (run-on)」のコンマとよぶもので，文が2つに分割されているという含みがある．この特別なケースとして，2番目の節が however（しかしながら），nevertheless（それにもかかわらず），thus（したがって）等の接続詞的付加詞で始まる例がある．

(15ii) は実例であるが，一般的に容認不可であるとみなされる．

　それでも，コンマが容認される状況も確かにあり，以下では，コンマ，セミコロン，コロンにより標示された，標識を用いない主節の組み合わせの例をあげる．

■ コンマ

(16) i. It was raining heavily, so we decided to postpone the trip.
　　　（雨が激しく降っていたので，私たちは旅行を延期することに決めた．）
　　ii. To keep a child of twelve or thirteen under the impression that nothing nasty ever happens is not merely dishonest, it is unwise.
　　　（不快なことが何も起きないという印象を 12 歳ないし 13 歳の子どもにもたせることは，不誠実なだけではなく，愚かである．）
　　iii. Some players make good salaries, others play for the love of the game.
　　　（いい給料をもらっている選手もいれば，試合が好きでプレーをしている選手もいる．）

(16i) は「擬似的な等位接続詞を用いる（quasi-syndetic）」ものとよんでもよいものである．so（だから）は，等位接続詞の統語的な範疇には属していないが，同様の結合機能をもっており，コンマがセミコロンやコロンよりも強く好まれる．yet（しかし）も，同じようにふるまう（第 I 部を参照）．(16ii) は，肯定節が否定節に続く構文の代表例である．とくに否定が only（のみ），simply（単に），merely（単に），just（ちょうど）と結合する構文である．このような場合，肯定節はしばしば but（しかし）によって導入され，接続詞を用いる等位接続構文となる．しかしながら，but なしの接続詞を用いない等位接続も一般的であり，（以下でみていく他の標識と同様に）コンマの使用が可能である．(16iii) のコンマは，節の間の緊密な並行性と相対的な単純さにより適格であるとみなされる．[4] したがって，節がコンマでつながれた場合は，広い意味で

---

[4] コンマの特別な用法は，Order your furniture on Monday, take it home on Tuesday.（月曜日に家具を注文し，火曜日に家に持ち帰ろう．）にみられる．統語的には，命令文の連続体をなしているが，「もしあなたが月曜日に家具を注文するならば，あなたはそれを火曜日に家

等位接続が関わると解釈される．

■セミコロン

(17) i. They came on the Mayflower; they came in groups brought over by colonial proprietors; they came as indentured servants.
(彼らはメイフラワー号でやってきた；植民地の所有者によって集団で連れてこられた；年季奉公の使用人として来たのである．)

ii. The Latin, for example, was not only clear; it was even beautiful.
(たとえば，ラテン語は明瞭なだけではなかった：美しくさえもあった．)

iii. Some colonies started under the rule of private corporations that looked for the profits in fish, fur, and tobacco; some were begun by like-minded religious seekers.
(魚，毛皮，たばこにおける利益を追求する民間会社の統治の下で始まった植民地もあれば；同じ信仰心をもつ宗教関係者によって始められたものもある．)

iv. All students had to take a language; Sue took French.
(学生全員が語学を履修しなければならなかった；スーはフランス語を履修した．)

v. The bill was withdrawn; the sponsors felt there was not sufficient support to pass it this session.
(その法案は撤回された；提唱者はこの議会でそれを通過させるための十分な支持がなかったと感じたのだ．)

セミコロンは等位接続および詳述の両方の解釈を許す．(17i) には同じ階層レベルに 3 つの節があり，明らかに等位接続のタイプに入る．(17ii, iii) は (16ii, iii) に相当するが，コンマの代わりにセミコロンが使われている．ここでもまた，最初の節が内部にコンマを含んでいるため，セミコロンが文のより高い階層構造での境界を標示する働きをしている．これらの 2 例もまた等位接続詞

に持ち帰ることができる」という条件の陳述として解釈される（第 6 巻『節のタイプと発話力，そして発話の内容』を参照）．セミコロンでは，複合命令文としての字義通りの解釈のみが許されるであろう．

を用いない等位接続の範疇に含まれ，節をそれぞれ but と and でつなぐこともできる．一方，(17iv, v) では，その関係は等位接続というよりもむしろ詳述の関係であり，セミコロンは，コンマではなくコロンで置き換えることができる．

■ コロン

(18) i. Roosevelt was not a socialist: his solution was not to eliminate capital, but to tame and regulate it so that it could coexist harmoniously with labour.
(ルーズベルトは社会主義者ではなかった：彼の解決法は資本を除外するのではなく，資本が労働と調和した形で共存できるように，資本を管理し規制することだった．)

ii. He told us his preference: Jan would take Spanish; Betty would take French.
(彼は私たちに彼の希望について語った：ジャンがスペイン語を履習すること；ベティがフランス語を履習することである．)

iii. The rules were clear: they were not allowed to speak to the committee directly.
(規則ははっきりしていた：彼らは委員会に直接話すことが許されていなかった．)

iv. Brown pointed out the costs to the community on the radio last night, and McReady mentioned the political consequence in this morning's paper: the bill will cost the taxpayers more than $100,000 in the first year, and may be seen as giving the Republicans an unfair electoral advantage.
(ブラウンは，昨晩のラジオでコミュニティーへの経費について指摘し，マクレディは，今朝の新聞でそのことの政治的な影響に言及した：その法案により，納税者が最初の年に 10 万ドル以上を負担することになり，共和党員が選挙で不当に有利になるかもしれない．)

これまで観察してきたように，コロンは，等位接続詞を用いる等位接続では用いられず，指示標識を用いない節の組み合わせでは，等位接続の解釈というよ

第 3 章 二次境界符号：コンマ，セミコロン，コロン　　237

りもむしろ詳述の解釈となる．詳述の対象となるものは，(18i) のように節全体，(18ii) のように節より小さい要素 his preference（彼の希望），もしくは (18iii) のように前方にある名詞句 the rules（規則）であるかもしれない．実際，コロンに続く節が the costs（経費）と the political consequence（政治的な影響）の両方を詳述している（18iv）の例が示すように，詳述する要素は複数あってもよい．

　コンマやセミコロンと同様に，コロンは，最初の節が not + only / simply / merely / just を含む場合，肯定節と否定節の連続を分離することができる．

(19)　　The Romans built not only the Fort of Othona: they had a pharos, or lighthouse, on Mersea.
　　　　（ローマ人が建設したのはオソナの砦だけではなかった：メルシアにファロス，つまり灯台も建てた.）

(19) は，コロンが等位接続において節と節を分けるために使われないという私たちの主張を無効にするものではない．むしろ，この文脈においては詳述の関係が完全に理にかなっている．2 番目の節が 1 番目の節の説明もしくは証拠を提供しているからである．この例では，コロンの後に but を挿入することができないということにも注意する必要がある．

3.2.4　節より小さいレベルの単独境界標識のその他の例
■ 動詞と直接報告発話補部の間：義務的なコンマやコロン

(20)　 i.　Kim asked plaintively, 'What am I going to do?'
　　　　　（「私は何をしようか？」と，キムは悲しそうに尋ねた.）
　　　ii.　He added: 'Some missiles missed their targets, resulting in collateral damage.'
　　　　　（「数発のミサイルが目標から外れた結果，二次的な被害が生じた」と：彼は付け加えた.）

(20) の構文においては，報告されている発話が報告動詞の補部となっている（報告動詞が挿入語句の中にある形式に関しては，第 4 巻『形容詞と副詞』を参照）．発話を直接報告する補部の前には（引用符で囲まれていても囲まれていなくても）句読符号，通常はコンマが置かれなくてはならない．報告される発話が比較的

長く複雑ならば，コロンも可能である．そのような句読法が許容されない間接報告の話法との対比にも注意が必要である．*He added, that some missiles had missed their target. のような例は容認されない．

■特定のタイプの補部の前部：随意的なコロン

(21) i. The seminar will cover: superannuation; financial planning; personal insurance; home and investment loans.
(セミナーは以下のようなものをカバーする：老齢年金；資産運用；個人保険；住宅および投資の貸し付けである．)

ii. The question to be considered next is: 'How long should artificial respiration be continued in the absence of signs of recovery?'
(つぎに考えるべき問題をあげる：「回復の兆候がない状態で，どれくらい長く人工呼吸が続けられるべきなのか？」ということである．)

(21i) の補部はリスト形式になっている．このタイプの補部は，意味的には the following topics（以下の話題）などの表現を係留先にする同格補足（appositive supplementation）に類似している．(21ii) のコロンは，内容を特定する機能をもつ be の補部の前に生じており，さらに補部は主節の形式をもっている．この例は，直接報告発話構文（reported speech construction）と類似点がある．(20) と (21) の構文は例外的である．一般に，句読点によって動詞が補部から分離されることはない．

■空所化節の主要な構成素の間：随意的コンマ

(22) i. The first film was released in October in just a few large cities and the second, in Christmas week in more than 400 theatres across the country.
(最初の映画は 10 月にほんの少数の大都市で公開され，2 つ目の映画はクリスマスの週に全国の 400 以上の映画館で公開された．)

ii. Some of the immigrants went to small farms in the Midwest; others, to large Eastern cities.
(中西部の小さな農場に行った移民がいた；他方，東部の大都市に行った移

民もいた.)

(22)では,2番目の節が空所化構文に属し(第I部を参照),コンマは要素が消えている場所を示しており,空所に該当するものはそれぞれ was released (公開された) と went (行った) である.しかし,短くて単純な例においてはコンマで空所を標示しないことが一般的であり,とくに空所を含んだ節の前にコンマがある場合には,たとえば,One of them was French, the other German. (彼らの一人はフランス人で,もう一人はドイツ人だった.)のように,空所の位置をコンマで示さないのが普通である.

■主語と動詞の間:例外的状況のコンマ

(23) i. *The right of the people to keep and bear arms, shall not be infringed.
(武器を保有し所持する人民の権利は,侵してはならない.)
ii. What he thought it was, was not clear.
(彼がそれが何だと考えていたかは,明らかではなかった.)

現代英語では,通常,句読点で主語と動詞を分離することは厳格に禁じられている.(23i)は,現在ではまったく許容されない.しかし,規則が緩められる場合がある.たとえば,(23ii)のコンマは,was という動詞が2つ並ぶことによって引き起こされかねない混乱を防ぐ働きをしている.そして,Most of those who can, work at home. (家で働ける人はほとんど,家で働く.)(第1章の (13iii)) においては,work at home (家で働く)が can の補部として解釈されてしまうことが,コンマによって未然に防がれている.[5]

---

[5] マニュアルによっては,(23ii)のような例外を認めず,文を書き換えることにより問題を解決すべきであると示唆しているものもある.動詞句と外置された主語との境界でも同様の問題が生じる.この場合,基本的にコンマは許容されない(*It was revealed, that our conversation had been taped. (私たちの会話が録音されていたことが露見した.))が,その規則は緩められることがあり,たとえば It is clear to anyone who truly believes, that the power of faith is unabated even in this age. (本当に信心深い人にとっては,信仰の力はこの時代でさえ,弱められていないことは明らかである.)のような例では,コンマのおかげで,that が believes の補部を導入していると誤解されることがなくなる.

3.2.5 境界設定のコンマ

単純な**境界設定のコンマ (delimiting commas)** の例を以下にあげる．

(24) i. Some, however, complained about the air-conditioning.
　　　　（しかしながら，空調について不満を漏らした人がいた．）
　　ii. The plumber, it seems, had omitted to replace the washer.
　　　　（配管工は，どうやら，ワッシャーを取り換えるのを怠ったようだ．）
　　iii. Henry, who hasn't even read the report, insists that it was an accident.
　　　　（ヘンリーは，報告書を読んでさえいないが，それは事故だったと主張している．）
　　iv. I suggest, Audrey, that you drop the idea.
　　　　（私は，オードリー，あなたがその考えを捨てることを提案する．）

(24) のコンマは，節より小さい単位の構成素の左右両側の境界を標示しており，文の主要な部分から切り離された構成素は，通常，何らかの意味でその部分があまり中心的なメッセージではないことを示す．もし左側や右側の境界がより強力な句読標識で標示されるさらに大きな構文の境界と重なるならば，コンマはその句読標識に取って代わられ吸収される．

(25) i. Most of them liked it. However, some complained about the air-conditioning.
　　　　（彼らの大半はそれを気に入った．しかし，空調について不満を漏らした人もいた．）
　　ii. Things are quite difficult: unlike you, I don't get an allowance from my parents.
　　　　（物事はなかなか難しい：あなたと違い，私は両親から援助を受けていないのだ．）
　　iii. We've been making good progress; even so, we've still a long way to go.
　　　　（私たちは順調に前進してきた；たとえそうだとしても，まだまだ先は長い．）
　　iv. The plumber had omitted to replace the washer, it seems.
　　　　（配管工はワッシャーの取り換えを怠ったようだ．）

v. They want to question Henry, who hasn't even read the report: it's quite unfair.
（彼らはヘンリーに質問したいが，ヘンリーは報告書を読んでさえいない：それはかなり不公平だ．）

vi. I suggest you drop the idea, Audrey; it would be better to stay where you are.
（オードリー，私はあなたがその考えを捨てることを提案する；今いるところにいたほうがいいだろう．）

(25i-iii) は，左側の境界がピリオド・コロン・セミコロンにそれぞれ置き換えられた例であり，(25iv-vi) は，右側の境界に対する同様の例を示している．[6] ほとんどの場合，この現象が起きるのは，境界設定された構成素が (24) の例のように，構文の最初か最後にあるときである．もちろん，両方の境界が同時により大きな構文の境界と重なることはありえないので，構成素は，基本的に，少なくともその1つの境界がコンマで標示されることになる．[7] コロンとセミコロンには構成素を分離する機能はない．したがって，コロンやセミコロンが (25i-iii) の右側のコンマや (25iv-vi) の左側のコンマに取って代わることはない．

---

[6] 境界が設定される構成素が文章の最初の要素であれば，左側の境界は句読標識ではなく文章の始まり自体によって示される．

[7] 控えめな句読点使用のスタイルでは，左側のコンマの境界が節の境界と合致せず，等位接続詞や短い接続付加詞（connective adjunct）などにより分離される場合は省略されることがある．But if that's not convenient, you can drop them off tomorrow.（しかし，もしそれが都合が悪ければ，明日彼らを降ろしてもいい．）の but や Thus although I have a lot of sympathy for them, there's really nothing I can do to help.（だから，私は彼らにとても同情しているが，私が助けるためにできることは本当に何もない．）の thus のような場合である．これとは別に，付加詞が前に句読点がつけられず，従属接続詞によって節が始まる箇所から分離されている例もみつかる．たとえば，It was clear that failing agreement, both parties would be locked in a legal battle for a considerable time.（合意に至らない場合，両政党はかなり長い時間法廷闘争に留め置かれることになるのは明らかだった．）のような文である．しかし，この後者タイプの例は，逸脱しているとみなされることが多く，プロの原稿編集者により訂正される傾向にある．

■境界が設定された要素のタイプ

上記の例は，境界が設定された要素として，一般にどのような範囲のものが入るかを示している．(25i-iii) では付加詞，(25iv) では挿入語句，(25v) では補足の関係節，(25iv) では呼びかけである．挿入語句と呼びかけの場合，境界設定の句読符号が必要である．補足の関係節とこれに類似する分離分詞は，たいてい句読符号により分離されるが，（マニュアルの規則に反して）句読符号のない例が確かに存在する．[8] また，節内に挿入された補足の名詞句は，先の (14i) のように，境界設定の句読符号がつく．加えて，コンマは左方転移構文 (left dislocation structure) もしくは右方転移構文 (right dislocation structure) の中の周辺的要素に対しては義務的である（第9巻『情報構造と照応表現』を参照）．たとえば，My neighbour, she's just won the lottery.（私の隣人のことだけど，彼女は宝くじに当たったよ．）（左方転移）や I don't think a lot of him, the new manager.（私は彼のことをあまり高く評価していない，新しい支配人のことは．）（右方転移）などである．

等位接続詞により導入される構成素

コンマは，等位要素を分離するためにしばしば使われるが，それより頻度は低くなるが，境界設定の機能をもつこともある．

(26) i. The students, and indeed the staff too, opposed all these changes.
     （生徒，そして実際のところ職員も，これらの変更のすべてに反対した．）
 ii. She laughed, and laughed again.
     （彼女は笑った，そして，また笑った．）

---

[8] 統合された関係節 (integrated relative clause) と補足の関係節の区別は，考えられているほど単純ではない（第7巻『関係詞と比較構文』を参照）が，関係節が明らかに補足のタイプのもので，境界設定のコンマがない実例が出版物にはみられる．たとえば，The temperatures in hydrogen clouds vary considerably but the mean value is about $-175°C$ which represents the equilibrium temperature between the heat gained on collisions between clouds and the heat lost by radiation from the material of the clouds.（水素雲の中の温度はかなり多様だが，平均値は，雲同士の衝突により失われる熱と雲の材料からの放出により失われる熱の間の平衡温度を表す，約マイナス175度である．）や，I went to see Orinda who had finally returned from her weekend and answered the telephone.（週末の休暇からようやく戻ってきて電話がつながったオリンダに私は会いに行った．）のような例である．

iii. He seemed to be both attracted to, and overawed by, the new lodger.
（彼は新しい下宿人に魅了されたし，威圧されてもいるようだった．）

(26i) では，下線部の名詞句を（先行している要素と同等のものとしてではなく）挿入的に追加されたものとして提示する，いわゆる情報のパッケージ化 (information packaging) が起こっている．したがって，この名詞句は，純粋な等位要素ではなく補足の一種として扱う．(26ii) の2つ目の動詞句は節の最後にあるので，コンマが境界を設定しているかどうかについてはすぐにはわからない．しかし，このことは，She laughed, and laughed again, at the antics of the little man. (彼女はその小さな男のおどけたしぐさに笑った，そしてまた笑った．) のように，補部を加えると明らかになる．(26iii) は，遅延右側構成素構文である（第Ⅰ部を参照）．この例ではコンマは随意的であるが，コンマがあることにより，the new lodger (新しい下宿人) が by だけではなく to の補部でもあるという解釈が容易に得られるようになる．

付加詞と補部
境界設定の機能は，ある要素をメッセージの中心的な部分から切り離すことであり，補部よりも付加詞をともなう構造に適用されることが圧倒的に多い．基本的な位置にある補部に境界を付した場合，*He blamed, the accident, on his children. のように，通常は非常に逸脱したものとなる．付加詞の場合，実際にどのような時に境界設定のコンマが使用されるのかについては，かなりの変異が観察される．句読点を積極的に使用するスタイルと句読点を控えめに使用するスタイルの対立がもっとも明確に現れる領域である．

境界を設定する句読法に影響を及ぼす主な要因には，以下のようなものがある．

(27) i. 構成素の長さと複雑さ
ii. 句読標識が近くに存在するか否か
iii. 構成素の線上の位置
iv. 付加詞の意味範疇
v. 誤解析の可能性
vi. 韻律

他の条件が同じであれば，短い単独の構成素は，長く複雑な構成素（たとえば，従属節の形のものや従属節をともなうものなど）よりも境界標示によって分離される可能性が低い．近接する句読点の影響は，以下のようなペアにおいて観察される．

(28) i. She was not sorry he sat by her, but in fact was flattered.
 ii. She was not sorry he sat by her but, in fact, was flattered.
（彼女は彼が自分のそばに座ったことを残念に思ったのではなく，実際は，喜んでいた．）

(28i) においては，but の前にコンマがあり，主節の等位要素を分離している．付加詞 in fact は標識により分離されていない．逆に，(28ii) においては，等位接続詞の前にコンマが存在せず，付加詞の境界が設定されている．(28i) のコンマを (28ii) のコンマと組み合わせることも可能であるが，このような近接する位置で3つのコンマを置くことは，句読法の著しい多用とみなされるであろう．

位置に関しては，境界設定コンマは，節の内部にある付加詞にともなうことが多い．しかも，節の最後よりも節の最初にある要素にコンマがともないやすい．この2つ目の点は，実際には補部にも当てはまる．コンマで補部の境界が設定されることは比較的少ないものの，実際に区切られる場合には補部は文頭に置かれる．このことは以下の例によって示されている．

(29) i. a. You'll have to train every day to have any chance of winning.
 b. To have any chance of winning, you'll have to train every day.　　［付加詞］
（あなたはどんな勝ちのチャンスも掴めるように，毎日練習しなければならないだろう．）
 ii. a. He's not humble.
 b. Humble, he's not.　　［補部］
（彼は謙虚ではない．）

コンマがなくても容易に生起するタイプの付加詞がある．境界設定のコンマがそのような付加詞の前につけられると，付加詞が切り離され，付加詞の表す内

容が独立した情報のまとまりとして提示されるという効果が生じる．コンマが否定の意味的な作用域を示す機能をはたすこともある．(30) がそのことを具体的に示している．

(30) i. He had seen her at the supermarket, only two days earlier.
(彼はスーパーで彼女に会っていた，しかもほんの2日前に．)
ii. She didn't buy it, because her sister had one.
(彼女はそれを買わなかった，というのも彼女の姉がもっていたからである．)

(30i) のコンマは情報のパッケージ化の機能を担い，メッセージ全体を2つの情報のかたまりに分けている．(30ii) のコンマは，理由を表す付加詞が否定の作用域に含まれないことを示している．つまり，(30ii) は，「姉がすでにもっていたので，彼女はそれを（重複を避けて）買わなかった」と解釈されるが，「彼女は，姉がもっているという理由でそれを買ったのではない」という解釈にはならない．

つぎに，付加詞の意味範疇を考えてみる．基本的に補部には境界が設定されないことを先に述べたが，これは，補部が主要な叙述要素（main predication）に緊密に組み込まれていることを反映している．付加詞には非常に幅広いタイプのものがある．動詞や動詞の補部に直接的に関係づけられる付加詞は，意味的により周辺的な要素である付加詞よりもコンマによって切り離される可能性が低い．第2巻『補部となる節，付加部となる節』の（必然的に不完全になってしまわざるを得ない）範疇のリストにおいては，前半の付加詞よりも後半の付加詞のほうが境界設定されやすい傾向がある．[9] コンマがもっとも強く好ま

---

[9] 訳者注：ここでの考察は第2巻『補部となる節，付加部となる節』で提示されている以下の付加詞の並びが前提になっている．
(i) She presented her case very eloquently. ［様態］
(彼女はとても雄弁に主張した．)
(ii) They opened it with a tin-opener. ［道具］
(彼らは缶切りでそれを開けた．)
(iii) We solved the problem by omitting the section altogether. ［手段］
(私たちは，節を全部省略することでその問題を解決した．)
(iv) I foolishly omitted to lock the back-door. ［行為関連］
(私は愚かにも裏のドアのカギをかけるのを忘れた．)
(v) He slept in the TV room. ［空間的場所］

れる範疇には，結果の付加詞，評価を表す付加詞（とくに文頭にないもの），

	（彼はテレビの部屋で寝た．）	
(vi)	He hurried from the scene.	[起点]
	（彼は現場から急いで立ち去った．）	
(vii)	She went to New York for Christmas.	[着点]
	（彼女はクリスマス休暇でニューヨークに行った．）	
(viii)	We made the mistake of travelling via Heathrow.	[経路]
	（私たちはヒースロー経由で旅行するというミスを犯した．）	
(ix)	I crawled towards the door.	[方向]
	（私はドアのほうに這っていった．）	
(x)	They walked five miles.	[範囲]
	（彼らは5マイル歩いた．）	
(xi)	I woke up at five.	[時間的場所]
	（私は5時に起きた．）	
(xii)	Ken slept for ten hours.	[期間]
	（ケンは10時間寝た．）	
(xiii)	It was already light.	[アスペクト解釈]
	（外はもうすでに明るかった．）	
(xiv)	I often read in bed.	[頻度]
	（私はしばしばベッドで本を読む．）	
(xv)	She read the book for the third time.	[連続順序]
	（彼女がこの本を読んだのは3回目だ．）	
(xvi)	We enjoyed it very much.	[程度]
	（私たちはそれをとても楽しんだ．）	
(xvii)	He left the door open in order to allow late-comers to enter.	[目的]
	（彼は，遅れてくる人が入れるようにドアを開けておいた．）	
(xviii)	They had to walk because of the bus-strike.	[理由]
	（バスのストライキのため，彼らは歩かなければならなかった．）	
(xix)	As the sun sank, the light intensified so that the hills glowed.	[結果]
	（日が沈んだ時，光は増幅し丘が輝いた．）	
(xx)	I'll come along, though I can't stay very long.	[譲歩]
	（長いことは居られませんが，私は参加します．）	
(xxi)	We'll get there before dinner if the train is on time.	[条件]
	（列車が時間通りなら，私たちは夕食前にそこに着くだろう．）	
(xxii)	Technically, he did not commit an offence.	[領域]
	（技術的には，彼は違反をしていなかった．）	
(xxiii)	The accident was probably due to a short-circuit.	[法性]
	（事故はたぶんショートが原因だ．）	
(xxiv)	Fortunately, we got there on time.	[評価]
	（幸運にも，私たちは時間通りにそこに着いた．）	

発話行為関係の付加詞，接続詞的付加詞などが含まれる．

(31) i. They increased the rent, so that it now took 40% of our income.
(彼らが家賃を上げ，その結果，今や私たちの収入の40パーセントを家賃が占めるようになった．)
ii. No one had noticed us leave, fortunately.
(誰も私たちが去ったことに気づかなかった，幸いにも．)
iii. Frankly, it was an absolute disgrace.
(正直にいうと，それは不名誉の極致だった．)
iv. It now looks likely, moreover, that there will be another rate increase this year.
(さらに，今年もう1度レートが引き上げられそうだ．)

誤って解析してしまう可能性を未然に防ぐために，境界を設定する句読法が用いられている例としては，以下のようなものがある．

(32) Most of the clothes, my father had bought at Myers.
(大半の服を，私の父親はマイヤーズで買っていた．)

(32)の最初の下線部の要素は補部なので，一般的にはコンマにより分離されることはないが，my father が clothes を修飾する関係節の主語であるという読みが先に頭に思い浮かぶことを，コンマが未然に防ぐ役割をしている．

最後に，韻律との関連を考察する．これまで，句読法は発話の韻律的な特性を表す手段とはみなされないことを強調してきたが，それでも明らかに，境界を設定するコンマの使用と，構成素が発話の中で韻律的に分離される可能性との間にはかなりの相関がある．以下に具体例をあげる．

(33) i. That is probably true. However, we should consider some alternatives.
(それはおそらく正しい．しかし，私たちは代案をいくつか考えるべきであ

(xxv) Frankly, I'm disappointed. ［発話行為関係］
(率直なところ，私は失望している．)
(xxvi) There is, moreover, no justification for making an exception. ［連結］
(さらに，例外とするには正当な理由がない．)

る．）

ii. That is clearly unsatisfactory. <u>Thus</u> the original proposal still looks the best.
（それは明らかに満足できるものではない．そのため，依然として元の提案が最善であると思われる．）

話し言葉において文頭に現れる however の特徴として，韻律で他の部分から分離されるということがあげられるが，thus にはそのような特徴はない．このことは，境界設定をする句読法が thus よりも however に対して頻繁に用いられるという事実と関連している．

第4章　丸括弧

丸括弧の主な用法は，括弧がペアとなって「**括弧で括られた要素 (parenthesised element)**」を囲み込むことである．[1] 丸括弧の機能は，括弧で括られた要素が文の最低限の解釈には無関係であることを示し，文法性に影響を与えることなく，かつ深刻な情報の損失なしに省略できる，必ずしも必要ではないものとして提示することにある．[2] 括弧づけされた要素は，付随する文の内容につ

---

[1] 「挿入的な (parenthetical)」という用語よりはむしろ「括弧で括られた (parenthesised)」という用語を使用する．「挿入的な (parenthetical)」という用語は，括弧で分離される表現に特定した用語ではないためである．本シリーズではその用語を典型的にコンマにより境界が設定される表現 (she said (彼女は話した), it seems (みたいだ) など) にも使用している (第6巻『節のタイプと発話力，そして発話の内容』を参照)．本節の関心事である主要な用法に加えて，丸括弧にはいくつかの特殊な用法がある．その1つの用法が，Our three chief weapons are: (a) fear; (b) surprise; and (c) ruthless efficiency. (我々の3つの重要な武器は：(a) 恐れ；(b) 驚き；そして (c) 非情なまでの手際の良さである.) のように，リストの中の要素を順序づけるために使われる数詞や文字を囲むものである．この用法においては，左側の丸括弧の省略が可能である．他に，特定の書式の参考文献において，日付を囲むといった用法もある．たとえば，This point was first made by Jespersen (1924). (この点はイエスペルセン (1924) により最初に指摘された.) のような例である．

[2] この一般化に対する唯一の体系的な例外は，不定冠詞が括弧で括られた要素の前にある時に，その形 (a または an) が括弧内の最初の語の特性で決まるというものである．たとえば，She made an (interminable) movie about a (supposedly endangered) owl. (彼女は (おそらく絶滅の危機にさらされている) ふくろうの (長々と続く) 映画を作った.) のような例である．a と an の間の選択は，音韻的な基準に基づく，すなわち，括弧で囲まれた要素とともに発音されるとどのように聞こえるかという基準に基づいて選ばれるのである (第10巻『形態論と語形成』を参照)．

いての詳述 (elaboration), 説明 (illustration), 精緻化 (refinement), 論評 (comment) などを提示する.

■ 丸括弧で括られた要素の範囲

(1) i. Amazingly, only about 500,000 legal immigrants entered the US in the whole of the 1930s. (In those days there was little illegal immigration.)
(驚いたことに，1930年代全体で約50万人の合法的な移民しかアメリカに入国していない．(その当時，非合法的な移民はほとんどいなかった．))

ii. Southern liberals (there are a good many) often exhibit blithe insouciance.
(南部の自由主義者は（かなり多数いるが）陽気で屈託がない．)

iii. But listening to his early recordings (which have just been re-issued by Angel), one has the impression of an artist who has not yet found his voice.
(しかし彼の初期の録音（それはエンジェルによって復刻された）を聞くと，まだ自分の声というものをみつけていない芸術家だという印象をもつ人がいるかもしれない．)

iv. If your doctor bulk bills (that is, sends the bill directly to the Government) you will not have to pay anything.
(もしあなたの医者が一括請求する（つまり，政府に直接請求書を送る）なら，あなたは何も払う必要はないだろう．)

v. It seems that (not surprisingly) she rejected his offer.
(彼女は彼の申し出を（驚くに値しないが）拒否したようだ．)

vi. The discussion is lost in a tangle of digressions and (pseudo-) philosophical pronunciamentos.
(議論は，脱線や（擬似）哲学的な宣言がもつれあい，混迷している．)

vii. Any file(s) checked out must be approved by the librarian.
(貸し出されるファイル（類）はどれも司書により承認されなければならない．)

viii. One answer might be that only different (sequences of) pitch directions count as different tones with respect to the inventory.

第 4 章 丸括弧　　251

(1つの答えとしては，その項目一覧に関しては，異なるピッチ（の連続）があってはじめて異なるトーンとして認められるということかもしれない．)

丸括弧は，非常に広い範囲の表現を括ることができる．(1i) は文であり，さらに，文の連続や段落であってもよい．(1ii) では（文として句読点をつけることができない）主節であり，(1iii) では従属節（補足の関係節）である．(1iv, v) において括弧で括られた要素は，句（それぞれ，動詞句（VP），副詞句（AdvP））であり，(1vi) では連結形（combining form），そして，(1vii) では，屈折接辞である．最後に (1viii) は，文法的な構成素である必要がないことを示している．なぜなら，sequences（連続）は sequences of pitch directions（ピッチの連続）という名詞句の主要部であり，of は補部前置詞句の最初の語であるからである．

(1ii) 以外のすべての例において，丸括弧で括られた要素は，括弧を省略したり（(1iii-v) のように）（左側の境界もしくは左側と右側の両方の境界で）コンマに入れ換えたりできるという意味で，**統合可能 (integrable)** である．[3] **統合不可能な (non-integrable)** タイプの場合，丸括弧で括られた要素を統合することはできない．丸括弧で括られた要素が節内の真ん中にある時には，丸括弧は唯一ダッシュでのみ置き換えが可能であり，その場合，情報上の位置づけはほとんど変わらない．丸括弧で括られた要素が文の最後にある場合，先行部分と分離するためにコロンやセミコロンが使われることがある．統合できないタイプは，特徴的に主節の形式をもつ．以下のような例もそのような形式をもっている．

(2) The facts of her background include a beloved older brother who was institutionalized in his early twenties for 'dementia praecox' (schizophrenia, probably) and died there some ten years later.
（彼女の背景事情には，20代前半に「早発性痴呆症」（おそらく，精神分裂病）で施設に収容され，そこで約十年後に亡くなった最愛の兄のことが含まれる．)

(2) の丸括弧の中は，ムード（叙法）を表す付加詞（modal adjunct）の前に名

---

[3] (1vi) では，括弧が落とされると philosophical（哲学的な）の前の語のスペースも落ちることになるであろう．

詞句が来ている．その順序を逆にすれば，統合できるようになる．

■ 線上の位置
丸括弧で括られた統合不可能な要素は，たとえば，(1ii) を非文の *The committee included a group of (there are still a few around) Southern liberals. と比較するとわかるように，その要素が関連している構成素，すなわち，係留先の後に来なくてはならない．統合できる要素は，丸括弧が脱落しても括弧があるときと同じ場所を占めるが，節の最初の要素を丸括弧で括ることはできないという制約がある．(1iv) のように，従属節に続く要素は丸括弧で括ることができる．また，等位接続詞に続く場合も，but (not surprisingly) she rejected his offer（しかし（驚くことではないが）彼女は彼の申し出を拒絶した）のように，要素を丸括弧で括ることができる．しかし，*(Not surprisingly) she rejected his offer. といった文初頭を丸括弧で括る形は許されない．

■ 他の句読点との組み合わせ
挿入語句内の句読法は，主に丸括弧で括られた要素自体の必要性に応じて決まる．したがって，文末の疑問符や感嘆符は，丸括弧で括られた要素が疑問や感嘆のステータスをもっていれば使用できる．しかしながら，ピリオドおよび文頭の大文字に関係するものは，(1i) と (1ii) を比較するとわかるように，丸括弧で括られた要素が文内に埋め込まれていないときにのみ使用できる．(pseudo-) philosophical（(擬似) 哲学的）におけるハイフンは，丸括弧の中に含まれることが必要であるが，その理由は，pseudo が脱落するとハイフンも同時に脱落するからである．

　丸括弧の外側の句読法は，句読点を含んでいる文の諸条件によって決まるが，丸括弧で括られた要素が省かれた場合と同じになる．通常，括弧外の句読点は丸括弧に先行するのではなく (1iii) のように丸括弧に後続する．[4]

---

[4] ときおり，外側の句読点が先行する例がみられる．たとえば，Talks, strongly backed by the US, (which has most to gain) have stalled again. ((もっとも利益を得る立場の) 合衆国に強力に支持されている協議が再び行き詰まった.) のような例である．このような例は，マニュアルに書かれている規則に反し，容認できないと広く認識されている．

第 4 章　丸括弧

■ 単一層の制約

丸括弧のペアを別の丸括弧のペアの中に含めることは通常許されない（本章の脚注 1 で言及した副次的な語法を除く）．マニュアルによっては，そのような埋め込みが生じる場合，低いレベルの括弧には代わりに角括弧を使用することを薦めているが，これは少数派である．この問題を解決する一般的な方法は，1 つの層で丸括弧を使うと，別の層ではダッシュを使うというものである．なお，どちらを上位の層で使用するかについての制約はない．

(3) i. There was a time when the Fourth of July was an occasion for re-creating the days of the American Revolution. (I hope that it makes a comeback, despite the assaults of a misguided – and, it has to be said, self-defeating – 'multiculturalism'.)
（7 月 4 日がアメリカ革命の日々を再現する機会であった時代があった．（間違った「多文化主義」－自滅的といわざるを得ないが－の攻撃を受けても，その復活を私は願っている．））

ii. Measures by Britain – land of la vache folle (mad cow disease) – to contain the problem have been ineffective.
（英国－la vache folle（狂牛病）の地－によるその問題を抑え込むための対策は効果がなかった．）

■ 丸括弧の隔離効果

丸括弧は，括られた要素をテキストの主要部から隔離するが，テキストの形式の適格性や解釈が隔離された部分によって決まることはない．そのために，以下のような例は許容されない．

(4) i. *Kim (and Pat) have still not been informed.
（キム（とパット）はまだ知らされていない．）

ii. *She brought in a loaf of bread (and a jug of wine) and set them on the table.
（彼女はパンひとかたまり（とピッチャー 1 本分のワイン）をもってきてテーブルに置いた．）

iii. *Ed won at Indianapolis (and Sue came in second at Daytona) in the same car.

(同じ車で，エドはインディアナポリスで勝ち（スーはディトナで2位になった）．)

iv. *Languages like these (which linguists call 'agglutinating') are of great interest. Agglutinating languages are found in many parts of the world.

((言語学者が「膠着」とよぶ)これらの言語は非常に興味深い．膠着言語は世界の多くの場所でみつかる．)

(4i) では，丸括弧で括られた要素が，動詞の形を決定する主語の中に含まれている．(4ii) では，丸括弧で括られた要素が，代名詞 them に対する先行詞の中に含まれている．(4iii) においては，丸括弧で括られた要素が，same によって表される比較に含まれている．この場合，エドとスーが別々に同じ車を使用していたことになる．(4iv) においては，丸括弧内の要素がつぎの文で使われる「agglutinating（膠着）」という用語の説明を提供している．これらのすべての例において括弧内の要素を脱落させても，当然のことながら，文の形式や意味の変則性（anomaly）はそのままになる．しかし，この変則性は，丸括弧を脱落させる（(4iv) においては丸括弧をコンマで置き換える）ことで解消される．

第5章　*ダッシュ*

ダッシュは，ペアまたは単独で生起し，文章の表面上の切れ目または句切りの休止（pause）を入れる場所を示す．等位要素を分離する目的には使われないため，コンマやセミコロンとは異なり，際限なく続く連続体の中で起こることはない．

■ ペアになったダッシュ

(1) i. There's a difference over goals, but the end – namely freedom – is the same.
(到達点の違いはあるが，最終目標 – すなわち自由 – は同じである．)

ii. Exeter clearly enjoyed full employment – as full, that is, as was attainable in the conditions of the time – while Coventry languished in the grip of severe unemployment.
(エクセターは完全雇用 – つまり，その時の条件で達成できる限りの完全な – 雇用に恵まれたが，コベントリーは深刻な失業でつらい思いをした．)

iii. The book – and the movie – were strongly condemned by the Legion of Decency.
(その本 – およびその映画 – は映画格付協会から強く非難された．)

iv. Immigrants do come predominantly from one sort of area – 85% of the 11.8 million legal immigrants arriving in the US between 1971 and 1990 were from the Third World; 20% of them were from

Mexico – but services have not adapted to that reality.

(移民は圧倒的に特定の地域から来ている – 1971 年から 1990 年の間に合衆国に来た 1,180 万人のうち，85% の合法的な移民は第三世界からであり；そのうちの 20% がメキシコからであった – ことは確かであるが，行政サービスはその現実にまだ対応していない．)

v. Many of Updike's descriptions of Hollywood – the place – are nicely observed.

(アップダイクのハリウッドについての記述 – 場所として – の多くは，十分に観察が行き届いている．)

vi. In theory – no, no theory! – ideally, both description and dialogue should forward narrative.

(理論上 – いや，理論じゃなく！ – 理想的には，記述と対話の両方を合わせて語りを進展させるはずだ．)

　ダッシュがペアになって現れる場合，構成素をテキストの他の部分から分離し，その構成素に挿入語句の特徴を与える働きをする．挿入語句は，典型的には，先行するものについての詳述，解説，但し書きなどの情報を提供する．

　ダッシュは，この機能に関して境界指定のコンマや丸括弧と競合するので，(1i, ii) においては，境界指定のコンマと丸括弧のどちらかでダッシュを置き換えることができ，(1iii) においては，コンマで置き換えることができる．ダッシュは，コンマに比べて明らかにより強く周囲のテキストとの切れ目を標示し，さらに，主節や (1iv) のように，主節の組み合わせなども含めてより広い範囲の構成素タイプの境界を示すことができる．第 4 章で述べた統合可能な挿入要素と統合不可能な挿入要素という区別は，ダッシュで標示された挿入語句にも適用される．

　ペアになったダッシュと括弧の間には重要な違いもある．ダッシュは，語の一部あるいは文全体のいずれも囲むことはできない．たとえば，第 4 章の (1i, vi, vii) の例にある丸括弧をダッシュで置き換えることはできない．また，(1viii) についても，置き換えが可能かどうかについては，せいぜい非常に疑わしいという程度である．(1viii) の sequences of は構成素ではなく，等位接続されてもいなければ，ペアになっている同類のものがあるわけでもないからである．このことに劣らず重要なのは，機能的な違いである．丸括弧で括られ

た要素がテキストに必須ではなく，テキストから切り離されるものとして提示されることはすでにみた．このことは，ダッシュによる挿入語句では当てはまらないことが多い．たとえば，本章の (1v) では，the place が限定された意味で解釈され，地域としてのハリウッドを，産業としてのハリウッドから区別する役割をはたしている．もしこれが丸括弧で括られたならば，ハリウッドを同定するというよりむしろ補足的な関係節，たとえば，Hollywood, which is a place (ハリウッド，それは1つの地域である) のような記述的な情報を与えることになる．(1vi) では，挿入により，in theory (理論的には) を ideally (理想的には) に訂正したことを示しており，このダッシュは省略や丸括弧での置き換えができない．(1iii) は，ダッシュが挿入語句を切り離していないことを示している．(1iii) では，動詞の形が the book と挿入語句を合わせたものと一致し，複数形の were となっている．そうすると，第4章の (4) であげた逸脱例は，1つの例を除いてすべて丸括弧をダッシュで置き換えると適格な文になる．例外は (4iii) である．(4iii) の same を用いた比較には同等の位置づけをもつ等位要素が必要となるからである．結合的解釈のみを許す *Kim – and Pat – are a happy couple. も (4iii) と同様に容認されない．

■ 単一のダッシュ (single dash)

(2) i. We could invite one of the ladies from next door – Miss Savage, for example.
（お隣りから女性を1人招待できるでしょう－たとえば，サベジさんとか．）

ii. Initiative, self-reliance, maturity – these are the qualities we're looking for.
（主導力，自立，成熟－これらが，我々が求めている資質である．）

iii. We've got to get her to change her mind; the question is – how?
（私たちは彼女に考えを変えさせなければならない；問題は－どうやって？）

iv. You may be right – but that isn't what I came here to discuss.
（あなたは正しいかもしれない－しかしそれは私が議論しにきたことではない．）

v. But we would like your permission to do – that is, to go further if need be.

   （しかし我々はあなたの実行許可がもらいたい − つまり，必要ならばその先に進むようにとの．）
 vi. 'I think − ' 'I'm not interested in what you think,' he shouted.
   （「思うに − 」と始め，「私はあなたが考えていることには興味がない」と，彼は叫んだ．）

多くの場合，単一のダッシュは，ペアになっている 2 つ目のダッシュが上位の層の境界を示す標識に置き換えられるか吸収されることにより，残されることになった 1 つ目のダッシュである．このことは，(2i) で示されており，One of the ladies from next door − Miss Savage, for example − could be invited.（お隣りから女性 1 人 − たとえば，サベジさん − が招待できるだろう．）と対応関係にある．しかしながら，単一のダッシュがいくぶん異なる機能をもつこともある．(2ii) は，左方転移構文の特殊な例である（第 9 巻『情報構造と照応表現』を参照）．(2ii) では，ダッシュが文頭の等位接続の後に続いているが，それは，節の核にある前方照応形の先行詞となっている．照応形は，この例にあるように典型的には指示詞となる．この構文ではコロンも使われることがあるが，ダッシュが通常の句読法である．(2iii) において，ダッシュは，話し言葉の韻律的な小休止に当たるものであり，最後の補部を強調する働きがある．ダッシュのこの用法は，namely（すなわち），that is（すなわち），for example（たとえば）などのような補足の指示標識の後でもみられる．(2iv) のダッシュは，唐突に話題を変える合図として機能しており，(2v) では文法構造の変更を示している．最後に (2vi) のダッシュは，話を急にとりやめること，つまり，再開の可能性がない中断の合図となっている．

■他の指示標識との関係
ダッシュは，疑問符感嘆符，終わりの引用符，丸括弧の後に続くことができるが，それ以外では，通常，他の指示標識と（とくにコンマとは）相容れない関係にある．

(3) i. *Some of them − Sue, for example, − wanted to lodge a formal complaint.
   （彼らの何人か − たとえば，スー， − は正式に苦情を申し立てたかった．）
 ii. *As he had no money − he'd spent it all at the races − , he had to

walk home.
（彼は無一文だったので − レースで金を使い果たしていた − ，歩いて家に帰らなければならなかった．）

(3) の例はどちらも，コンマを削除してダッシュをそのまま残すと，(4) のように適格な文となる．

(4) i. Some of them − Sue, for example − wanted to lodge a formal complaint.
（彼らの何人か − たとえば，スー − は正式に苦情を申し立てたかった．）
ii. As he had no money − he'd spent it all at the races − he had to walk home.
（彼は無一文だったので − レースで金を使い果たしていた − 歩いて家に帰らなければならなかった．）

(4i) のコンマの省略は，境界設定をするコンマのペアのうち 2 つ目が上位の構成素境界を標示するダッシュに吸収されたもう 1 つの例である．(3i) の for example（たとえば）は，コンマで境界設定された構成素であるが，ダッシュがつけられた挿入語句の一部となってしまっている．これに対して，(3ii) のコンマは広い作用域をもち，もっとも高い階層レベルで先行要素すべてを後続する主節から分離してしまっている．そうすると，(4ii) では，コンマがより大きな構造の境界を標示することが予測されるが，そうならずに，as で始まる従属節境界を標示する 2 つ目のダッシュがコンマを取り込むというあまり起こらない現象が生じている．この関係は，ダッシュとコンマの間にのみ生じるもので，(1ii) がもう 1 つの例である．しかしながら，(5) から明らかなように，これには厳しい制約がかかる．

(5) i. *Kim and Pat, who were easily the best qualified candidates − both had Ph.D.s − were the only ones shortlisted.
（もっとも適した候補者であったキムとパット − 両者とも博士号をもっていた − は唯一の最終候補者であった．）
ii. *Only four people came to the meeting: Ed, Mr Lake − Ed's father − Sue and me.
（会合には 4 人だけが来た：エド，レイクさん − エドの父親 − スーと私だ．）

(5i) では，2番目のダッシュが，主節挿入句の最後のみならず，関係節の補足部の最後も兼ねた場所に現れている．この場合，関係節の境界を標示するコンマの必要性が大き過ぎるため，より低位の層のダッシュがコンマを吸収することができない．(5ii) は，さらに明確に逸脱している．ここでは，2番目のダッシュは，Ed's father という補足部および第2等位要素の両方の境界標示を兼ねるはずであるが，この状況においては，コンマが後に続く必要があり，(5ii) は容認されない．どちらの例も，ダッシュを丸括弧に置き換え，コンマを加えると，簡単に適格な形式に修正することができる．さらに，(5ii) では，等位要素を分けるセミコロンを使用すれば，2番目のダッシュが上位の境界標識のセミコロンに吸収されて，Ed; Mr Lake – Ed's father; Sue; and me（エド；レイクさん – エドの父親；スー；そして私）という適格な形式になる．[1]

第3章の (1) の境界標識の強さの階層に関する限り，ダッシュは，コロンやセミコロンと同じレベルに置かれる．(4i) に示されるように，ダッシュはコンマよりも広い作用域をもつことができるが，(4ii) の2番目のダッシュをコンマで置き換えることが不可能であることから，コンマはダッシュよりも広い作用域をもつことができないことがわかる．これら作用域の関係は，ダッシュと，コロンまたはセミコロンの間にも当てはまる．(1iv) では2つ目のダッシュがセミコロンよりも広い作用域をもっているが，The results are somewhat disappointing – 20% down on last year; nevertheless, we are confident that the full year's results will match last year's.（成果はいくぶん失望するものであった – 昨年度よりも20%下落した；それでも，年度決算報告では昨年の業績に匹敵するようになるだろうと確信している．）においては，セミコロンがダッシュよりも広い作用域をもつ．同じような組み合わせがダッシュとコロンに関してもみられる．

コロン，セミコロン，丸括弧と同様に，ダッシュは，単一構成素内で2つの異なる階層レベルに現れることができない．しかしながら，ダッシュと括弧

---

[1] (3) で示したように，ダッシュとコンマの組み合わせを禁止するかどうかについては，その扱いに多少のばらつきがみられる．実際のところ，(3ii) のコンマの使用は，以前に規範的なマニュアルで明確に推奨されることがあった．また，この組み合わせがまだ広く受け入れられている中でとくに興味深い例として，間接話法においてダッシュが発話の中断を示す場合がある（'I would say – ,' he began, but she didn't let him finish.（「あえていうならば – ，」と，彼は話し始めたが，彼女は，彼に話し終えさせなかった．）のような例である）．

には機能上の類似性があるために，そのような埋め込みの必要性が生じても，第4章の (3) で示したように，これら2つの異なる標識を交互に使うことによって，形式上の制約を受けることを回避できる．

第6章　引用符と関連標識

■引用符の機能
引用符は，引用符が囲むテキストに特別なステータスを割り当てる役割をもつ．引用符が囲むテキストには，単語1個から段落が連続するものにいたるまで，さまざまなものが含まれる．[1] 通常，引用符は，囲まれた表現が通常のテキストの一部として別の情報源から取り込まれたものであり，書き手が自分で書いたものではないことを示す．引用符で囲まれた表現の主な範疇には(1)にあげたようなものがあり，それに対応する例は(2)に示してある．

(1) i. 直接の話し言葉
　　 ii. 著作物からの引用
　　 iii. ある種の固有名詞，たとえば，記事やラジオ／テレビ番組などの題名
　　 iv. 専門用語，皮肉あるいはそれに似た目的で使用される表現
　　 v. メタ言語的に使用される表現

(2) i. 'Let's not bother,' he replied.
　　　 (「思い悩まないでおこう」と，彼は返答した．)
　　 ii. Fowler suggested that many mistakes made in writing result 'from the attempt to avoid what are rightly or wrongly taken to be faults

---

[1] ごくたまに，He couldn't be more un-'macho'. (彼は「男らしく」ないの極致だった.) のように，引用符が語の一部を囲むこともある．

of grammar or style'.

(ファウラーは，文章作成における間違いの多くが「正しいかどうかはともかく，文法またはスタイルの瑕疵であると考えられるものを避けようとして，結果的に」起こることを示唆している.)

iii. 'Neighbours' is Channel Nine's longest-running soap.

(「隣人」は，9チャンネルでもっとも長く続いているドラマである.)

iv. Their 'mansion' was in fact a very ordinary three-bedroom house in suburbia.

(彼らの「マンション」は，実際は，郊外にある寝室が3部屋の非常にありふれた家だった.)

v. He doesn't know how to spell 'supersede'.

(彼は「supersede」という語の綴りを知らない.)

■一重引用符と二重引用符

上に記した機能はすべて一重引用符と二重引用符のどちらにもある．アメリカ英語では二重引用符を使用することが圧倒的に多い．イギリス英語では使い方が分かれるが，イギリスのマニュアルは一重引用符を好む傾向にある．そうすると，厳密にいえば，引用符を含む例にはすべて % の印をつけるべきであるが，そのようなことをせず，単純化した上で，この一般的な記述が成り立つとしておく．(ちなみに，本シリーズでは，2つのタイプの引用符を区別し，一般的な目的では一重引用符，意味を示す特殊なメタ言語的機能を示す場合には二重引用符を使用している.)

異なるレベルで引用符が必要になる時には，2種類の引用符を交互に使用しなくてはならないという決まりがある.

(3) i. Wilson's claim that 'Shakespeare's "To be or not to be" is surely the most famous line of English literature, or any other' is disputed by French critics.

(「シェイクスピアの『生きるべきか死ぬべきか』が，間違いなく英文学やその他の文学の中でもっとも有名な台詞である」というウィルソンの主張は，フランスの批評家たちによって異議が唱えられている.)

ii. Wilson's claim that "Shakespeare's 'To be or not to be' is surely

the most famous line of English literature, or any other" is disputed by French critics.
(『シェイクスピアの「生きるべきか死ぬべきか」が，間違いなく英文学やその他の文学の中でもっとも有名な台詞である』というウィルソンの主張は，フランス人の批評家たちによって異議が唱えられている.）

まれに3つ以上のレベルが必要になることもあるが，この場合でも，この交替の規則が適用される．レベル1で使われるタイプの引用符はレベル3で再び使用され，レベル2で使われたタイプの引用符はレベル4で再び使用されるというように続いていく．一重引用符と二重引用符は，このような交替のパターンがあることや，特別な目的でこの2つを区別する可能性もあるために，明らかに異なる標識（indicator）であり，文字（character）が異なるだけの単一標識ではない（第1章を参照）．

■引用符の組み合わせ

引用符は通常ペアで起こり，最初のものが引用の開始を標示し，もう1つが引用の終了を標示する．ときおり，このパターンから外れたものが小説の文章でみられる．1人の登場人物のことばが複数の段落に渡っている場合には，開始を示す引用符が各段落の最初にそれぞれ使用され，締めくくりを示す引用符は最終段落の終わりでのみ用いられる．これはとくに古い小説（たとえば，ビクトリア朝時代の）においてよくみられる．そのような小説の中には，章全体が1人の登場人物により一人称で語られるものもあり，そのような場合，開始を示す引用符はすべての段落の最初に置かれる．この用法は現代小説においてもみられることがある．

■他の句読標識と組み合わせられた引用符

主文の内部で引用符内に囲まれている表現があるときには，引用符と主文の句読標識の分布について考える必要がある．これについては，アメリカ英語とイギリス英語でかなり異なる可能性があり，イギリス英語（および他のアメリカ英語以外の方言）の中でも出版社によって多くの違いが出る事項である．

　典型的ではないが，単純な例から考えてみることにする．

(4)　She replied, 'Why are you wasting my time?' and stormed out of the room.

（「なぜあなたは私の時間が無駄になるようなことをしているのですか？」と，彼女は答えて，すごい勢いで部屋から飛び出した．）

(4) の疑問符は**内的 (internal)** なものであり，引用符の内側にある．一方，コンマやピリオドは**外的 (external)** なものであり，引用符の外側にある．この例が単純なのは，句読標識の形式上の位置が意味と合致しているためである．(4) の引用は疑問文であり，疑問符が必要となる．主文は（感嘆ではない）陳述であり，ピリオドが必要となる．一方で，コンマは主文の動詞を直接発話の補部から分離している．これは，たとえ普通には起こらないようなものであっても，標準的な状況を代表しているものと考えられる．以下ではこのパターンから外れた場合のみを扱う．具体的には，以下の4項目について検討する．

(a) 内部にある文末のピリオドは，主文内の中間の位置で生じることができない

(5) i. *'I don't know.' she said, and stormed out of the room.
（「私にはわからない．」と彼女は告げた，そしてすごい勢いで部屋から飛び出した．）

ii. *She said, 'I don't know.' and stormed out of the room.
（彼女は，「私にはわからない．」と告げた，そしてすごい勢いで部屋から出ていった．）

iii. *Nor would he consider trying to join Leslie and his men, rumoured to be close at hand and making for Scotland, 'which I thought to be absolutely impossible. I decided instead to make for France', where it was hoped that Louis would back the royalist cause.
（彼も，身近でスコットランドに向かっていると噂されている，レズリーと彼の従者に加わろうとは考えないだろう，「それは完全にありえないと思った．代わりに私はフランスに向かうことを決心した」，そこではルイが王政主義を支援するであろうと期待されていた．）

このような例が許容されないことは，すべての英語の方言で一致する．(5i) においては，内的なピリオドをコンマで置き換える必要がある．その位置は下

の (d) で説明される．(5ii) は，内的なピリオドを単純に脱落させることにより修正することができる．一方，(5iii) には大がかりな再構築が必要である．しかし，この規則は以下のような例を除外することはない．

(6) i. She replied, 'I don't know. Does it matter?'
   (「私にはわからない．それが問題なのですか？」と，彼女は答えた．)
   ii. Yet Craig remains confident that the pitching 'will come round sooner or later. We just have to hope everybody stays healthy.'
   (にもかかわらず，クレイグは，縦揺れが「遅かれ早かれ来るであろう．私たちはみんな無事でいることを願わなければならない」と相変わらず確信している．)

正書法に関する限り，それぞれの例は，2つの文がピリオドにより分離されている．引用符は，最初の文の一部と2番目の文全体を囲んでいる．

(b) セミコロンとコロンの繰り上げ

(7) i. We ought to get going; the train leaves in half an hour.
   (私たちは出発すべきである；電車があと30分で出発する．)
   ii. 'We ought to get going,' she said; 'the train leaves in half an hour.'
   (「私たちは出発すべきである：電車があと30分で出発する」と，彼女は話した．)

(7ii) のように，セミコロンを含む文 (7i) が引用され，セミコロンで境界が分割される場合，セミコロンは (she said; のように) 引用動詞 said の後に置かれる．そして，前方の引用の最後には，コンマがセミコロンの代わりに使用される．同じことがコロンにも当てはまる．ダッシュも同じように扱われるが，(8) のように引用符の2つ目のまとまりの中に置かれるほうが一般的である．

(8) 'We ought to get going,' she said '– the train leaves in half an hour.'
   (「私たちは出発すべきである，－電車があと30分で出発する．」と彼女は話した．)

(c) 主文末における引用：文終点の組み合わせ

文末に引用が現れる場合，文終点の1つを削除することが一般的である．

(9) i. She added, 'It wasn't your fault.'
　　　（「それはあなたの過失ではなかった」と，彼女は付け加えた．）

　　ii. So I asked, 'Whose fault was it?'
　　　（だから私は尋ねた，「それは誰の過失だったのですか？」）

　　　　　　　　　　　　　　　　　　　　　　　［主文ピリオドの削除］

　　iii. Did he really say 'I couldn't care less'?　　［内部ピリオドの削除］
　　　（彼は本当に「私はまったく構わない」と発言したのですか？）

　　iv. %Did he really ask, 'Whose fault was it?'?
　　　（「それは誰の過失だったのですか？」と，彼は本当にたずねたのですか？）

両方の文終点がピリオドであれば，主文のピリオドは (9i) のように削除される．ピリオドと他の疑問符があれば，(9ii, iii) のようにピリオドを脱落させる．両方が疑問符であれば，異なる可能性が出る．(9iv) においては，両方が保持されているが，おそらくどちらか一方を脱落させることが一般的であろう．感嘆符は疑問符と同じようにふるまう．

(d) コンマあるいはピリオドと結びの引用符の相対的な順序

アメリカ英語では，コンマかピリオドが結びの引用符に隣接するとき，引用符は相対的な作用域に関係なく，コンマかピリオドに後続しなければならないという規則がある．イギリス英語では，作用域，すなわち，意味に応じて句読標識を置く傾向があり，上の (a)-(c) で扱われた制約がかかる．しかし，意味は必ずしも明示的な基準にはならず，イギリス英語の内部でも用法にある程度のばらつきがみられる．

　つぎの例は，まったく議論の余地がないほどはっきりとしているもので，この例の形式がイギリス英語でも統一して使用される．

(10) i. He'd apparently just been trying to 'help one of my patients'.
　　　（彼は明らかに「私の患者の1人を助ける」ことを試みていた．）

　　ii. Instead of doing his homework he was watching 'Neighbours'.

(彼は，宿題をする代わりに「隣人」をみていた．)
    iii. I replied, 'It was all Angela's fault.'
       (「すべてアンジェラの過失でした」と，私は答えた．)

(10i, ii) の引用は節より小さい単位であり，内部の句読法を認可しない．そのため，ピリオドは，意味的に主文に属し（アメリカ英語の使用法とは異なり）外部に位置している．(10iii) の引用は文であり，ピリオドを認可する．意味的な観点からも，主文は文終点としてピリオドがあってもよいが，これは上の (c) に従い削除される．この場合，イギリス英語の用法とアメリカ英語の用法は合致する．

それほどはっきりしない例をつぎにあげる．

(11) i. %'It was all Angela's fault,' I replied.
       (「すべてアンジェラの過失でした」と，私は答えた．)
    ii. %She said, 'It was all Angela's fault', but no one believed her.
       (「すべてアンジェラの過失でした」と，彼女は話したが，誰も彼女を信じなかった．)
    iii. %'In that case,' she said, 'we'll do it ourselves.'
       (「その場合，私たちは自分たちでします」と，彼女は話した．)
    iv. %'Some of them', she said, 'look very unsafe.'
       (「彼らの中には，とても危険な人たちがいるようだ」と，彼女は話した．)

(11i) の引用には，単独で生じた場合ピリオドが打たれるはずであるが，ここでは主文内の中間位置にあり，(a) の制約からピリオドを打つことができない．この場合には，許容されないピリオドに代わる役割をコンマがはたすので，コンマは引用の内部にあるとすることができる．(11ii) の引用も同じであるが，この場合には，コンマで主文の等位接続節を分離する必要があるため，いわば主文がコンマをより強く要求しているとすることができる．(11iii) の引用は，もし単独で生じるのであれば，付加詞 in that case（その場合）の後でコンマを打つ可能性がきわめて高い．そのことにより，内部のコンマの使用が容認される．(11iv) の引用は，単独で生じた場合には，主語 some of them（彼らのうち何人か）の後でコンマを打つことができないので，作用域の点から内部コンマは妥当なものとはならない．そのために，いくつかのスタイルではここで示

される句読法が用いられるが，他のスタイルではより単純な規則が好まれ，((7ii) と (8) と同様に) コンマが引用を主文の構造中の要素から分離することを根拠にして，すべてのコンマを外部に置く．この規則は，アメリカ英語の句読法とは逆の結果をもたらす．

■引用と交代する標識：省略点と角括弧

2つの標識が，引用されたものに対する改編を示すために用いられる．省略点は省略を示し，角括弧は引用者による置き換えや追加を示す．

(12) i. He goes on to say, 'But Johnson ... was willing to accept a fee for the work.'
(「しかし，ジョンソンは ... その仕事の報酬を喜んで受け入れた」と，彼は続けて話す．)

ii. She concluded: 'The first [model] fails the test of descriptive adequacy.'
(彼女は結論づけた：「最初の［モデル］は記述的妥当性のテストにパスしない」と．)

iii. According to Jones, '[N]o other language has such an elaborate tense system.'
(ジョーンズによると，「他にそんなに詳細な時制のシステムをもつ言語はない」．)

iv. It says that 'the first version has been superceded [sic] by a cheaper model.'
(「最初のものはより安いモデルにより入れ替えられた［原文のまま］」と述べられている．)

(12i) では，Johnson の後でなんらかの原文テキストが省略されている．(12ii) では，おそらく原文において，照応関係により縮小された名詞句 (the first (最初) もしくは the first one (最初のもの)) があり，何を指すのか明らかにするために，筆者が model (モデル) という語を追加している．(12iii) において，N のまわりの角括弧は小文字から大文字への変更を示す．従属接続詞をともなう場合を除き主節の形式での引用は大文字で始められるという決まりを満たすために，この変更が行われている．(12iv) は筆者のコメントを囲む

ために角括弧が用いられることを例示している．sic（原文のまま）は先行する表現が（この場合はスペルミスがあるが，外見とは異なり）原文に忠実であるということを示している．

■引用符の使用の代わりとなるもの
ブロック・クオート
論説的なテキストにおいて，相当長い（いくつかのスタイルマニュアルでは，5 行を超える場合の）引用がしばしば**ブロック・クオート (block quote)** としてインデントされ，（そしてしばしばすこし小さな文字で）まわりのテキストから分離して提示される．この場合，引用符は用いられない．

(13) 　As J. P. Quincy wrote in 1876:

> To the free library we may hopefully look for the gradual deliverance of the people from the wiles of the rhetorician and stump orator. As the varied intelligence which books can supply shall be more and more widely assimilated, the essential elements of every political and social question may be confidently submitted to that instructed common sense upon which the founders of our government relied.

The founders of the library movement envisioned the public library as an equal partner of the public school in achieving these goals.
（クインシーが 1876 年に書き記したように：

> 自由図書館に対して，私たちは雄弁家や選挙演説者の策略から徐々に人々を解放することを期待するであろう．書物が提供するさまざまな知識がますます広く受け入れられるにつれて，あらゆる政治および社会の問題の本質的な部分は，政府の設立者が頼みとしたあの伝授されてきた常識に確実に従うことになるであろう．

図書館運動の先駆者達は，これらの目標を達成する際，公共の図書館をパブリックスクールと同等のパートナーであると想定していた.)

イタリック体とその他の修飾

(1iii-v) で示されたあまり中心的ではない引用符の機能に対しては，イタリック体がしばしば代用される．タイトルでは，たとえば，本の章や定期刊行物の中の論文に引用符を用い，専門書や専門雑誌全体ではイタリック体を用いる等，さまざまなカテゴリーのものに区別をつけるのが一般的である．[2] 太字や小型大文字は，専門用語を示す代替手段である．言語に関する論考では典型的に，異なる種類のメタ言語的な用語の使用に対しても多数の異なる標識を用いる．イタリック体は，外国語の表現や強調に対しても一般的に用いられる．[3]

(14) i. I now realise that the baroque love of *trompe l'oeil* had a spiritual dimension.
(バロック様式の*だまし絵*への愛着には精神的な側面があると私は今理解している．)
ii. Ed is a writer – a *writer*! – and Sue composes crossword puzzles for magazines.
(エドは作家 – *作家*！ – であり，そしてスーは雑誌のクロスワードパズルを作成している．)

目にみえる標識の欠如

広い意味で，直接発話の引用，とくに，内的独白（interior monologue）や思考（thought）の場合には，句読法が常に発話されたように使用されるわけではない．

(15) i. Where can she be?, he wondered.
(彼女は一体どこにいる可能性があるのか？，と彼は思った．)

---

[2] タイトルは疑問符や感嘆符で終わってもよい（たとえば，映画の題 What's up, Doc?（おかしなおかしな大追跡）や Oklahoma!（オクラホマ！）のような例がある）．そのようなタイトルが文末に生じるのであれば，主文のピリオドの削除は義務的になり，主文の疑問符や感嘆符の削除は随意的になる（(9) を参照）．タイトルが引用符で囲まれずイタリック体になっている場合，（削除か言い換えにより）2 つの句読標識が連続することを避ける可能性がより高まる．

[3] まわりのテキストがローマン体であればイタリック体になる表現でも，イタリック体になっている文中に現れる場合には，その表現をローマン体にする慣行がある．

ii. I bet she's missed the train, he thought.
　　（きっと彼女は電車に乗り損ねたにちがいないと，彼は思った.）

対話のテキストにおいては，コロンかダッシュを後続させて，話者の名前をあげることが一般的である.[4]

---

[4] 訳者注：たとえば，以下のような例である.
　(i)　Kim:　How are you?
　　　（キム：お元気？）
　　　Pat:　I am fine.
　　　（パット：元気だよ.）

第7章　大文字

大文字の使用には2つの主要な機能がある．左側の境界をマークすることと，ある単位に特別なステータスをもたせることである．境界の標識としては，通常は文の最初の語の文字を大文字にするが，詩においては新しい行の始まりに大文字を使用する．文の境界を標示するための大文字の使用はすでに扱っており，本章では，ステータスを示すための大文字化にのみ着目する．

■ 特別なステータスの種類

ステータスの標識として，大文字は，典型的には社会的に認定されている固有名詞やそれに相当する表現に用いられる．加えて，神の名前を指す人称代名詞や関係代名詞（God in His infinite mercy（神の無限の恵み）），擬人化（We can conceptualise this as a game played against Nature.（私たちはこれを自然に対するゲームとして概念化できる．）），強調や声の大きさ（I said, Don't Do That!; He must be a Really Important Guy in your life.（そんなことするな！；彼はあなたの人生において本当に重要な人に違いない，と私は告げた．）），技術や法律の文書の中の主要な用語（the Tenant shall be responsible for all damage（借り手は賃貸物件の破損にすべて責任をもつ））を示すのにも使用できる．大文字はまた，頭文字語（initialism）でも用いられる．これには短縮語（abbreviation）（TV（テレビ）（< television），VIP（要人）（< very important person））や頭字語（acronym）（AIDS（後天性免疫不全症候群）（< acquired immue deficiency syndrome）），TESOL（英語教授法）（< teaching English to speakers of other languages））がある（第10巻『形態論と語形成』を参照）．そして，一人称・単数の

主格代名詞として I を使用する.[1]

■ 大文字で標示される文法的なカテゴリー

(1) i. 名詞句
Kim Smith (キム・スミス), the Bishop of London (ロンドン主教), The Times (タイムズ)
ii. 名詞 (または名詞部)
next Monday (つぎの月曜日), a Ford Cortina (フォード・コーティナ), a Beethoven symphony (ベートーベンの交響曲)
iii. 形容詞
French (フランスの), Edwardian (エドワード朝の), Pinteresque (ピンター風の), un-American (非アメリカ的な)
iv. 節
What's Up, Doc? (『おかしなおかしな大追跡』); Alice Doesn't Live Here Anymore (『アリスの恋』[2])

大文字化がもっとも一般的なのは，名詞句の場合である．当然，Kim did it. (キムがそれをした.) のように，1つの名詞だけから構成されることもある．また，(1ii) のように名詞句全体としては大文字にならなくても，その一部となる名詞や名詞部が大文字となることもある．最初の2例は，主要部として機能するが，Beethoven (ベートーベン) は修飾語である．France (フランス) から派生される French (フランスの) のように大文字の形容詞が大文字の名詞から派生される．名詞と形容詞の範疇に入るものは両者とも複合語の中の基体 (base) にも現れる．たとえば，mid-October (10月中旬)，un-American (非アメリカ的な) などである．大文字化した節が使用されるのは，通常，名詞句のように機能する芸術の作品のタイトルに限定される (They saw 'What's Up, Doc?' three times. (彼らは『おかしなおかしな大追跡』を3回鑑賞した.) のような例も参照).

---

[1] 歴史的には，この用法は特別なステータスを示すよりもむしろ印刷上の明瞭さを保証するために導入された.
[2] 訳者注：当該の映画が日本で公開されたときの題名である.

第 7 章 大文字

大文字の表現の提示法にはある種のバリエーションがみられるが，上の例はかなり一般的な用法を示している．短い前置詞（of, in, on）や等位接続詞，特定の条件下の冠詞を除いて，大文字化される名詞句や節の中の語は，それぞれ最初が大文字になる．冠詞は，(The Times（タイムズ）のような) 正式な出版物のタイトルや正式な組織の名称（たとえば，The European Union（欧州連合））の一部となる場合には最初が大文字になるが，官職につく人を指す際の冠詞（the Bishop of London（ロンドン主教），the Queen（女王））や正式名称の一部となっていない冠詞（the New Scientist（新しい科学者））は大文字にならない．商品名や商標としてつくられた複合固有名詞では，ハイフンなしでも語内にある基体の先頭の文字が大文字になるものが増えている．これにはPetsMart（ペッツマート），WordPerfect（ワードパーフェクト）等がある．

■ 意味的な範疇

大文字化された表現は，広い範囲の異なる種類のものを指したり，意味したりする．実際，原則的には，このことに関する制限はないようである．その多くは，人名で，姓・名・イニシャルが大文字になる（Jane Austen（ジェーン・オースティン），T. S. Eliot（T. S. エリオット））．短縮されることもされないこともあるが，大文字の称号が人名の前につくこともある（Dr Jones（ジョーンズ博士），Professor Chomsky（チョムスキー教授），Ms Greer（グリアさん），General Noriega（ノリエガ将軍），Rabbi Lionel Blum（指導者ライオネル・ブラム））．また，大文字は，以下の場合にも用いられる．場所の名前（London（ロンドン），Steeple Bumstead（スティープル・バンステッド）），地理的・位相的に特徴のあるもの（the Thames（テムズ川），the Black Forest（黒い森），the Gulf Stream（湾岸流）），記念碑や公共の建物（The White House（ホワイトハウス），the Cenotaph（慰霊碑）），組織（the Home Office（内務省），Amnesty International（アムネスティ・インターナショナル），Shell（シェル），Dolland and Aitchison（ドランド・アンド・エイチソン）），政治的同盟や経済的同盟（The European Union（欧州連合）），国，国家あるいは地域（Great Britain（グレート・ブリテン），Scotland（スコットランド），Tyneside（タインサイド）），言語と人々（English（英語，英国人），Chinese（中国語，中国人）），歴史的あるいは文化的な時代あるいは出来事（the Renaissance（ルネサンス），the South Sea Bubble（南海泡沫事件）），社会的あるいは芸術的運動（Chartism（人民憲章運動），Decorated style

(ゴシック様式の装飾)),曜日や特別な日と月 (Tuesday (火曜日), Christmas Day (クリスマス), September (9月)),神々 (God (神)),敬語 (Her Majesty (女王陛下)),商標 (Coca-Cola (コカ・コーラ)),コンピューターソフト (Word (ワード), Emacs (イーマックス)),固有名詞からとられた種類の名称 (a Chevrolet (シボレー), an Oscar (オスカー), a Boeing 747 (ボーイング747))など.第6章でも示したように,出版物や芸術作品のタイトルは,通常,大文字にイタリック体か引用符をともなう.

役割や施設を表す普通名詞は,特定の個人やものを指し,定冠詞とともに用いられると大文字になることが多い.

(2) i. Shortly afterwards, the Bishop ordered a pastoral letter to be read.
(その後しばらくしてから,司教は牧会教書簡が読まれるべきだと命じた.)
ii. I hear the University has increased its student intake again.
(大学は学生の受け入れをまた増加させたと私は聞いている.)

(2) は In those dioceses, the bishop has considerable autonomy. (それらの教区では,司教にかなりの自治権がある.) や,I'm told the oldest university is Fez, in Morocco. (もっとも古い大学はモロッコのフェズにあると私は聞かされている.) のような例と対比される.the board of directors or the chief executive (取締役会や最高経営責任者) の大文字と小文字の選択については,立場や視点が反映される傾向がある.つまり,会社のメンバーが使用するとき,とくに,公式な文書で使われる時には大文字化されるが,外部の人間が普通に用いるときには大文字化されないであろうということである.

第8章　語レベルの句読法

8.1　語の境界

語の境界はスペースで標示される．スペースは，語と隣接するスペースであることも，1つあるいは複数の句読標識で分離されたスペースであることもある．引用符・丸括弧・角括弧の開始部分は，スペースと語の左側境界の間に位置する．これに対して，他の句読標識は，語の右側の境界とそれに続くスペースの間に位置する．ダッシュは，高次の句読法（higher-level punctuation）の中でも例外で，左側の語と右側の語の両方に隣接するか，もしくは左側の語と右側の語の両方にスペースが入れられる．これらの点は，(1i) において例示されている．(1ii) では高次の句読法を取り除いた10個の（正書法上の）語を分けて記載している．

(1) i. The vice-consul – Ed's 'companion' – hasn't (I'm told) seen *Oklahoma!* yet.
（副領事－エドの'仲間'－はまだオクラホマ！をみていない（と私は聞かされた）．）
　ii. the vice-consul Ed's companion hasn't I'm told seen Oklahoma yet

(1i) における引用符は1つの語を囲んでいるが，これはたまたまそうなっているのであり，引用符が語の一部となっているのではない．同様に，感嘆符も，たまたま1語しか含まない固有名（proper name）の一部になっているが，(固有名と固有名詞（proper noun）の区別のために) とくに必要ということで

はない（第3巻『名詞と名詞句』を参照）.[1]（1ii）の最初の語は the としてあげられている．(1i) の The の大文字が文レベルの句読法の問題であるからである．これに対して，Ed's（エドの）や I'm（私は～だ），Oklahoma（オクラホマ）の最初の大文字は，語そのものの性質によるものである．

8.2　ハイフン

8.2.1　最初の区別

ハイフンの標識には，通常のハイフンとロングハイフンの2つがあり，ロングハイフンは半角ダッシュ（en-rule）によって表され，その分布は限られている．1.2節で述べたように（手書きや伝統的な配列のキーボードで書かれた文章のように）半角ダッシュが利用できない場合には，通常のハイフンがロングハイフンの代わりの機能をはたす．

最初の段階で，（通常の）ハイフンの3つの用法が区別できる．

(2) i. 複合語において文法的な要素を結び合わせる：**ハードハイフン (hard hyphen)**

　　ii. 行の最後で語内部の切れ目を標示する：**ソフトハイフン (soft hyphen)**

　　iii. 直接の会話で（'When c-c-can I come?'（「いつ私は来ることが で，で，できますか？」）のように）どもりながら話すことや（'Speak c-l-e-a-r-l-y!'（「は, っ, き, り, と, 話せ！」）のように）大げさにゆっくり，注意深く発音することを表す．

「ハード」と「ソフト」という用語は，ワードプロセッシング（word processing）からきている．ハードハイフンはキー入力によって文書に導入されるのに対して，ソフトハイフンはワードプロセッシングのプログラムによって挿入される．[2] 以下では，主にハードハイフンに着目して議論を進める．(2iii) の

---

[1] 第4章において，丸括弧は live(s) のように語の下位要素を取り囲む場合があることに触れた．丸括弧の片方の両側にスペースがないこのような例では，丸括弧は正書法上の語の一部分になる．un-'macho'（「男らしく」ない）の引用符に対しても同様のことが当てはまる．

[2] 訳者注：ソフトハイフンとハードハイフンは，それぞれ任意ハイフン（optional hyphen）と必須ハイフン（non-breaking hyphen）とよばれることもある．

用法についてはこれ以上述べる必要はないが，(2ii) についてはいくつかコメントすべきことがある．

■ ソフトハイフン

ソフトハイフンを使用する目的は，異なる行での語と語のスペースを比較的均一にするためである．ソフトハイフンの使用は，決してそれだけに限定されるというわけではないが，とくに活版印刷や右揃えされた文章で現れ，分割箇所は印刷機器もしくはワードプロセッシングのプログラムによって決まる．通常，この分割は，読むのを容易にするために形態的・音韻的あるいは純粋に視覚的な要素が混じり合った規準に基づいて決まる．使用される正確な規則は，出版社のスタイルやワードプロセッシングのシステムにもよるが，地域差もかなりある．たとえば，アメリカ英語は（たとえば，democ-racy（民主主義）のように）音節境界での切れ目を好む傾向があり，イギリス英語は（demo-cracyのように）形態素または語源的境界での切れ目を好む傾向がある．出版物の国際化の進展と，ワードプロセッシングのシステムが提供する自動的な語の切り分けに頼る傾向が強まるのにともなって，地域差は徐々に減少しているようである．このようなワードプロセッシングのシステムは，アメリカで大部分が開発されており，アメリカ以外の国の伝統的なハイフン付けの慣習を考慮に入れて再設計されるようなことはない．

　ソフトハイフンでの語の分割は，通常 1 音節の語の内部や片方の境界にハードハイフンを入れる（もしくは入れることが可能な）構成要素の内部では許されない（したがって，*schoolmas-ter は許容されず，school-master（学校の先生）となる）．語が分割された結果，関係のない語と同じように綴られる単位を作ってしまう場合も分割が許容されない傾向にある（このようなケースは，たとえば，*of-ten, *the-rapist のように分割したり，動詞 **put** の動名詞-分詞形を *putt-ing のように分割することにより生じる）．

8.2.2　ハードハイフンとロングハイフン

ハードハイフンの中でも，(常に明確にというわけではないが) **語彙的な (lexical)** ものと **統語的な (syntactic)** ものを区別することができる．語彙的なハイフンは，第 10 巻『形態論と語形成』で述べているように，語形成の過程で形成された形態的に複雑な基体において観察される．統語的なハイフンは，特

定の統語構文，とくに名詞部に限定用法の修飾語句が現れる構文での結合を示すのに用いられる．

■ **語彙的なハイフン**
ハイフンは，(bee-sting（蜂刺され）のような）複合語の基体どうし，あるいは (ex-wife（元妻）のような）派生語の接辞と基体を結合する．

複合語
形態的な観点からみると，複合語の基体部分は 3 通りの方法で表記される．blackboard（黒板）のようにスペースなしで**並置される (juxtaposed)** 場合，stage-manager（舞台主任）のように**ハイフンでつながれる (hyphenated)** 場合，Nissan hut（かまぼこ型のプレハブ小屋）のようにスペースで**分離される (separated)** 場合である．特定の語彙（たとえば，startingpoint, starting-point, starting point（出発点）など）や，形態的に同じタイプに属する異なる複合語（たとえば，dressmaking（婦人服仕立て）と letter-writing（手紙を書くこと））に関しては，かなりのバリエーションがある．注目すべき一般的な傾向は 2 つある．第 1 に，長い間定着している複合語は，最近の複合語よりも並置された形式で書かれることが多い（dishwasher（食器洗い機）と chip-maker（半導体メーカー）のような例がある）．第 2 に，アメリカ英語はイギリス英語よりもハイフンを使うことがいくぶん少ない傾向にある．

3 つの形式の選択は，大部分が辞書において個々に指定されていなくてはならない．しかしながら，(3) で示したように，ほとんどの場合，あるいは高い割合で，ハイフンが使用される一定タイプの形態がある（ここで話題としている範疇と概念は，第 10 巻『形態論と語形成』で説明されている）．

(3) i. 複合形容詞：bone-dry（干からびた），oil-rich（石油産出量の多い），red-hot（灼熱の），snow-white（雪のように白い）
ii. 他動前置詞を含む：free-for-all（自由参加競争），sergeant-at-arms（守衛官），sister-in-law（義理の姉妹）
iii. 2 番目の基体が自動前置詞：break-in（不法侵入），build-up（宣伝），drop-out（中途退学者），phone-in（視聴者電話参加番組），stand-off（膠着，引き分け）

iv. 等位複合語：Alsace-Lorraine（アルザス・ロレーヌ地方），freeze-dry（フリーズ・ドライ），murder-suicide（無理心中）
v. 名詞複合語＋-ed：one-eyed（片目の），red-faced（赤ら顔の），three-bedroomed（3つの寝室がある）
vi. 数詞と分数：twenty-one (21), ninety-nine (99), five-eighths (8分の5)
vii. 句から派生された複合語：cold-shoulder (V)（冷遇する），has-been (N)（過去の人，全盛期を過ぎた人），old-maidish（口やかましい）
viii. 1つ目の基体が名詞である動詞：baby-sit（ベビーシッターをする），gift-wrap（ギフト用に包装する），hand-wash（手洗いする），tape-record（テープに録音する）
ix. 1つ目の基体が1文字：H-bomb（水素爆弾），t-shirt（Tシャツ），U-turn（Uターン），V-sign（Vサイン）
x. 押韻基体の複合語：clap-trap（はったり），hoity-toity（気取った），teeny-weeny（ちっちゃい），walkie-talkie（トランシーバー）

前置詞が最後に現れるタイプ (3iii) は，前置詞が最初に現れるタイプと対比がある．前置詞が最初に現れるタイプは，downside（不都合な点），outbreak（勃発，大流行），uptake（理解，物分かり）のように並置されるのが一般的である．(3v) のタイプの語は，(-ed の接尾辞が語の最上位のレベルで付加することにより形成された）派生語であるが，ハイフンで結びつけられた複合語の語基を含んでいる．同じことが (3vii) の old-maidish（口やかましい）にも当てはまる．このような場合，ハイフンは，語の内部の最上位の形態的境界を標示してはいない．ハイフンは，21 から 99 までの数字を表す複合数詞においても使われる．分数の場合は，(two-thirds（3分の2）のように）ハイフンがつけられた形式と，(two thirds のように) 語を離した形式の2つがある．分母か分子のどちらかが (thirteen twenty-eighths（28分の13）のように) ハイフンを含むのであれば，ハイフンがさらに使用されることはない．それ以外では，分母が4よりも大きい時にはハイフンをつける形式のほうが，分割した形式よりも使われやすい．

必ずハイフンをとる，あるいはハイフンをとることが通常である語基もある．たとえば，親族関係の語につく great は (great-uncle（父母の叔父）のよう

に）常にハイフンをつける．一方，self（自己）と連結形のpseudo（擬似）は，(self-knowledge（自己認識），pseudo-science（擬似科学）のように）通常ハイフンをつける．

派生語

接尾辞は，ほとんど必ずといってよいほど並置される．イギリス英語においてハイフンがつけられることが通常あるいは一般的である接頭辞も数多くある．たとえば，non-（非），pre-（前），post-（後），pro-（賛成），anti-（反），ex-（元），co-（共），mid-（中間）などの接頭辞である（nonentity（非存在），midnight（深夜）のような意味的に特殊化した形式もある）．イギリス英語とアメリカ英語の両方でハイフンを挿入する場合がある．連続した母音や連続するパターンによって混乱の危険がある場合（re-elect（再選する），de-emphasise（強調しない），de-ice（防氷する），re-release（再発売する）），接頭辞が分離可能であるとはもはや分析できない語と，接頭辞が本来の生産的な意味で使われている語を区別する場合（reform（改革する）に対するre-form（再形成する），recover（回復する）に対するre-cover（再度覆う））である．接頭辞は一般に，un-American（非アメリカ的な）のように大文字で始まる語基の前ではハイフンがつけられる．

作用域の衝突

一般に，スペースはハイフンよりも上位の構成素の境界を標示する．たとえば，oil-rich kingdom（石油産出量の多い王国）で直接に構成素を形成する要素は，oil-rich（石油産出量の多い）とkingdom（王国）であり，oil（石油）とrich kingdom（豊かな王国）ではない．しかしながら，このパターンから逸脱する場合がある．

(4) i. inter- and intrastate（州間と州内の），pre- or post-industrial（産業化以前もしくは以後），Australian-born and -educated（オーストラリアで生まれ，教育を受けた）

ii. ex-army officer（元陸軍将校），non-mass market（非大量市場），pro-United States（親米の），mass market-style（大量市場型）

接頭辞の等位接続は，(4i) の最初の2例にあるように，珍しいわけではない．(4i) の3番目の例のような語基が等位接続するケースになると，ぐっと少な

くなる．そして，後者においては，たまに2番目のハイフンがない例もみつかる．(4ii) の等位接続でない例においては，句読法と，作用域または構成素構造の間で衝突が生じる場合，(たとえば，ex-army-officer（元陸軍将校）のように）追加のハイフンを挿入することによってこの衝突の解決をはかる筆者もいる．しかしながら，(self-conscious（自意識過剰な）という語基から派生した) unselfconscious（気取らない）の例においては，ハイフンをつける代わりに，並置を使うことによって問題が避けられている．

■ **統語的なハイフン**
名詞部において，異なる文法の機能をもつ語が2つ以上連続して現れ，全体が属性を表す名詞の修飾語となることがある．ハイフンは，そのような語の連続を正書法上の語として結合するために使用される．

(5) i. a well-argued reply（十分検討された返答），a Bradford-based company（ブラッドフォードを拠点とした会社），a hard-drinking man（大酒飲みの人）

　　ii. a four-point plan（4点計画），a fast-food outlet（ファストフード店），the small-business sector（中小企業部門）

　　iii. out-of-town shopping（郊外での買い物），the Hobart-to-Sydney classic（ホバート・シドニークラシック），a creamier-than-average taste（普通よりクリームの多い濃厚な味），a never-to-be-repeated offer（二度と繰り返されてはならない申し出），the what-was-it-all-for? factor（一体何のためなんだ？的な要因）

(5i) の修飾語は，最後の要素が過去分詞か動名詞-分詞となる形式をもち，(5ii) は名詞，(5iii) は，属性を表す修飾語として通常自由に現れない形式をもつ（第3巻『名詞と名詞句』を参照．ハイフンは形容詞句には使われない（a very old cat（とても年老いた猫））．また，一般に -ly 副詞で修飾された過去分詞や動名詞-分詞にも使われない（a beautifully executed performance（見事に行われた演技），rapidly diminishing returns（急激に減少している利益））．名詞主要部の修飾語に関しては，ハイフンの使用がかなり一般的であるが，常に使用されるわけではない．an affirmative action policy（積極的差別撤廃政策），city council elections（市議会選）のような例がある．さらに，United States agents

（アメリカ合衆国代理人）のような例では，固有名詞でもハイフンは使われない．ハイフンは，つながれた要素が構成素であることを明示的に示しており，その結果，潜在的な構成素構造の曖昧性を取り除く．たとえば，small-business sector は「小企業が構成員となる部門」という意味を表すのに対して，small business sector は「小企業が構成員となる部門」と「小規模の事業部門」のどちらかの意味を表す．[3]

　名詞部の修飾語句に現れる統語的なハイフンは，同じ文法形式では名詞部修飾の位置以外では現れない（The plan contains four points / *point. (その計画は4つのポイントを含んでいる.）や The company is based in Bradford / *Bradford-based. (その会社はブラッドフォードを拠点にしている.）の例がある）．ハイフンなしで別の位置（名詞部以外，たとえば補語や付加詞の位置）に生起することもある（The reply was well argued. (その返答はよく検討されていた.）[4] や We shop out of town. (私たちは郊外で買い物をする.）のような例がある）．

■ロングハイフン
ロングハイフンは，通常の統語的なハイフンの代わりとして，名詞か固有名詞からなる修飾語句とともに使用されることがある．この場合「XとYの間の」あるいは「XからYへ」という意味関係を表す．

(6)　a parent – teacher meeting　　a French – English dictionary
　　　（保護者面談）　　　　　　　　　（仏英辞典）
　　　the 1914 – 18 war
　　　（1914-18年戦争）

ロングハイフンは，the London – Paris – Bonn axis（ロンドン-パリ-ボンを結ぶ軸線）のように，2つ以上の構成要素でも使われることがある．ほかにも，

---

　[3] (5iii) の最後の例では，疑問文を引用符で囲むことができるが，その場合，'what was it all for?' factor（「一体何のためなんだ？」という要因）のようにハイフンを使用しなくてもよい．
　[4] 規範的なマニュアルでは，well + 過去分詞に適用されるこのハイフン使用の区別をかなり重視している．しかしながら，名詞修飾だけでなく叙述でもハイフンが起こる語彙化した組み合わせもある．たとえば，The steak was well-done.（ステーキの焼き加減はウェルダンだった.）や They look very well-heeled.（彼らはとても金持ちにみえる.）といった例である．

French–German relations（フランス–ドイツ関係）のように固有名詞から派生された形容詞でも観察される．2種類のハイフンには潜在的に意味的な対比が存在する．たとえば，（共同運営の関係を指す）the Llewelyn–Jones Company（ルウェリンとジョーンズの共同経営会社）と（単一の固有名詞の複合語である）the Llewelyn-Jones Company（ルウェリン-ジョーンズ社）である．ロングハイフンは，pages 23–64（23ページから64ページ）や，Franz Schubert (1797–1828)（フランツ・シューベルト（1797年生まれ1828年没））のようにページ数や生存期間を示すのにも使われる．

8.3 アポストロフィ

アポストロフィでは，3つの用法が区別される．

(7) i. 属格：Kim's　　dog's　　dogs'　　Moses'　　*it's
　　　　　　　（キムの）（犬の）（犬の）（モーゼの）
　　ii. 縮小：can't　　there's　　fo'c's'le　　ma'am　　o'clock
　　　　　　　（できない）（存在する）（船首上甲板）（奥様）（〜時）
　　iii. 分離：A's　　Ph.D.'s　　if's　　1960's
　　　　　　　（A）　　（博士号）（仮定）（1960年代）

アポストロフィは，属格名詞句の最後の語に格標示として現れる．ただし，人称代名詞を主要部とする場合は除外される（人称代名詞では，*it's former shape ではなく its former shape（それの以前の形）であり，*This is your's. ではなく This is yours.（これはあなたのものです．）である）．属格には2つのタイプがあり，1つは 's 形の属格（'s genitive）である（Kim's（キムの），dog's（犬の））．もう1つは裸属格（bare genitive）とよばれるもので，書き言葉においてはアポストロフィが（dogs'（犬の），Moses'（モーゼの）のように）単独で付加され，話し言葉においては属格がない形と同じ発音になる（2つの属格の選択に関しては，第10巻『形態論と語形成』を参照）．

短縮のアポストロフィのもっとも一般的なものとしては，can't（できない）のような助動詞の否定の屈折形，および There's no time.（時間がない．）のような助動詞の接語化を示すのに使用される場合などがある（第10巻『形態論と語形成』を参照）．fo'c's'le は，forecastle（船首上甲板）の綴りとして代用される

ものであるが，発音はどちらも同じである．ma'am（お嬢さん）は madam（お嬢様）と関係するが，この2つの形式は用法と意味に違いがある．o'clock（〜時）におけるアポストロフィは，of the clock（時計の）という語源を反映しているが，現代英語には交替できる完全形は存在しない．短縮のアポストロフィは，定着した綴りでは語の左側または右側の境界には通常現れない．'phone（電話）や 'flu（インフルエンザ）のような形式は，現代では古体となってしまっている．しかしながら，'n' の形式は and の短縮形として少数の定型表現，主に，rock 'n' roll（ロックンロール）や fish 'n' chips（フィッシュアンドチップス）などで使われている．the 'ammer（ハンマー）のように初めの h を省いたり，あるいは，huntin'（狩り）のように動名詞-分詞接尾辞の最後の g を省略したりすることは，社会に特徴的な発音を示すために，発話を直接表示する表現においてみられる．

　アポストロフィのあまり主要でない用法として，(7iii) のように，語基から複数形の接尾辞を分離することがある．このアポストロフィは，1文字の語基 (She got three A's in philosophy.（彼女は哲学の成績で A を3つとった．）)，ある種の短縮語，メタ言語的に使われた語，または数詞などに生じる（第10巻『形態論と語形成』を参照）．

8.4　短縮のピリオドとその他の縮約標識

■ 短縮の標識としてのピリオド

短縮 (abbreviation) を示すためにピリオドを用いることは一般的に行われている．この場合の短縮は広い意味での短縮で，ある種の縮約 (contraction) や頭字語 (acronym) なども含む．この用法には多様性がある．たとえば，短縮を表すピリオドを落とすことは，アメリカ英語よりもイギリス英語においてより一般的で，最近の出版物においては，たとえば，1970年代あるいはそれ以前の出版物に比べてより頻繁に使用されている．ピリオドが完全に排除される縮約形も存在する．一方で，多様な状況や出版社の書式のすべてにおいてピリオドが必要とされるケースがあるかどうかは，今のところ疑わしい状況にある．

　短縮が起こったさまざまなカテゴリーの交替形は，(8) に例示されている．

第 8 章　語レベルの句読法

(8)　i.　Gen/Gen. Smith　　Mr/Mr. Smith　　fig/fig.3　　5kg/kgs/kg./kgs.
　　　　（スミス将軍）　　　（スミスさん）　　（図3）　　（5キログラム）
　　ii.　T S Eliot/T. S. Eliot　　　　　　　JFK/J. F. K.
　　　　（トマス・スターンズ・エリオット）　（ジョン・F・ケネディ）
　　iii.　eg/e.g.　　　　　cf/cf.　　　　　RSVP/R.S.V.P.
　　　　（たとえば）　　　（参照）　　　　（お返事ください．）
　　iv.　FBI/F.B.I.　　　　pc/p.c.
　　　　（連邦捜査局）　　（パーセント，ポストカードなど）
　　v.　NATO/?N.A.T.O.　radar /*r.a.d.a.r.
　　　　（北大西洋条約機構）　（レーダー）
　　vi.　demo/*demo.
　　　　（デモ）

(8i) の短縮は限られた範囲で起こる．最初の 2 つは固有名詞が後に続く場合，後の 2 つは数詞をともなう場合である．たとえば，*Smith was a fine Gen(.) や，*We need one more kg(.) of sugar. のようには（通常）書かれない．イギリス英語では，伝統的に「短縮」と「縮約」を区別してきた．短縮では語の後方部分が欠落するが，縮約では少なくとも語の末尾の文字は保持される．ピリオドは「短縮 (abbreviation)」には使用する (Gen.) が，縮約 (contraction) には使用しない (Mr) という規則がある．しかしながら，この規則は，以前に比べてそれほど広く使われることがなくなり，現在のイギリス英語では Mr などと同様に Gen という形式が好まれる傾向がある．計測用語 (measure term) に関しては，複数形に -s がつくかどうかに対して違いが出る．どちらの場合においても，特定のスタイルでは，計測用語に対してピリオドが使用されない．(8ii) では，個人名の頭文字にピリオドが用いられている．姓が後に続く場合，ピリオドをともなうパターン (T. S. Eliot) が依然としてはるかに一般的であるが，有名人の名前がすべて頭文字になると，ピリオドが省かれるのが普通である (JFK)．(8iii) のような多くの短縮語は，外国語，とくにラテン語が語源となる句や語にもとづいている．この場合，ピリオドをともなう形式がより一般的であるが，現在はピリオドのない他の形式も決して珍しくはなくなっている．(8iv, v) に示された語は，いわゆる「頭文字語化 (initialism)」とよばれる過程によって形成されている（第 10 巻『形態論と語形成』を参照）．(8iv)

に示された語は，アルファベット文字として発音されるが，(8v) は，文字が通常の音韻的な音価をもって発音される頭文字語である．大文字で構成される頭字語にピリオドを使用することは，どちらかといえば少数派であり，小文字の頭字語では使用されない．(8vi) に示された demo は，後部省略 (back-clipping) の例であり，ピリオドの使用は許容されない（第 10 巻『形態論と語形成』を参照）．

■短縮のピリオドの後で省かれる文末ピリオド

正書法上，短縮のピリオドは語の一部をなし，より高いレベルの句読標識をつけることができる．しかし，文末のピリオドは，ピリオドが連続するのを避けるために，短縮のピリオドの後ではつけられない．

(9) a. Why did she go to Washington, D.C.?
 　　　　（なぜ彼女はワシントン D.C. に行ったの？）
 b. She lives in Washington, D.C.
 　　　　（彼女はワシントン D.C. に住んでいる．）

■アスタリスクとダッシュ

アスタリスクまたはダッシュは，（以前に比べるとはるかに頻度が減ってきているが）忌み言葉を伏せるために用いられることがある．また，ダッシュは，たとえば名前の短縮など，別のタイプの省略でもみられる．

(10) 　F*** off!　　B– off!　　Count von O–
 　　　（うせろ！）　（縁起悪い！）　（O–伯爵）

8.5 スラッシュ

スラッシュも通常隙間なく隣接して置かれるため，語レベルの標識に含める．

(11) i. 　director / secretary　　flat / apartment
 　　　　（取締役／秘書）　　　　（フラット／アパート）
 　　　　and / or　　　　　　　　he / she
 　　　　（そして／または）　　　（彼／彼女）

ii.　the June / July period　　staff / student relations
　　（6月と7月の期間）　　　　（職員と生徒の関係）

(11i) のスラッシュは "or" の関係（第Ⅰ部）で議論されている意味での包含的な or (inclusive 'or')) を表すが，(11ii) のように，スタイルによっては，ロングハイフンの代わりとして使われる．特殊な例としては，上記の he/she に相当する s/he（「彼または彼女」の意味を表す）がある．この場合，実質的にスラッシュが示すのは，語頭の s が随意的であるということであり，ペアになった丸括弧の代わりのような役割をはたしている．丸括弧は，*(s)he のように語頭位置では許されないので，スラッシュが使用されるのである．また，スラッシュは，a/c（簿記，空調）や c/o（気付，方）のように，いくつかの短縮表現でも用いられる．

文献情報：もっと知りたい人のために

英文法に関する膨大な文献をカバーする解説書，これをつくるのは私たちにとってほとんど不可能といってもいいくらいの試みである．また，もしできたとしても，かなりの大著になってしまうであろう．本シリーズを準備するにあたって，参照したすべての著作に解説をつけようとするならば，それはそれでページ数を超過してしまうことになるだろう．しかし，本シリーズを執筆するにあたって参考にし，大いに影響を受けた文献が実際にあるわけであり，読者の皆さんがさらに研究を進めるためにどういった文献に目を向ければよいかをここで説明しておくことは，著者としての務めであると考える．とはいうものの，やはりここでの注釈も，また以下にあげる文献も，けっして代表的なサンプルとはいえないし，さらに，本シリーズではここにあげている以外にもたくさんの本や論文にあたり，それらからも有益な情報を得ていることを強調しておきたい．もう１つ明記しておきたいことがある．それは，以下の文献リストにあげられているからといって，私たちがその参考文献の立場を採用しているわけでもなければ，そこでいわれていることが正しいと考えているわけでもないということである．巻によっては，そこで示されている分析を直接使うためではなく，その分析がどう改良できるかを読者の皆さんに考えてもらうために言及した場合もある．そういった場合も，ほかの著者の分析に従って忠実に説明を行っている場合と同じように，本シリーズへの貢献として，適切に評価されるべきことは当然である．（もちろん，本シリーズに間違いや欠点があるとすれば，それは私たち著者のみに帰せられるべきものであることはいうまでもない．）

■英語

英語とその使用に関し，世界中の何千という書物のなかで英語の主要な地域差について概説しているものとして Trudgill and Hannah (1985) がある．また，英語がいかにして現在の国際語としての地位を獲得したかについては Crystal (1997) の解説がある．

■辞書

英語に関する辞書類のなかでもっとも重要なものは *Oxford English Dictionary* (*OED*) 第2版である．これは言語を問わず，これまでに編纂された辞書のなかでもっとも優れ，もっとも完成されたものといえる．アメリカ英語の辞書で，とくに「問題のある語法」にもしかるべき注意を払ったものとして *American Heritage Dictionary*（第4版，2000）がある．オーストラリア英語の標準的辞書で本シリーズでも利用したものとしては *Macquarie Dictionary of Australian English* がある．上記以外にも，実際のコーパスからの優れた用例集で，本シリーズを編纂するにあたって助けとなった辞書に Paul Procter (1995) 編の *Cambridge International Dictionary of English* と John Sinclair (1987) 編の *Collins COBUILD English Language Dictionary* の2冊がある．

■用語集

非常に有益な言語学用語集で，本シリーズで頻繁に活用したものとして，Peter Matthews の *Concise Oxford Dictionary of Linguistics* (Matthews (1997)) と Larry Trask の *Dictionary of Grammatical Terms in Linguistics* (Trask (1993)) の2冊がある．

■文法書

20世紀前半のもっとも完成された英文法書の1つとして Otto Jesperson による7巻本（1909-1949）があげられる．真摯な英文法学者であれば，誰もが定期的に紐解く著作であろう．それより幾分前に書かれた同類の著作として Poutsma (1926-1929) がある．20世紀後半に出版され，もっとも充実し，もっとも影響力のある文法書としては Quirk et al. (1985) があげられる．同書は，The Survey of English Usage at University College London の調査をもとに，1970年代初め以来出版されてきた文法書の集大成である．Biber et al. (1999) のコーパスに基づく文法書は基本的に同じ分析手法を用いている．しかし，話しことばと書きことばの文体やレジスターの違いによる異なった構文とそれらの出現頻度を定量的に細かく見ることに，通常の文法書には見られないほどの紙面を割いている．*Collins COBUILD English Grammar* には，さまざまな文法特性を共有する多くの単語リストが掲載されており，非常に有益な文法書である．また，Renaat Declerck の *A Comprehensive Descriptive*

Grammar of English (1991a) も本シリーズを編纂するにあたり参考にした文献の1つである．変形生成文法学者による英語統語論の包括的な著作は比較的少ないが，そうしたなかでも，Stockwell, Schacter and Partee (1973) はかなり広い射程をもった生成文法初期の共同研究であり，McCawley (1998) は，それ以降に出版された最良にしてもっとも詳しい変形文法に基づく著作となっている．

■語法マニュアル

権威主義的な語法マニュアルの古典的なもので，第0巻で批判的に論じたものに Phythian (1979) がある．権威主義的でない，経験的データに基づく現代の著作の好例としては *Merriam-Webster's Dictionary of Contemporary English* があり，本シリーズ執筆にあたっても有益な例文を提供してくれた．*American Heritage Dictionary* (2000) の用例解説もまた有益である．本シリーズが参照したそのほかの語法マニュアルとしては，Fowler の古典 *Modern English Usage* の第3版となる Burchfield (1996) や Reader's Digest から出版されている *The Right Word at the Right Time* (1985) がある．

■歴史

第0巻でも強調したように，本シリーズは英語の歴史的な説明を目指すものではない．他方，Jespersen (1909-1949) は明らかに歴史的アプローチをとっており，今なお高い価値のある著作である．OED も英文法史にかかわる巨大な資料集である．英語統語論の歴史に関する研究としては Visser の4巻本 (1963-1973) がきわめて重要である．また，*The Cambridge History of the English Language* (6巻本：Hogg (1992-2002)) は，英語の歴史に関する綿密な調査書であり，おそらく現在入手できるものとしてはもっとも完成されたものである．

■発音と綴り

本シリーズでは，英語の音声および音韻は扱っていない．ただし，屈折形態にかかわる資料で必要となる音声表記法については，第10巻で紹介している．英語の発音についてさらに知りたい人は Wells (1990) を読むことをお薦めする．これは，イギリス英語とアメリカ英語の両方の標準語をカバーする，現在

もっとも信頼のおける発音辞典である．音声学の専門知識がない人には，Pullum and Ladusaw (1996) が発音記号とその使い方を知る参考図書として使いやすいであろう．Mountford (1998) は，近年発行された英語の綴りに関する重要な著作であり，第10巻で使っている書記記号について重要な概念を紹介している．

■ 動詞

英語の動詞体系についてこれまで多くの研究がなされてきた．第1巻の内容に影響を与えたもっとも重要な著作として Palmer (1987) と Leech (1987) があげられる．時制一般に関する概説書としては Comrie (1985) が，英語の時制にかかわる重要な研究としては Binnick (1991), Declerck (1991b), McCoard (1978) などがある．また，本シリーズで採用している分析と同じ立場に立つ Huddleston (1995a, 1995b) の論文も参照．アスペクトについては，Comrie (1976) および Tobin (1993) を参照．モーダル動詞およびモダリティ一般については，Coates (1983) と Palmer (1990, 2001)，さらに Duffley (1994) の *need* と *dare* の特徴を扱った議論を参照．英語の仮定法と関連する研究については Jacobsson (1975) の研究がある．

■ 節構造と補部

本シリーズ第2巻では節構造と補部について扱ったが，そこで参考にした多くの文献のなかでも，とくに，初期の重要な研究としては Halliday (1967-1968) を，便利な概説書としては Matthews (1981) と Dixon (1991) を，そして補文特性についての非常に有用な語彙集としては Levin (1993) をあげておきたい．主題役割に関しては，Wilkins (1988) と Dowty (1991) にある論文で詳しく論じられている．主題役割について概観した文献としては Palmer (1994) を参照．非標準的な構文の主語に関しては Seppänen, Granath and Herriman (1995) が，目的語と述語的補部の区別については Seppänen and Herriman (1997) が有用である．連結節に関しては Declerck (1988) に詳しい説明があり，非常に重要な文献となっている．そのほか，本シリーズでとくに参考にした著作としては，Wierzbicka (1982) の軽動詞に関するものがある．前置詞をともなう動詞についてはさまざまな先行研究があるが，ここではそのなかでもとりわけ，Bolinger (1971), Cattell (1984), Cowie and Mackin (1993) を

参考にした．

■ 名詞

名詞の数と可算性に関する研究として，Reid (1991), Wickens (1992), Allan (1980) などの研究があげられる．性に関して広範に扱った対照言語学的研究としては Corbett (1991) がある．Bauer (1998) は，複合名詞と「修飾語＋主要部名詞」構文の関係について，本シリーズとは異なる見方を提示している．

■ 限定詞と限定要素

本シリーズでは，限定詞を名詞句構造における主要部としてではなく，ある種の依存要素つまり限定要素として扱っている．これに関して理論的な議論を行っているものとして，Payne (1993) がある．定・不定限定詞の用法については John Hawkins (1991) の研究がある．属格（「所有格」）限定要素については，Roger Hawkins (1981) と Alexiadou and Wilder (1998) に有益な言語資料が収められている．一般的に数量詞（all や some など）として知られている限定詞は，意味論および論理学の分野で極めて重要なテーマとなっており，現代意味論の代表的な研究としては（そうした研究は一般的にとても難解で専門性を要する研究ではあるが），Barwise and Cooper (1981), Keenan and Stavi (1986), Bach, Jelinek, Kratzer and Partee (1995) などがあげられる．

■ 名詞句

名詞句（NP）構造に関する一般的な研究としては，変形生成文法の枠組みだと，Jackendoff (1977) と Selkirk (1977) がある．部分詞構文については，Hoeksema (1996) 編の論文集で広範に論じられている．NP の定性・不定性については，Reuland and ter Meulen (1987) および Christopher Lyons (1999) で詳しく論じられている．意味的に確定記述としての機能をもつ NP については，これまで言語学者だけでなく哲学者によっても精力的に研究が行われてきた．このテーマに関する論集としては Ostertag (1998) がある．Carlson and Pelletier (1995) には総称名詞句に関する論文がいくつかまとめられている．名詞化については，Lees (1960) および Koptevskaya-Tamm (1993) の研究を，同格については Acuña-Fariña (1999) の研究を参照．

■形容詞と副詞

限定用法の形容詞の位置とその複雑な意味的対応関係に関しては，その重要な文献として Ferris (1993) がある．また，形容詞句および副詞句の内部構造を扱った生成文法の研究に Jackendoff (1977) がある．また，Dixon (1982) では，英語よりも形容詞の数が圧倒的に少ない言語が存在するのはなぜかという興味深い問題が論じられている．

■前置詞と前置詞句

本シリーズの前置詞に関する記述および前置詞と副詞との区別に関しては，とくに強く影響を受けた変形生成文法に基づく重要文献として，Emonds (1972) と Jackendoff (1973) の2つをあげることができる．また前置詞と副詞の違いに関する論考としては，Burton-Roberts (1991) や Lee (1998) なども参照．教育的観点から英語の前置詞の多様な意味と用法を記述した著作としては Hill (1968) が有益である．in front of のような複合前置詞に関する本シリーズの説明に関しては，Seppänen, Bowen and Trotta (1994) からいろいろ影響を受けている．前置詞の意味に関する学際的な研究に関しては Herskovits (1986) を参照．

■付加詞

第2巻で付加詞を扱っているが，以下でとりあげる著作以上のものに負うところが大きい．変形生成文法の立場で書かれた入門的なものとしては，Jackendoff (1991) の9章，Jackendoff (1995) の9章，Baker (1995) の11章がある．付加詞の統語論に関するより専門的で理論的な論考としては，Bellert (1977)，Cinque (1999)，(Cinque の説明に対する代案を提示している) Ernst (2001) をあげることができる．特定の付加詞を扱った研究としては，とくに Parsons (1990) の (修飾語一般に関する) 4章と (時間的修飾語に関する) 11章，程度修飾語を扱った Bolinger (1972)，頻度修飾語を扱った Lewis (1975)，条件節を扱った Traugott (1986) や Dudman (1994) などをあげることができる．

■否定

否定に関する古典的な変形生成文法研究としては Klima (1964) が，また幅

広いデータを扱った生成文法初期の研究としては Stockwell, Schachter and Partee (1973) がある．また，そのほかの変形文法による研究としては McCawley (1998: 17 章) がある．含意の方向性に関する概念および第 5 巻での極性項目の扱いについては，Ladusaw (1980) に負うところが大きい．第 5 巻の増加特定性の説明については，否定に関する多くの意味的特徴を詳述している Horn (1989) をとくに参考にした．

■ 節タイプと発話の力

発話の力に関する一般的な問題は，言語哲学分野の研究のなかでも，とくに Austin (1962) に端を発している．Cole and Morgan (1975) には，それに関連する論文が収められているが，そのなかでもとりわけ，間接発話行為に関する Searle の論考が重要である．疑問文についてはかなりの数の文献が存在するが，ここであげておきたいものとしては，極性 ('yes/no') 疑問文と選択疑問文の区別に関する Bolinger (1978)，多変数疑問文に関する Hirschbühler (1985)，不定詞疑問節に関する Duffley and Enns (1996)，従属疑問節に関する Ohlander (1986)，疑問補文をとる語彙素の意味分類に関する Karttunen (1977)，統語範疇としての疑問文と意味範疇としての疑問の区別をより精密に扱っている Huddleston (1994) がある．また，命令文については，Bolinger (1977: 8-9 章) と Davies (1986) を，感嘆文については Elliott (1974) を参照．

■ 関係詞節の構造

変形文法の枠組みで関係詞節を扱った，包括的かつ重要な研究に McCawley (1981) がある．また，変形を用いない理論的な分析に Sag (1997) がある．Bresnan and Grimshaw (1978) は，融合関係詞（彼らの用語では「自由関係詞」）を扱っている．不定詞目的節と不定詞関係詞節の関係については Green (1992) を参照．関係詞 that の範疇の問題については Auwera (1985) を，（本シリーズの用語でいうところの）統合関係詞節および補足関係詞節の違いについては Jacobsson (1994) を参照．

■ 非局所的依存関係

変形生成文法初期の文献で，非局所的依存構文に課せられる制約を扱っていて

重要なものに，1967 年の自身の博士論文に基づく Ross (1986) がある．変形文法理論の立場から非局所的依存を扱った文献は数多く存在するが，ここではそうした先行研究を振り返ることはしていない．第 7 巻では変形を用いない分析がとられているが，同じ路線のものが Gazdar (1981) や Gazdar et al. (1985) でも提案ならびに展開されている．

■比較構造
比較構文（第 7 巻）を説明するにあたって本シリーズが参照した文献として，変形生成文法研究の重要なものの 1 つである Bresnan (1973) および機能主義的な概念を記述に取り入れた Kuno (1981) がある．意味論的な視点を含む研究としては，Allan (1986) および Mitchell (1990) があげられる．

■非定形節
不定詞構文の研究では Mair (1990) と Duffley (1992) が重要である．第 1 巻で紹介した連鎖動詞構文の分析は Palmer (1987: 9 章)に多くを負っている．本シリーズで複合連鎖動詞構文とよんでいるものを包括的に扱った研究としては Postal (1974) を，知覚動詞の連鎖動詞補文をとくに扱った研究としては Akmajian (1977) を参照．動詞およびその補文の主部動詞の屈折に課せられる統語的制約に関しては Pullum and Zwicky (1998) を参照．コントロールの研究としては，それがいかに意味的な現象であるかを示した Sag and Pollard (1991) が有益である．

■等位接続と補足
等位接続全般に関する有益な研究としては Oirsouw (1987) が，言語間の比較対照研究としては Payne (1985) がある．Gazdar et al. (1985: 8 章) では，第 8 巻で紹介したものと同じくらい詳しい（かつかなり専門的な）記述がなされている．等位接続の一般的な特徴をいくつか紹介した文献に Ross (1986) がある．等位接続要素間に求められる近似性の問題については Schachter (1977) が，また統語的に異なる範疇間の等位接続については Sag et al. (1985) を参照．本シリーズで「補足」とよぶ現象については Peterson (1998) を参照．

■情報のまとめ方

第9巻で扱った情報パッケージ構文（補文前置，後置，主語・依存詞倒置，右方転移，存在・提示節，長距離受動文）に課せられる語用論的制約については Birner and Ward (1998) で詳しく論じられており，本シリーズの説明の基盤となっている．談話的新情報・旧情報の区別と聞き手の新情報・旧情報の区別に関する議論は Prince (1992) をもとにしている．また，存在文の転移主語に適用される聞き手の新情報条件に関する本シリーズの説明は，Prince (1992) を修正したものとなっている．存在文に関する初期の重要な研究については Erdmann (1976) と Lumsden (1988) を参照．本シリーズの命題肯定に関する議論は Horn (1991) によるところが大きい．左方転移に関する議論は Prince (1997) に負っている．受動文に関しては Tomlin (1986) が有益である．分裂文の機能に関しては Prince (1978) および Delin (1995) に重要な考え方が示されている．また，Collins (1991) にはこれらの構文に関する有益なデータが含まれている．英語のトピックとフォーカスの区別に関する総合的な情報源としては Lambrecht (1994) がお勧めである．

■直示と照応

直示と照応を扱った理論的な研究で重要なものに John Lyons (1977: 11章) がある．直示については，ほかに，Anderson and Keenan (1985), Jarvella and Klein (1982), Fillmore (1997) も参照．照応を変形文法の枠組みで説明したものとしては McCawley (1998: 11章) が有益であり，照応表現の分類を扱った研究としては Hankamer and Sag (1976) が重要である．英語の照応構文について詳細かつ包括的な記述をしているものに Halliday and Hasan (1976) が，代名詞をとくに取り上げたものに Wales (1996) がある．第9巻の再帰代名詞の取り扱いについては，Pollard and Sag (1992), Reinhart and Reuland (1993), Zribi-Hertz (1989) に多くを負っている．強調的再帰代名詞の使用範囲を詳細に扱ったものに Edmondson & Plank (1978) がある．相互代名詞だと，Kim & Peters (1998) が近年の重要な成果としてあげられる．本シリーズの予期的照応の議論は，とくに，Carden (1982) および Mittwoch (1983) によるところが大きい．再帰代名詞と予期的照応については Van Hoek (1997) にためになる議論がある．

■ 屈折

屈折を論じる際，発音に注意を向ける必要がある．第10巻では主に，発音については，Wells (1990) を参考にした．第10巻で紹介したような形態論分析の入門としては Matthews (1991) が，また本シリーズのアプローチとは矛盾せず，しかもより専門的な理論にかかわる議論を行っているものとしては Anderson (1992) がある．動詞の形態（およびそのほかの特徴）は Palmer (1987) で詳しく論じられている．形容詞の比較級と最上級の屈折については Rowicka (1987) を参照．接語的助動詞の発音に課せられる統語条件を詳しく論じた理論的研究には，Selkirk (1980, 1984) や Kaisse (1985) がある．

■ 語彙的語形成

語彙的語形成（第10巻）との関連でとくに有益な辞書として，Barnhart et al. (1990) や Knowles (1997) がある．語形成の標準的な研究としては，Jespersen (1909-1949, part vi: Morphology, 1942)，Marchand (1969)，Adams (1973)，Bauer (1983)，Szymanek (1989) がある．変形生成文法の枠組みでの研究としては，Lees (1960)，Aronoff (1976)，Plag (1999) がある．複合語については Ryder (1994) を，その生産性に関するコーパス研究については Baayen and Renouf (1996) を参照．

■ 句読法

英語の句読法（第8巻）を包括的に扱っているものとして *Chicago Manual of Style* の5章をあげることができる．また，よく参考にされるものとして Partridge (1953) がある．句読法だけを扱った便利な本としては，Sumney (1949) と Meyer (1987) がある．後者には句読法のパターンに関する豊富な統計的な情報が含まれている．句読点の規則についてより理論的な議論を行っているものに Nunberg (1990) がある．句読法の歴史については Parkes (1992) を参照．

参 考 文 献

以下の文献リストは，本シリーズ『英文法大事典（全11巻）』（原著 The Cambridge Grammar of the English Language）で触れているものに限定されている．よく知られている辞書やそのほかの主だった参考書籍は，編者名ではなく書名で示してある．出版都市名は出版社の名称から直接わからない場合に限って記してある．アメリカおよびオーストラリアで出版された著作については，はっきりしない場合に限り，郵便で使う州名の略語を付け加えてある．

Acuña-Fariña, J. C. (1999) "On Apposition," *English Language and Linguistics* 3, 59-81.
Adams, Valerie (1973) *An Introduction to Modern English Word-Formation*, Longman, London.
Akmajian, Adrian (1977) "The Complement Structure of Perception Verbs in an Autonomous Syntax Framework," *Formal Syntax*, ed. by Peter W. Culicover, Thomas Wasow and Adrian Akmajian, 427-460, Academic Press, Orlando, FL.
Alexiadou, Artemis and Chris Wilder, eds. (1998), *Possessors, Predicates and Movement in the Determiner Phrase*, Linguistik Aktuell, 22, John Benjamins, Amsterdam.
Allan, Keith (1980) "Nouns and Countability," *Language* 56, 541-567.
Allan, Keith (1986) "Interpreting English Comparatives," *Journal of Semantics* 5, 1-50.
American Heritage Dictionary of the English Language (2000), 4th ed., Houghton Mifflin, Boston, MA.
Anderson, Stephen R. (1992) *A-Morphous Morphology*, Cambridge University Press, Cambridge.
Anderson, Stephen R. and Edward L. Keenan (1985) "Deixis," *Language Typology and Syntactic Description*, Vol. iii, ed. by Timothy Shopen, 259-309, Cambridge University Press, Cambridge.
Aronoff, Mark (1976) *Word Formation in Generative Grammar*, MIT Press, Cambridge, MA.
Austin, J. L. (1962) *How to Do Things with Words*, Clarendon Press, Oxford.
Auwera, Johan van der (1985) "Relative *That*—a Centennial Dispute," *Journal of Linguistics* 21, 149-179.

Baayen, H. and A. Renouf (1996) "Chronicling the *Times*: Productive Lexical Innovations in an English Newspaper," *Language* 72, 69-96.

Bach, Emmon, Eloise Jelinek, Angelika Kratzer and Barbara Partee, eds. (1995) *Quantification in Natural Languages*, Kluwer, Dordrecht.

Baker, C. L. (1995) *English Syntax*, 2nd ed., MIT Press, Cambridge, MA.

Barnhart, R. K., C. Steinmetz and C. L. Barnhart (1990) *Third Barnhart Dictionary of New English*, H. W. Wilson, New York.

Barwise, Jon and Robin Cooper (1981) "Generalized Quantifiers and Natural Language," *Linguistics and Philosophy* 4, 159-219.

Bauer, Laurie (1983) *English Word-formation*, Cambridge University Press, Cambridge.

Bauer, Laurie (1998) "When Is a Sequence of Two Nouns a Compound in English?" *English Language and Linguistics* 2, 65-86.

Bellert, Irena (1977) "On Semantic and Distributional Properties of Sentential Adverbs," *Linguistic Inquiry* 8, 337-351.

Biber, Douglas, Stig Johansson, Geoffrey Leech, Susan Conrad and Edward Finegan (1999) *Longman Grammar of Spoken and Written English*, Longman, Harlow.

Binnick, Robert I. (1991) *Time and the Verb*, Oxford University Press, Oxford.

Birner, Betty and Gregory Ward (1998) *Information Status and Noncanonical Word Order in English*, John Benjamins, Amsterdam.

Bolinger, Dwight (1971) *The Phrasal Verb in English*, Harvard University Press, Cambridge, MA.

Bolinger, Dwight (1972) *Degree Words*, Mouton, The Hague.

Bolinger, Dwight (1977) *Meaning and Form*, Longman, London.

Bolinger, Dwight (1978) "Yes-No Questions Are Not Alternative Questions," *Questions*, ed. by Henry Hiz, 87-105, Reidel, Dordrecht.

Bresnan, Joan (1973) "Syntax of the Comparative Clause Construction in English," *Linguistic Inquiry* 4, 275-343.

Bresnan, Joan and Jane Grimshaw (1978) "The Syntax of Free Relatives in English," *Linguistic Inquiry* 9, 331-391.

Burchfield, R. W. (1996) *The New Fowler's Modern English Usage*, 3rd ed., Clarendon Press, Oxford.

Burton-Roberts, Noel (1991), "Prepositions, Adverbs and Adverbials," *Language Usage and Description*, ed. by Ingrid Tieken-Boon van Ostade and J. Frankis, 159-172, Rodopi, Amsterdam.

Cambridge International Dictionary of English (1995), ed.-in-chief Paul Procter, Cambridge University Press.

Carden, Guy (1982) "Backwards Anaphora in Discourse Context," *Journal of Linguistics* 18, 361–387.
Carlson, Gregory N. and Francis J. Pelletier, eds. (1995) *The Generic Book*, University of Chicago Press, Chicago.
Cattell, Ray (1984) *Syntax and Semantics 17*: *Composite Predicates in English*, Academic Press, Orlando, FL.
Chicago Manual of Style (1993), 14th ed., University of Chicago Press.
Cinque, Guglielmo (1999) *Adverbs and Functional Heads*, Basil Blackwell, Oxford.
Coates, Jennifer (1983) *The Semantics of the Modal Auxiliaries*, Croom Helm, London.
Cole, Peter and Jerry L. Morgan, eds. (1975) *Syntax and Semantics 3*: *Speech Acts*, Academic Press, New York.
Collins, Peter (1991) *Cleft and Pseudo-cleft Constructions in English*, Routledge, London.
Collins, Peter and David Lee (1998) *The Clause in English: In Honour of Rodney Huddleston*, John Benjamins, Amsterdam.
Collins COBUILD English Grammar (1990), Collins, London.
Collins COBUILD English Language Dictionary (1995), ed. John Sinclair, HarperCollins, New York.
Comrie, Bernard (1976) *Aspect*, Cambridge University Press, Cambridge.
Comrie, Bernard (1985) *Tense*, Cambridge University Press, Cambridge.
Corbett, Greville G. (1991) *Gender*, Cambridge University Press, Cambridge.
Cowie, A. P. and R. Mackin (1993) *Oxford Dictionary of Phrasal Verbs*, Oxford University Press, Oxford.
Crystal, David (1997) *English as a Global Language*, Cambridge University Press, Cambridge.
Culicover, Peter W., Thomas Wasow and Adrian Akmajian, eds. (1977) *Formal Syntax*, Academic Press, Orlando, FL.
Davies, Eirlys E. (1986) *The English Imperative*, Croom Helm, London.
Declerck, Renaat (1988) *Studies on Copular Sentences, Clefts and Pseudo-Clefts*, Louvain University Press, Louvain.
Declerck, Renaat (1991a) *A Comprehensive Descriptive Grammar of English*, Kaitakusha, Tokyo.
Declerck, Renaat (1991b) *Tense in English: Its Structure and Use in Discourse*, Routledge, London.
Delin, Judy (1995) "Presupposition and Shared Knowledge in *It*-Clefts," *Language and Cognitive Processes* 10, 97–120.
Dixon, Robert M. W. (1982) *Where Have All the Adjectives Gone?: And Other Es-*

says in Semantics and Syntax, Mouton de Gruyter, Berlin.

Dixon, Robert M. W. (1991) *A New Approach to English Grammar, on Semantic Principles*, Clarendon Press, Oxford.

Dowty, David (1991) "Thematic Proto-Roles and Argument Selection," *Language* 67, 547-619.

Dudman, V. H. (1994) "On Conditionals," *Journal of Philosophy* 3, 113-128.

Duffley, Patrick J. (1992) *The English Infinitive*, Longman, London.

Duffley, Patrick J. (1994) "*Need* and *Dare*: The Black Sheep of the Modal Family," *Lingua* 94, 213-243.

Duffley, Patrick J. and Peter J. Enns (1996) "*Wh*-Words and the Infinitive in English," *Lingua* 98, 221-242.

Edmondson, Jerry and Franz Plank (1978) "Great Expectations: An Intensive Self Analysis," *Linguistics and Philosophy* 2, 373-413.

Elliott, Dale (1974) "Toward a Grammar of Exclamations," *Foundations of Language* 11, 231-246.

Emonds, Joseph E. (1972) "Evidence that Indirect Object Movement Is a Structure-Preserving Rule," *Foundations of Language* 8, 546-561.

Erdmann, Peter (1976) *'There' Sentences in English*, Tudov, Munich.

Ernst, Thomas (2001) *The Syntax of Adjuncts*, Cambridge University Press, Cambridge.

Ferris, D. Connor (1993) *The Meaning of Syntax: A Study in the Adjectives of English*, Longman, Harlow.

Fillmore, Charles W. (1997) *Lectures on Deixis*, CSLI Publications, Stanford, CA.

Gazdar, Gerald (1981) "Unbounded Dependencies and Coordinate Structure," *Linguistic Inquiry* 12, 155-184.

Gazdar, Gerald, Ewan Klein, Geoffrey K. Pullum and Ivan A. Sag (1985) *Generalized Phrase Structure Grammar*, Basil Blackwell, Oxford; and Harvard University Press, Cambridge, MA.

Green, Georgia M. (1992) "Purpose Infinitives and Their Relatives," *The Joy of Grammar: A Festschrift in Honor of James D. McCawley*, ed. by Diane Brentari, Gary N. Larson and L. A. Mcleod, 95-127, John Benjamins, Amsterdam.

Halliday, M. A. K. (1967-1968) "Notes on Transitivity and Theme in English," *Journal of Linguistics* 3, 37-81 and 199-244, and 4, 179-215.

Halliday, M. A. K. and Ruqaiya Hasan (1976) *Cohesion in English*, Longman, London.

Hankamer, Jorge and Ivan A. Sag (1976) "Deep and Surface Anaphora," *Linguistic Inquiry* 7, 391-426.

Haspelmath, Martin (1999) "Explaining Article-Possessor Complementarity: Econom-

ic Motivation in Noun Phrase Syntax," *Language* 75, 227-243.
Hawkins, John (1991) "On (In)definite Articles," *Journal of Linguistics* 27, 405-442.
Hawkins, Roger (1981) "Towards an Account of the Possessive Constructions: *NP's N* and *the N of NP*," *Journal of Linguistics* 17, 247-269.
Herskovits, Annette H. (1986) *Language and Spatial Cognition: An Interdisciplinary Study of the Prepositions in English*, Cambridge University Press, Cambridge.
Hill, L. A. (1968) *Prepositions and Adverbial Particles: An Interim Classification, Semantic, Structural and Graded*, Oxford University Press, Oxford.
Hirschbühler, Paul (1985) *The Syntax and Semantics of Wh-Constructions*, Garland, New York.
Hoeksema, Jacob, ed. (1996), *Partitives: Studies on the Syntax and Semantics of the Partitive and Related Constructions*, Mouton de Gruyter, Berlin.
Hogg, Richard M., gen. ed. (1992-2002) *The Cambridge History of the English Language* (6 vols.), Cambridge University Press, Cambridge.
Horn, Laurence R. (1989) *A Natural History of Negation*, University of Chicago Press, Chicago.
Horn, Laurence R. (1991) "Given as New: When Redundant Information Isn't," *Journal of Pragmatics* 15, 305-328.
Huddleston, Rodney (1994) "The Contrast between Interrogatives and Questions," *Journal of Linguistics* 30, 411-439.
Huddleston, Rodney (1995a) "The English Perfect as a Secondary Tense," *The Verb in Contemporary English: Theory and Description*, ed. by Bas Aarts and C. F. Meyer, 102-122, Cambridge University Press, Cambridge.
Huddleston, Rodney (1995b) "The Case against a Future Tense in English," *Studies in Language* 19, 399-446.
Jackendoff, Ray (1973) "The Base Rules for Prepositional Phrases," *A Festschrift for Morris Halle*, ed. by Stephen R. Anderson and Paul Kiparsky, Holt, Rinehart and Winston, New York.
Jackendoff, Ray (1977) *$\bar{X}$ Syntax: A Study of Phrase Structure*, MIT Press, Cambridge, MA.
Jackendoff, Ray (1991) *Semantics and Cognition*, MIT Press, Cambridge, MA.
Jackendoff, Ray (1995) *Semantic Structures*, MIT Press, Cambridge, MA.
Jacobsson, Bengt (1975) "How Dead Is the English Subjunctive?" *Moderna Språk* 69, 218-231.
Jacobsson, Bengt (1994) "Non-Restrictive Relative *That*-Clauses Revisited," *Studia Neophilologica* 62, 181-195.
Jarvella, Robert J. and Wolfgang Klein, eds. (1982) *Speech, Place and Action: Studies in Deixis and Related Topics*, John Wiley, Chichester.

Jespersen, Otto (1909-1949) *A Modern English Grammar on Historical Principles* (7 vols.), Munksgaard, Copenhagen. [Republished, Carl Winter, Heidelberg; George Allen and Unwin, London.]

Kaisse, Ellen (1985) *Connected Speech: The Interaction of Syntax and Phonology*, Academic Press, New York.

Karttunen, Lauri (1977) "Syntax and Semantics of Questions," *Linguistics and Philosophy* 1, 3-44.

Keenan, Edward L. and Jonathan Stavi (1986) "A Semantic Characterization of Natural Language Determiners," *Linguistics and Philosophy* 9, 253-326.

Kim, Yookyung and P. Stanley Peters (1998) "Semantic and Pragmatic Context-Dependence: The Case of Reciprocals," *Is the Best Good Enough?*, ed. by Pila Barbosa, Danny Fox, Paul Hagstrom, Martha McGinnis and David Pesetsky, 221-247, MIT Press, Cambridge, MA.

Klima, Edward S. (1964) "Negation in English," *The Structure of Language: Readings in the Philosophy of Language*, ed. by Jerry A. Fodor and Jerrold J. Katz, 246-323, Prentice-Hall, Englewood Cliffs, NJ.

Knowles, Elizabeth (1997), with Julia Elliot, *The Oxford Dictionary of New Words*, Oxford University Press, Oxford.

Koptevskaya-Tamm, Maria (1993) *Nominalizations*, Routledge, London.

Kuno, Susumo (1981) "The Syntax of Comparative Clauses," *Papers from the 17th Regional Meeting, Chicago Linguistic Society*, ed. by Roberta A. Hendrick, Carrie S. Masek and Mary Frances Miller, 136-155, Chicago Linguistic Society.

Ladusaw, William A. (1980) *Polarity Sensitivity as Inherent Scope Relations*, Garland, New York.

Lambrecht, Knud (1994) *Information Structure and Language Form*, Cambridge University Press, Cambridge.

Lee, David (1998) "Intransitive Prepositions: Are They Viable?" *The Clause in English: In Honour of Rodney Huddleston*, ed. by Peter Collins and David Lee, 133-147, John Benjamins, Amsterdam.

Leech, Geoffrey N. (1987) *Meaning and the English Verb*, Longman, London.

Lees, Robert B. (1960) *The Grammar of English Nominalizations*, Mouton, The Hague.

Levin, Beth (1993) *English Verb Classes and Alternations*, University of Chicago Press, Chicago.

Lewis, David K. (1975) "Adverbs of Quantification," *Formal Semantics of Natural Languages*, ed. by Edward L. Keenan, 3-15, Cambridge University Press, Cambridge.

Lumsden, Michael (1988) *Existential Sentences: Their Structure and Meaning*,

Croom-Helm, London.
Lyons, Christopher (1999) *Definiteness*, Cambridge University Press, Cambridge.
Lyons, John (1977) *Semantics* (2 vols.), Cambridge University Press, Cambridge.
Macquarie Dictionary (1991), 2nd ed., ed. by Arthur Delbridge et al., McMahon's Point, NSW, Macquarie Library, Australia.
Mair, Christian (1990) *Infinitival Complement Clauses in English: A Study of Syntax in Discourse*, Cambridge University Press, Cambridge.
Marchand, Hans (1969) *The Categories and Types of Present-Day English Word-Formation*, Beck, Munich.
Matthews, Peter H. (1981) *Syntax*, Cambridge University Press, Cambridge.
Matthews, Peter H. (1991) *Morphology*, 2nd ed., Cambridge University Press, Cambridge.
Matthews, Peter H. (1997) *The Concise Oxford Dictionary of Linguistics*, Oxford University Press, Oxford.
McCawley, James D. (1981) "The Syntax and Semantics of English Relative Clauses," *Lingua* 53, 99-149.
McCawley, James D. (1998) *The Syntactic Phenomena of English*, 2nd ed., University of Chicago Press, Chicago.
McCoard, Robert W. (1978) *The English Perfect: Tense-choice and Pragmatic Inferences*, North-Holland, Amsterdam.
Merriam-Webster's Dictionary of Contemporary English Usage (1994), Merriam-Webster, Springfield, MA.
Meyer, Charles F. (1987) *A Linguistic Study of American Punctuation*, Peter Lang, New York.
Mitchell, Keith (1990) "On Comparisons in a Notional Grammar," *Applied Linguistics* 11, 52-72.
Mittwoch, Anita (1983) "Backward Anaphora and Discourse Structure," *Journal of Pragmatics* 7, 129-139.
Mountford, John D. (1998) *An Insight into English Spelling*, Hodder and Stoughton Educational, London.
Nunberg, Geoffrey (1990) *The Linguistics of Punctuation*, CSLI Publications, Stanford, CA.
Ohlander, S. (1986) "Question-Orientation versus Answer-Orientation in English Interrogative Clauses," *Linguistics across Historical and Geographical Boundaries*, Vol. ii: *Descriptive, Contrastive and Applied Linguistics*, ed. by D. Kastovsky and A. Szwedek, 963-982, Mouton de Gruyter, Berlin.
Oirsouw, Robert R. van (1987) *The Syntax of Coordination*, Croom Helm, London.
Ostertag, Gary, ed. (1998) *Definite Descriptions: A Reader*, MIT Press, Cambridge,

MA.

Oxford English Dictionary (1989), 2nd ed. (20 vols.), prepared by J. A. Simpson & E. S. C. Weiner, Oxford University Press, Oxford.

Palmer, F. R. (1987) *The English Verb*, 2nd ed., Longman, London.

Palmer, F. R. (1990) *Modality and the English Modals*, Longman, London.

Palmer, F. R. (1994) *Grammatical Roles and Relations*, Cambridge University Press, Cambridge.

Palmer, F. R. (2001) *Mood and Modality*, 2nd ed., Cambridge University Press, Cambridge.

Parkes, Malcolm (1992) *Pause and Effect: An Introduction to the History of Punctuation in the West*, Scolar Press, Aldershot.

Parsons, Terence (1990) *Events in the Semantics of English*, MIT Press, Cambridge, MA.

Partridge, Eric (1953) *You Have a Point There*, Routledge and Kegan Paul, London.

Payne, John (1993) "The Headedness of Noun Phrases: Slaying the Nominal Hydra," *Heads in Grammatical Theory*, ed. by Greville G. Corbett, Norman M. Fraser and Scott McGlashan, 114–139, Cambridge University Press, Cambridge.

Payne, John (1985) "Complex Phrases and Complex Sentences," *Language Typology and Syntactic Description*, Vol. ii, ed. by Timothy Shopen, 3–41, Cambridge University Press, Cambridge.

Peterson, Peter (1998) "On the Boundaries of Syntax: Non-Syntagmatic Relations," in Collins and Lee (1998), 229–250.

Phythian, B. A. (1979) *A Concise Dictionary of Correct English*, Teach Yourself Books, London; Littlefield, Adams, Totowa, NJ.

Plag, I. (1999) *Morphological Productivity: Structural Constraints in English Derivation*, Mouton de Gruyter, Berlin.

Pollard, Carl and Ivan A. Sag (1992) "Anaphors in English and the Scope of Binding Theory," *Linguistic Inquiry* 23, 261–303.

Postal, Paul M. (1974) *On Raising*, MIT Press, Cambridge, MA.

Poutsma, Hendrik (1926–1929) *A Grammar of Late Modern English*, Noordhoof, Groningen.

Prince, Ellen F. (1978) "A Comparison of *Wh*-Clefts and *It*-Clefts in Discourse," *Language* 54, 883–906.

Prince, Ellen F. (1992) "The ZPG Letter: Subjects, Definites and Information-Status," *Discourse Descriptions: Diverse Analyses of a Fundraising Text*, ed. by William C. Mann and Sandra A. Thompson, 295–325, John Benjamins, Amsterdam.

Prince, Ellen F. (1997) "On the Functions of Left-Dislocation in English Discourse,"

Directions in Functional Linguistics, ed. by Akio Kamio, 117-143, John Benjamins, Amsterdam.

Pullum, Geoffrey K. and William A. Ladusaw (1996) *Phonetic Symbol Guide*, 2nd ed., University of Chicago Press, Chicago.

Pullum, Geoffrey K. and Arnold Zwicky (1998) "Gerund Participles and Head-Complement Inflection Conditions," *The Clause in English: In Honour of Rodney Huddleston*, ed. by Peter Collins and David Lee, 251-271, John Benjamins, Amsterdam.

Quirk, Randolph, Sidney Greenbaum, Geoffrey Leech and Jan Svartvik (1985) *A Comprehensive Grammar of the English Language*, Longman, London.

Reader's Digest (1985) *The Right Word at the Right Time: A Guide to the English Language and How to Use it*, Reader's Digest, London.

Reid, Wallis (1991) *Verb and Noun Number in English: A Functional Explanation*, Longman, London.

Reinhart, Tanya and Eric Reuland (1993) "Reflexivity," *Linguistic Inquiry* 24, 657-720.

Reuland, Eric and Alice ter Meulen, eds. (1987) *The Representation of (In)definiteness*, MIT Press, Cambridge, MA.

Ross, John R. (1986) *Infinite Syntax!*, Erlbaum, Hillsdale, NJ.

Rowicka, G. (1987) "Synthetical Comparison of English Adjectives," *Studia Anglica Posnaniensa* 20, 129-149.

Ryder, M. E. (1994) *Ordered Chaos: The Interpretation of English Noun-Noun Compounds*, University of California Press, Berkeley.

Sag, Ivan A. (1997) "English Relative Clause Constructions," *Journal of Linguistics* 33, 431-483.

Sag, Ivan A., Gerald Gazdar, Thomas Wasow and Steven Weisler (1985) "Coordination and How to Distinguish Categories," *Natural Language and Linguistic Theory* 3, 117-171.

Sag, Ivan A. and Carl Pollard (1991) "An Integrated Theory of Complement Control," *Language* 67, 63-113.

Schachter, Paul (1977) "Constraints on Coordination," *Language* 53, 86-103.

Searle, John R. (1975) "Indirect Speech Acts," in Cole and Morgan (1998), 59-82.

Selkirk, Elisabeth O. (1977) "Some Remarks on Noun Phrase Structure," in Culicover, Wasow and Akmajian (1977), 285-316.

Selkirk, Elisabeth O. (1980) *The Phrase Phonology of English and French*, Garland, New York.

Selkirk, Elisabeth O. (1984) *Phonology and Syntax: The Relation between Sound and Structure*, MIT Press, Cambridge, MA.

Seppänen, Aimo, Rhonwen Bowen and Joe Trotta (1994) "On the So-Called Complex Prepositions," *Studia Anglica Posnaniensia* 29, 3-29.

Seppänen, Aimo, Solveig Granath and Jennifer Herriman (1995) "On So-Called "Formal" Subjects/Objects and "Real" Subjects/Objects," *Studia Neophilologica* 67, 11-19.

Seppänen, Aimo and J. Herriman (1997) "The Object/Predicative Contrast and the Analysis of "She Made Him a Good Wife"," *Neuphilologische Mitteilungen* 98, 135-146.

Stockwell, Robert P., Paul Schachter and Barbara Hall Partee (1973) *The Major Syntactic Structures of English*, Holt, Rinehart and Winston, New York.

Sumney, G. (1949) *Modern Punctuation*, Ronald Press, New York.

Szymanek, B. (1989) *Introduction to Morphological Analysis*, Panstwowe Wydawnictwo Naukowe, Warsaw.

Tobin, Yishai (1993) *Aspect in the English Verb*, Longman, London.

Tomlin, Russell S. (1986) *Basic Word Order: Functional Principles*, Croom Helm, London.

Trask, R. L. (1993) *A Dictionary of Grammatical Terms in Linguistics*, Routledge, London.

Traugott, Elizabeth C., ed. (1986) *On Conditionals*, Cambridge University Press, Cambridge.

Trudgill, Peter and Jean Hannah (1985) *International English: A Guide to Varieties of Standard English*, 2nd ed., Edward Arnold, London.

Van Hoek, Karen (1997) *Anaphora and Conceptual Structure*, University of Chicago Press, Chicago.

Visser, F. T. (1963-1973) *An Historical Syntax of the English Language* (4 vols.), E. J. Brill, Leiden.

Wales, Katie (1996) *Personal Pronouns in Present-day English*, Cambridge University Press, Cambridge.

Wells, John C. (1990) *Longman Pronunciation Dictionary*, Longman, London.

Wickens, Mark A. (1992) *Grammatical Number in English Nouns: An Empirical and Theoretical Account*, John Benjamins, Amsterdam.

Wierzbicka, Anna (1982) "Why Can You *Have a Drink* When You Can't **Have an Eat?*" *Language* 58, 753-799.

Wilkins, Wendy, ed. (1988) *Syntax and Semantics 21*: *Thematic Relations*, Academic Press, New York.

Zribi-Hertz, Anna (1989) "Anaphor Binding and Narrative Point of View: English Reflexive Pronouns in Sentence and Discourse," *Language* 65, 695-727.

索　引

1. 日本語は五十音順に並べてある．英語（などで始まるもの）はアルファベット順で，最後に一括してある．
2. 〜は直前の見出し語を代用する．
3. 数字はページ数を示し，n は脚注を表す．

[あ行]

曖昧性　159
アクセント符号　197
アスタリスク　200, 207, 288
アポストロフィ　197, 198, 200, 206, 207, 209, 285, 286
アメリカ英語　78n, 197n, 200, 263, 264, 267, 268, 269, 279, 280, 282, 286, 292, 293
アルファベット　288
暗示的条件構文（implicit conditional construction）　122
イギリス英語　200, 200n, 263, 264, 267, 268, 279, 280, 282, 286, 287, 293
依存部　2, 4, 21, 22, 24, 25, 27, 35, 155, 166, 169, 171, 172, 173, 186
「依存部-主要部」構造　25, 70, 175, 295
依存要素　155
イタリック体　196, 198, 209, 271, 276
一次境界符号　219
一次終点（primary terminals）　208, 210
一重引用符（single quotation）　198, 200, 209, 263, 264
一人称　32, 128, 264, 273
一致　3, 19, 64, 79, 94, 97, 99, 111, 133, 140n, 159, 164

イディオム　61, 67, 83, 99, 155
移動　55n, 58, 63, 64, 98
意味関係の類似性　110
意味（的／の）等価性　12, 150
意味の変則性（anomaly）　254
依頼（request）　189, 216
入れ替え可能（reversible）　28, 56
　〜な等位接続　28
入れ替え不可能（irreversible）　28
　〜な等位接続　28
因果関係　58, 59, 60
イントネーション　8, 52, 160, 177, 187, 192, 211
引用　198, 207, 210, 214, 262, 264, 265, 266, 267, 268, 269, 270, 271
引用符（quotation mark）　169n, 196, 198, 201, 209, 214, 237, 258, 262, 263, 264, 265, 266, 267, 270, 271, 276, 277, 284n
韻律　8, 12, 27n, 62, 153, 158, 166, 168, 175, 182n, 193, 204, 218, 243, 247, 248, 258
右方転移構文（right dislocation structure）　242
埋め込み　211, 214n, 216, 253, 261
英語の方言　265
大文字　196, 201n, 204, 206, 210, 214, 219, 252, 269, 271, 273, 274, 275, 276,

278, 282, 288
大文字化 209, 214, 273, 274, 275, 276
音調 168, 190

[か行]

概数 67, 71
階層化 10, 36, 86, 88, 89, 106
　〜（された）等位接続（layered coordination） 9, 89, 109
階層構造 82, 230, 235
外部補部（complement external） 119
書き言葉 135, 169, 180, 187, 203, 285
格 84, 114, 145
角括弧 10, 66, 73, 76, 106, 176, 200, 209, 253, 269, 270, 277
拡張（expansion） 13, 15, 18, 138, 141
拡張等位要素（expanded coordinate） 8, 39, 42, 112, 138, 226, 227
過去分詞 64, 95, 113, 135, 144, 283, 284n
可算名詞句 21
頭文字化（initialism） 287
頭文字語（initialism） 273, 288
活用形 64
関係詞 102, 157
関係節 22, 41, 56, 66, 75n, 103, 121, 157, 173, 174, 175, 176, 181, 182, 188, 242, 247, 251, 257, 260
関係節化 40, 94, 105
関係代名詞 41, 157, 158, 273
冠詞 175
間接多項属格（indirect multiple genitive） 125, 127
間接報告 238
間接目的語 150
完全な名詞句（full NP） 38, 39
感嘆節 217
感嘆符 196, 200, 204, 206, 208, 209, 210, 211, 214n, 215, 216, 217, 218, 252, 258, 267, 271n, 277
感嘆文 206, 210, 212, 215, 216, 217, 297
間投詞 191
慣用表現 62, 64, 93, 94, 122
　〜の意味 93
完了形 124
慣例化（institutionalization） 31n
基幹形態素 95
基幹等位要素（bare coordinate） 8, 9, 10, 11, 12, 28, 39n, 43, 85, 86, 111, 137, 138, 139, 148, 226, 227, 228
聞こえ度（sonority） 31n
擬似モーダル（quasi-modal） 117
擬人化 273
基体 274, 275, 279, 280, 281
基底形式（lexical base） 63
機能的な類似性 110, 116
機能範疇 112
基本的でない等位接続（non-basic coordination） 136, 137, 138, 160, 164, 166n
基本的な等位接続（basic coordination） 137, 138, 141, 145, 148, 150, 151, 153, 159, 160, 161, 162, 163, 164, 165, 166, 167
義務解釈（deontic interpretation） 117n
疑問（interrogative） 61, 123, 131, 132, 215, 217, 297
疑問（question） 130, 173, 187, 211, 212, 214, 252
疑問詞 15, 115n, 161, 214n
疑問節 171, 172, 173, 211, 212, 214n
疑問符（question mark） 196, 200, 204, 206, 208, 209, 210, 211, 212, 213, 214n, 215, 217, 218, 252, 265, 267, 271n
疑問文（interrogative） 52, 68n, 131, 132, 206, 210, 212, 213, 214, 215, 216, 265,

284n, 297
逆接的な意味　82
旧情報　90, 95, 209
境界設定（delimiting）　226, 241, 242, 243, 244, 245, 248, 259
　〜（の）コンマ（delimiting commas）　230n, 240, 242n, 243, 244
境界標示　206, 209, 210, 220, 244, 260
強勢　54, 158, 160
鏡像関係　25, 156
極性（polarity）　33, 78
極性疑問（polar question）　52, 71, 131, 132, 160
「切れ目なし（run-on）」のコンマ　233
空間的な階層　32
空所　41, 75, 140, 141, 142, 143, 144, 145, 147, 148, 149, 150, 157, 158, 203, 204, 239
　〜を含む等位構造　140, 147
空所化（gapping）　55n, 140, 141, 143, 144, 145, 147, 149, 150, 203, 204
空所化構文　142, 239
屈折形　285
屈折接尾辞　63, 126
屈折による比較級　67
句読点　202, 203, 208, 222, 228, 238, 239, 241, 243, 244, 251, 252
　〜の積極的な使用のスタイル　202, 208, 228
　〜の控え目な使用のスタイル　208, 228
句読標識（punctuation marker）　169, 196n, 197, 198, 203, 205, 208, 209, 210, 240, 241n, 243, 264, 265, 267, 271n, 277, 288
句読符号（punctuation mark）　196, 197, 199, 200, 201, 205, 206, 207, 208, 209, 211, 223, 228, 230n, 237, 242
句読法（punctuation）　8, 12, 169n, 182n, 187, 193, 197, 201, 202, 203, 204, 205, 209, 213, 215, 218, 224n, 226, 227, 228, 230, 238, 243, 244, 247, 248, 252, 258, 268, 269, 271, 277, 278, 283
くびき語法（zeugma）　110n
繰り返し　29, 67, 68, 68n, 84, 133, 140, 155, 217, 223
形式的なスタイル　202, 229
計測用語（measure term）　287
形態構造　79
形容詞　25, 62n, 84, 92, 103, 116, 117, 119, 120, 121, 124n, 181, 227, 274, 285, 296
形容詞句　116, 120, 182, 186, 189, 232, 252
係留先（anchor）　140, 170, 171, 172, 173, 174, 175, 176, 177, 178, 179, 180, 181, 182, 184, 185, 186, 187, 189, 190, 191, 232, 238, 252
計量名詞　68
結合的（な）解釈　17, 18, 20, 23, 125, 127, 257
結合的等位接続（joint coordination）　15, 16, 17, 18, 19, 20, 22, 23, 71, 90, 113, 137n
決定詞（determiner）　6, 14, 21, 39, 68, 69, 73, 74, 75, 113, 114, 133, 134, 144
　〜の省略　144
現代英語　239, 286
限定詞　124, 295
兼用法（syllepsis）　110n
語彙化（lexicalisation）　30, 31, 31n, 114, 284n
語彙化された（lexicalized）　30, 31
　〜等位接続　29, 30, 114
語彙的動詞　142n
語彙的な（lexical）　68, 81, 91, 141, 150, 279, 280

語彙範疇　112
行為指示（directive）　59, 60, 72, 130
　〜の力（directive force）　59
後核部　157, 158
高次の句読法（higher-level punctuation）
　209, 277
合成語（complex word）　205
構成素　6, 7, 24, 94, 95, 96, 107, 108, 109,
　132, 136, 137n, 142, 148, 153, 154n, 160,
　161, 164, 165, 166, 167, 175, 221, 222,
　224, 225, 226, 228, 230, 238, 240, 241,
　242, 243, 244, 247, 251, 252, 256, 259,
　282, 283, 284
構成素構造　6, 24, 132, 142, 160, 164,
　166, 167, 283, 284
構成命題（component propositions）　44
合成命題（composite propositions）　44,
　45, 131
後置　159, 163, 299
後置構文　160
肯定　33, 79, 80, 81, 85, 87
肯定節　234, 237
後部省略（back-clipping）　288
小型大文字　196, 271
語基　113, 207, 281, 282, 283, 286
語順　27, 29, 30, 31, 32, 33, 98, 123
答え（answer）　52, 53n
ことば遊び　68n
個別集合（discrete set）　21
　〜の解釈　22
個別的（な）解釈　21, 22, 23, 24
固有名（proper name）　277
固有名詞　31n, 183, 201n, 206, 262, 273,
　275, 276, 277, 284, 285, 287
語用論的（に／な）含意（する）　45, 50,
　51, 53, 54, 57, 58, 59, 60, 65, 66, 66n,
　68n, 71, 72, 122, 147
語用論的に含意される条件（implicated
　condition）　65, 66
語レベル　133, 134, 288
　〜の句読法（word-level punctuation）
　209, 277
コロン（colon）　169, 196, 209, 219, 220,
　221, 222, 223, 224, 225, 226, 229, 230,
　232, 233, 234, 236, 237, 238, 241, 251,
　258, 260, 266, 272
混合型の等位接続　121, 128, 130, 133
コンマ（comma）　8, 169, 196, 203, 206,
　208, 209, 219, 221, 222, 223, 224, 226,
　227, 228, 229, 230, 232, 233, 234, 235,
　236, 237, 238, 239, 240, 241, 242, 243,
　244, 245, 247, 249n, 254, 255, 256, 258,
　259, 260, 265, 266, 267, 268, 269
　〜の省略　259

[さ行]

再構成（reformulation）　73
再分析　42, 94, 95, 98, 191
削除　13, 62n, 73, 144, 147, 259, 267, 268,
　271n
左方転移構文（left dislocation structure）
　242, 258
作用域　12, 13, 14, 15, 16, 18, 19, 24, 53,
　54, 55, 56, 61, 77, 78, 86, 106, 130, 132,
　146, 147, 151, 160, 161, 190, 192, 212,
　214n, 223, 225, 245, 259, 260, 267, 268,
　282, 283
作用域外　192
時間的な包含　60
字義通り　67, 92, 94
　〜の意味　93
　〜の解釈　63, 71, 235n
指示行為　216
指示詞　133, 134, 258
指示対象　126

指示的 184
　〜な力（directive force） 213
指定 6, 172, 173, 177, 182, 183, 186, 190, 203, 226, 280
指定補足部 182, 186
指定補部（specifying complement） 182
指定名詞句（specifying NP） 182, 183, 188
自動前置詞 280
指標 75, 157, 158
社会的階層 33
社会的変異 202
尺度上の極限値 84
尺度の含意（scalar implicature） 50
重言法（hendiadys） 62n
集合 15, 16, 21, 24, 43, 67, 70, 114, 125, 126, 161
修飾（modification） 22, 23, 24, 25, 27, 196, 227, 283
修飾語 8, 9, 18, 23, 42, 74, 80, 85, 86, 89, 96, 101, 113, 138, 139, 143, 174, 175, 186, 189, 190, 208, 227, 274, 283, 295, 296
修飾部-主要部が融合した名詞句（fused modifier-head NP） 115n
従属疑問構文 214n
従属構文 169, 173
従属節 40, 55, 61, 75, 78, 90, 101, 103, 123n, 139, 182, 187, 192, 213, 214n, 217, 226, 244, 251, 252, 259
　〜の等位接続 13
従属接続（subordination） 4, 9n, 35, 36, 37, 40, 41, 56, 63, 82, 94, 95, 102n, 103n, 105, 107, 115n, 122, 123, 147, 156, 157, 169, 173
従属接続構文 61, 102n
従属接続詞 36, 37, 104, 106, 107n, 123, 269

従属部 27n
従属要素 37
終点境界 223
終点のピリオド（terminal full stop） 209, 210, 219
終点標識 212
主格 84, 85, 114, 128, 145, 274
縮小（reduction） 13, 189, 207, 269, 285, 286
縮約 286, 287
主語-助動詞の倒置（subject-auxiliary inversion） 75, 78, 144
主節 75, 130, 177, 186, 204, 213, 214, 216, 269
述語 18n, 140, 141, 144, 182, 183, 217
述語補部 135, 182
出版物 242, 275, 276, 279, 286
主動詞 208
受動態 116, 117
主文 216, 264, 265, 267, 268, 269, 271n
主要部 2, 4, 21, 24, 25, 35, 70, 74, 85, 92, 95, 99, 115n, 117, 119, 123, 128, 133, 134, 144, 153, 154, 155, 166, 169, 170, 171, 172, 173, 183, 186, 205, 208, 251, 253, 274, 285, 295
　〜をもたない構文（non-headed construction） 2
主要部名詞 128, 171, 173, 174
主要部要素 2, 4, 117, 123, 148
順序づけ 32, 249n
照応 29, 83, 140
小休止 258
条件 24, 46, 56, 59, 60, 66, 65, 72, 109, 111, 114, 164, 165, 166, 167, 187, 228, 235n, 244, 252
条件節 55
条件の含意（conditional entailment） 162

条件文　66, 66n
詳述　235, 236, 237, 250, 256
焦点　64, 89
譲歩　60, 246n
情報のパッケージ化 (information-packaging)　218, 243, 245
省略 (ellipsis)　13, 136, 152n, 165
省略点 (ellipsis point)　199, 209, 269
　〜の標識 (ellipsis points indicator)　207
叙述　183, 184, 284
叙述形容詞　62n, 92
叙述補部 (predicative complement)　99, 109, 116, 117, 140, 141, 147
叙述要素　16, 80, 245
助動詞　74, 91n, 124, 125, 141, 142n, 285, 300
進行形　117, 124
人名　33, 275
真理値　45, 46, 49
真理値表　46
随意的コンマ　238
推論　58, 59, 66, 81, 163, 224
数詞 (numeral)　113, 134n, 249n, 281, 286, 287
数量詞　124
スタイル　36, 59, 60, 64, 85, 99, 145, 197, 199, 201, 202, 203, 205, 206, 208, 209, 218, 228, 229, 241n, 243, 251n, 268, 269, 278n, 279, 280, 287, 289
スペース　197, 199, 205, 206, 209, 277, 282
スラッシュ　207, 209, 288, 289
制限的 (restrictive)　173, 174, 175
性差別 (sexism)　33
正書法　266
　〜上の語 (orthographic word)　205, 277, 278n, 283

〜上の文 (orthographic sentence)　187, 203, 204, 205, 211
節の等位接続　12, 13, 14, 15n, 21, 23, 43, 44, 44n, 62, 79, 85, 110, 111, 134, 139, 147, 161, 165, 192, 204
節より（も）小さ（い／な）単位の等位接続　12, 13, 14, 43, 44, 53, 54, 77, 79, 85, 94, 103, 111, 147, 158, 226, 232, 268
節より小さな単位の補足部　232
節境界　224
接語 (clitic)　68, 170n
接語化 (cliticization)　207, 285
接続詞　5, 6, 8, 9n, 11, 60, 94, 121, 203, 233, 234
接続付加詞 (connective adjunct)　241n
接頭辞の等位接続　113, 282
接尾辞　95, 113, 281, 282, 286
節補部　106
狭い作用域 (narrow scope)　12, 14, 15, 18, 55, 132, 151, 161
セミコロン (semicolon)　196, 201n, 209, 219, 221, 222, 223, 224, 225, 226, 229, 230, 234, 235, 236, 237, 241, 251, 255, 260, 261, 266
「全域一律適用」の要件　40, 41, 56, 58, 60, 63, 64, 105
全角ダッシュ (em-rule)　199
前核部　75, 175
選言 (disjunction)　9n, 43, 45, 46, 79
先行詞　28, 83, 127, 140, 141, 142, 143, 144, 254, 258
潜在疑問 (concealed question)　119
選択疑問　52, 71, 131, 132, 159, 160, 297
前置　33, 96, 99, 104n, 145
前置詞　36, 37, 38, 39, 41, 68, 73, 80, 84, 85, 94, 98, 99, 104, 105, 106, 107, 115, 119, 123, 142, 152n, 154, 158, 173, 275, 281, 284

索　引

〜（の）補部　97, 152
前置詞句　4, 75, 98, 110, 115, 116, 119, 120, 123, 152, 154, 163, 181, 189, 190
前提　29, 51, 52, 124n, 163, 245
前方照応　29, 122
専門用語　262, 271
相関等位接続　6, 8, 69, 70, 75, 87, 89, 98n
相互的排他性（mutual exclusiveness）の前提　52
挿入　2n, 187, 203, 257
挿入句　215
挿入語句（interpolation）　168, 169, 178, 179, 180, 189, 190, 214, 237, 242, 252, 256, 257, 259
阻害の解釈　105
属格　125, 126, 127, 128, 129, 206, 285, 295
属格代名詞　127, 128
属格名詞句　125, 285
属性形容詞　95, 179
属性叙述　182, 184, 188
属性叙述的　190
属性叙述補部（ascriptive complement）　182
属性叙述名詞句　188, 189
阻止的用法（preventative use）　83
ソフトハイフン（soft hyphen）　278, 279
存在構文　68n
存在量化（existential quantification）　43

[た行]

第1等位要素　25, 27n, 29, 32, 58, 60, 62n, 65, 66, 68, 69, 70, 72, 73, 75, 77, 78, 81, 82, 83, 86, 87, 90, 110, 130, 132n, 137, 139, 140, 150, 152, 153, 155, 165, 170
対格　84, 85, 114, 128, 145

対格形　84
対称的（symmetric）　56
タイトル　196, 198, 271, 274, 275, 276
第2等位節　165, 224
第2等位要素　7, 12, 29, 55n, 58, 60, 62n, 66, 71, 81, 82, 83, 86, 87, 90, 101, 110, 128, 130n, 136, 137, 138, 150, 152n, 153n, 155, 161, 165, 260
代名詞　83, 84, 85, 114, 128, 129, 254, 299
代用表現（pro-clause）　122
対立　80, 81
高いレベル（で）の等位接続　133, 134, 288
多項構造　99
多項等位接続（multiple coordination）　4, 5, 6, 36, 49, 64, 69, 76, 106, 228
多項等位接続構文　106
多重感嘆符　202
多重疑問符　202
ダッシュ　169, 192, 193, 198, 199, 209, 211, 219, 226, 251, 253, 255, 256, 257, 258, 259, 260, 266, 272, 277, 278, 288
脱名詞化形容詞（denominal adjective）　113
他動前置詞　280
単一層の制約　253
単一属格　125, 127
単一のダッシュ（single dash）　257, 258
単一命題　131
単一レベル制約　223, 224, 224n
単音節語　31n
段階的（gradable）　27
短縮（abbreviation）　199, 201, 208, 275, 285, 286, 287, 288
〜のピリオド　210, 273, 288, 289
短縮語（abbreviation）　273, 286
単純命題　44
単数　70, 84, 133, 134, 273

単数一致　19, 99
単数可算名詞　114
単数名詞　134
男性-女性の階層　33, 34
単文　218, 221
遅延右側構成素　156, 157, 158
遅延右側構成素構文　243
遅延右側構成素等位接続　153, 156, 157, 158, 166n
中間等位要素（medial coordinate）　5, 11
長距離依存（unbounded dependency）41, 157
直示（deixis）　32
　〜の階層　32
直接多項属格（direct multiple genitive）125, 127
直接発話　265, 271
直接報告発話構文（reported speech construction）　238
直接目的語　149, 150, 152
直接話法　214
陳述（statement）　47, 130, 131n, 212, 215, 216, 224, 235n, 265
追加　82, 158, 159, 162, 163, 269, 283
追加焦点化副詞（additive focusing adverb）　139
付け足し表現（afterthought）　158, 160
定冠詞　15, 173, 276
定形　37, 38, 96, 136
　〜（の）動詞句　38, 93, 94, 95, 100, 102, 104n, 135, 177, 181
定形節　37, 104n, 105, 106, 119, 120, 145
定型表現　61, 286
テキスト　253, 256, 257, 272
問い返し疑問（echo question）　212
等位接続構文（construction of coordination）　3, 25, 27, 61, 103, 104n, 106, 139, 147, 148, 159, 161, 203, 226, 234

等位接続詞を用いない等位接続　5, 6, 83, 87
等位接続詞を用いる等位接続　5
同一指標　157, 158
等位複合語　281
等位要素の後置（postposing of coordinate）　159
同格（apposition）　173, 174, 183, 184, 185, 186, 187, 295
同格補足（appositive supplementation）238
等価性　55, 71, 132, 150
統語（的）範疇　4, 37, 38, 62, 97, 116, 211, 297
統合可能（integrable）　251, 256
統合不可能な（non-integrable）　251, 252, 256
統語操作　66
統語的機能の類似性　110
統語的なハイフン　279, 283, 284
動詞句（VP）　58, 60, 65, 75, 108, 135, 136, 138, 152, 164, 165, 167, 170, 181, 185, 251
動詞句内　135
頭字語（acronym）　273, 286, 288
等置（conjunction）　9n
同等比較　92, 153n
動名詞-分詞（gerund-participial）　38, 64, 94, 111, 119, 279, 283, 286
動名詞-分詞補部　64
特定的　28, 190, 201, 205

[な行]

内的独白（interior monologue）　271
内部構造　157, 189, 296
内部コンマ　268
内容節　106, 107n, 171, 172, 173, 180,

185, 186
二項構造　83, 99, 106
二項性　70
二項制約（duality restriction）　70
二項等位接続（binary coordination）　4, 5, 7, 39, 69, 76, 83, 228
二次境界符号（secondary boundary marks）　209, 219, 226, 230
二重引用符（double quotation）　198, 209, 263, 264
人称代名詞　125, 127, 158, 273, 285

[は行]

ハードハイフン（hard hyphen）　278, 278n, 279
背景化　64, 90, 95
排他性（exclusiveness）　47, 72
排他的選言（exclusive disjunction）　46, 47, 48, 49, 50n, 51n
排他的な語用論的含意（exclusive implicature）　72, 122
ハイフン　197, 198, 199, 207, 209, 252, 275, 278, 279, 280, 281, 282, 283, 284, 285, 289
裸名詞句　185
発音区別符号（diacritic）　197
発話行為　32, 130, 189
発話者　189
発話内行為の力（illocutionary force）　173, 211, 213
話し言葉　168, 180, 187, 201, 204, 211, 218, 248, 258, 262, 285
反意的な意味（adversative meaning）　80
半角ダッシュ（en-rule）　199, 278
範疇　4, 20, 35, 38, 42, 66, 69n, 75n, 80, 92, 98, 98n, 99, 100, 104n, 106, 107n, 109, 111, 112, 116, 117, 119, 120, 129, 136, 176, 181, 186, 191, 209, 234, 236, 245, 246, 262, 274, 275, 280, 297, 298
〜の類似性　111
反応（response）　52n, 53n, 80
控えめな句読点使用（light punctuation）　202, 203, 208, 228, 241n
比較　36, 51, 52, 67, 92, 94, 95, 96, 153, 254, 257, 298
比較構文　92, 147, 148
比較補部　92
低いレベルの等位接続　133, 134
非現実的条件構文（remote conditional construction）　83
非公式なスタイル（informal style）　99
非構成素の等位構造（non-constituent coordination）　148n
非個別的（non-discrete）　24
非指示的（non-referential）　184
〜な名詞句　127, 184n
被叙述要素（predicand）　185, 188
非制限的（non-restrictive）　173, 174, 175
非相関等位接続　6, 70
非対称的（asymmetric）　56, 71, 72, 107n
否定　15, 33, 49, 50, 51n, 53, 54, 55n, 65, 70n, 75, 77, 78, 79, 80, 81, 82, 84, 85, 86, 87, 91, 130, 139, 146, 148, 151, 160, 161, 190, 234, 237, 245, 285, 296, 297
〜の一致　79
〜の作用域　15, 53, 54, 55n, 77, 78, 86, 160, 161, 190, 245
〜の論理的含意（entailment）　79
非定形　96, 117, 133
非定形節（non-finite clause）　116, 117, 119, 189, 298
非定形補部（non-finite complement）　63, 141
否定節　53, 234, 237
非等価性　13

非同等比較　153n
非分節的（non-segmental）　196, 197, 198
非命題的な意味　82
比喩的　30n
評価尺度　33
標識を用いない（asyndetic）用法　223, 224, 226
標識を用いる（syndetic）用法　226
標準形式（default form）　196
ピリオド（full stop）　57, 196, 199, 201, 204, 206, 208, 209, 210, 211, 213, 216, 217, 218, 219, 222n, 241, 252, 265, 266, 267, 268, 271, 286, 287, 288
広い作用域（wide scope）　12, 14, 15, 19, 54, 55, 130, 132, 146, 151, 259, 260
付加語句（tag）　187
不可算名詞句　21
付加詞（adjunct）　63, 65, 75, 92, 94, 95, 99n, 109, 115n, 119, 121, 123, 141, 143, 145, 152, 162, 190, 218, 224, 233, 241, 242, 243, 244, 245, 246, 247, 251, 268, 284, 296
付加詞節　101
付加部　212, 245
複合形容詞　280
複合語（compound）　113, 205, 208, 274, 278, 280, 281, 285, 300
複合固有名詞　275
副詞　42, 62n, 68, 69n, 75, 79, 80, 89, 92, 95, 101, 189, 190, 283, 298
副詞句（AdvP）　94, 251
複数　2, 11, 16, 21, 24, 44, 94, 99, 111, 125, 127, 131, 133, 134, 138, 141, 154n, 158, 207, 237, 264, 277
複数形　21, 134, 257, 286, 287
不定動詞句　103
付属語句（appendage）　168, 169, 178, 180

普通名詞　183, 201n, 276
不定（indefinite）　184
不定冠詞　249n
不定形　37
不定詞　108, 111, 116, 119, 142
不定詞補部　115n, 144, 154
太字　196, 271
普遍量化（universal quantification）　43
ブロック・クオート（block quote）　270
文の境界　203, 206, 220, 273
分詞形容詞　181
分詞節　120
文終点　211, 267, 268
分数　281
分析的な比較級　67
分節的（segmental）　196, 197
文頭　8, 55n, 76, 78, 84, 95, 101, 106, 214, 227, 244, 246, 248, 252, 258
分配的（distributive）解釈　16, 17, 18, 19, 20, 125, 126, 134n
分配的等位接続（distributive coordination）　16, 17, 22, 23, 71, 125
文法化　23, 112, 122, 123
文法特性　35, 292
分離可能（separable）　19, 282
分離性（separateness）　90
分離分詞　242
並行性（parallelism）　141, 149, 150n, 157, 165, 166, 186, 234
平叙（declarative）　43, 61, 106, 129, 132, 171, 172, 212
　〜の内容節　106, 172, 176
平叙主節　130
平叙節（declarative clause）　119, 171, 172
平叙文　59, 216, 217
並置（juxtaposition）　89, 102, 280, 281, 282, 283

変異形（variant） 77, 96n, 123, 126, 127, 128, 145, 198
変種 78n
母音 31n, 282
包含的選言（inclusive disjunction） 46, 47, 48, 49, 51n
報告動詞 237
法助動詞 124
補足（supplementation） 2, 169, 204, 224, 226, 230, 232, 233, 243, 257, 258
　〜の関係節 242
　〜の標識 230n, 231n
補足構文（supplementation construction） 168, 173, 175, 178, 183, 185, 187, 193, 226
補足部（supplement） 140, 158, 168, 169, 170, 171, 172, 173, 175, 176, 177, 178, 179, 180, 181, 182, 185, 188, 189, 190, 191, 192, 224, 230
　〜の節 187
補部 22, 38n, 41n, 64, 94, 98, 107n, 117, 119, 124, 133, 141, 143, 148, 150, 152n, 153, 154, 158, 162, 166, 167n, 171, 172, 173, 180, 183, 186, 190, 192, 208, 217, 237, 238, 239, 243, 244, 245, 247, 251, 258, 265, 294
補部節 104, 105, 106, 173
補部名詞句 153
補部要素 143
ポライトネス 32, 33n

[ま行]

マニュアル 201, 218, 239n, 242, 252n, 253, 260n, 263, 270, 284, 293
丸括弧（parenthesis） 169, 193, 196, 197, 209, 215, 219, 228, 249, 250, 251, 252, 253, 254, 256, 257, 258, 260, 261, 277, 278n, 289
右側に階層化された構造（right-layered construction） 106
右側臨時構成素等位接続（right nonce-constituent coordination） 148, 149, 150, 151, 156, 157, 165
ムード 251
「結びつけ（spliced）」のコンマ 233
無知の意味合い（implication of ignorance） 51n
名詞 20, 23, 37, 68, 80, 119, 133, 170, 171, 172, 206, 207, 274, 283, 284, 285, 295
名詞句（NP）の等位接続 20, 160
名詞句／前置詞句-等位接続（NP/PP-coordination） 4
名詞句修飾 121
名詞句-等位接続（NP-coordination） 4, 25
名詞主要部（nominal head） 25, 128, 283
名詞部（nominal） 38, 39, 120, 121, 274, 280, 283, 284
名詞複合語 281
命題 44, 45, 46, 48n, 49, 58, 63, 66, 82, 172, 191, 299
　〜の否定 49
命令 66, 129, 174, 211, 216, 234
命令文 59, 65, 99, 131, 143, 212, 216, 297
メタ言語 262, 271, 286
メタ言語的否定（metalinguistic negation） 51n
モーダル（法性） 59, 66
目的語 20, 41, 81, 86, 98, 109, 141, 143, 144, 145, 150, 158, 160, 162, 294
文字（character） 196, 197, 198, 199, 200, 205, 207, 209, 213, 249, 264, 270, 273, 275, 287, 288

[や行]

様態副詞　144
予期的な照応（anticipatory anaphora）　83

[ら行・わ]

両義性　48
臨時構成素（nonce-constituent）　148, 165, 166
隣接性制約　115
連結形（combining form）　251, 282
連結付加詞　75
連結副詞（connective adverb）　41, 42, 69n, 75, 78, 82, 100, 107n
連言（conjunction）　9n, 45, 46, 79
連鎖構文（catenative construction）　141
連続コンマ（serial comma）　228
ローマ体　196, 271n
ロングハイフン　199, 207, 278, 279, 284, 285, 289
論理的な意味　45, 50n, 57, 79
論理的否定（logical negation）　51n
ワードプロセッシング（word processing）　278, 279

[英語]

be　19, 62, 63, 116, 117, 124, 125, 133, 135, 141, 182, 183, 186, 190, 238
do 支持（*do*-support）　91
it 分裂文（*it*-cleft）　190
's 形の属格（'s genitive）　285
WH 疑問　211
WH 疑問節　115
WH 疑問文　41, 213
Yes/No 疑問　115n, 123n, 130, 211
Yes/No 疑問文　213

原著者・編集委員長・監訳者・訳者紹介

【原著者】
Rodney Huddleston　クイーンズランド大学 名誉教授
Geoffrey K. Pullum　エジンバラ大学 教授

【編集委員長】
畠山雄二　東京農工大学 准教授

【監訳者】
藤田耕司　京都大学 教授
長谷川信子　神田外語大学 教授
竹沢幸一　筑波大学 教授

【責任訳者】
岸本秀樹　神戸大学 教授

【共訳者】
有働眞理子　兵庫教育大学 教授
眞野美穂　鳴門教育大学 准教授
木戸康人　神戸大学 非常勤講師
前田晃寿　神戸大学院生

「英文法大事典」シリーズ 第8巻

接続詞と句読法

著　者	Rodney Huddleston・Geoffrey K. Pullum
編集委員長	畠山雄二
監訳者	藤田耕司・長谷川信子・竹沢幸一
訳　者	岸本秀樹・有働眞理子・眞野美穂・木戸康人・前田晃寿
発行者	武村哲司
印刷所	日之出印刷株式会社

2019年5月24日　第1版第1刷発行©

発行所　株式会社　開拓社
〒113-0023　東京都文京区向丘1-5-2
電話　（03）5842-8900（代表）
振替　00160-8-39587
http://www.kaitakusha.co.jp

ISBN978-4-7589-1368-3　C3382

JCOPY ＜出版者著作権管理機構 委託出版物＞

本書の無断複製は，著作権法上での例外を除き禁じられています．複製される場合は，そのつど事前に，出版者著作権管理機構（電話 03-3513-6969, FAX 03-3513-6979, e-mail: info@jcopy.or.jp）の許諾を得てください．